ルソーにおける正義と歴史

——ユートピアなき永久民主主義革命論——

鳴　子　博　子　著

中央大学出版部

まえがき

本書は一貫してJ・Jルソーの理論を追究してきた著者のルソー研究の軌跡であり、一九九〇年発表の第一論文（第一章）から一九九九年執筆の第七、第八論文（第七、第八章）まで、拙稿を年代順に配したものである。

家族論、労働論、人格論と続く初期の論考では、どちらかといえば、社会思想史的テーマを取り上げ、後半にゆくにつれて、政治哲学、政治理論を中心的なテーマとするようになってきたように見える。しかしこれは、個々のテーマを偶然に取り上げたのではなく、著者がルソーの思想体系を解明する上で、きわめて重要な「人格」概念と出合い、この人格という導きの糸に誘われて、ルソーの豊かで長い射程を持った思想体系の構造を、一つ一つ、著者なりに読み解いていった結果なのである。そのため、一つ一つの章のタイトルには、一見、統一性が感じられないように思われるかもしれないが、実は、各章の間には深い内的連関があるのである。

こうした探究の道程で、著者は動態的に転化する「正義」に行き着く。人類と国家の歴史過程は、自由と自己完成能力とを歴史の動因に持ち、人格とそれに呼応する正義の動態的な転化の軌跡を描く。そのらせん的歴史観はまさにユートピアなき永久民主主義革命論と呼ばれるにふさわしいものである。著者は、こうしたルソーの壮大な歴史観を追究してゆくうちに、それが後のヘーゲルの自由を動因とする観念的歴史観やマルクスの生産力―生産関係を主軸に置く唯物史観を、ある意味で超えた体系性を有しているのではないかという考えに至った。さらに著者は、ルソーの中心的な概念であるにもかかわらず、神秘のヴェールに覆われて十分な解明がなされてこなかった「一般意志」を構造解明し、一般意志論を国家の共同性を現実につくり出すための、生きた理論として蘇生させる。

論考はルソーの理論体系の構造分析にとどまらず、最後の二章ではフランス革命とルソーの理論との関係が検討される。ルソーの影響は語られることこそ多いが、独り歩きしてシンボルとして援用されたルソー、断片化されたルソーではなく、現実の歴史とルソーの理論体系そのものとの突き合わせがなされる。ルソーの一般意志論を共同性を抽出する新しい共同理論として読解する著者は、ルソーからロベスピエールへの論理の「連続性」を批判的に検討することを通して、世に流布してきたルソー＝ジャコバン＝全体主義という言説に反駁を加える。本書はそれだけにとどまらず、フランス革命を物質革命としてのみならず、とりわけ宗教意識、宗教観念の転化という視点から、精神革命のプロセスとして捉えることを通して、フランス革命の新しい捉え直しを提起する。近年、八九年人権宣言か九三年憲法かという議論が活発となったが、あえて著者は最高存在の祭典の行われた九四年六月がいかに重要であったか、その意味を掘り下げ、改めてフランス革命の意義の問い直しを行ったのである。

二〇〇一年三月二五日

著　者

凡例

ルソーのテクストは、プレイヤード版（*Œuvres complètes de J.-J. Rousseau*, Paris, Gallimard 1959-　）を使用した。著作名を示し、その後にプレイヤード版全集中の巻数、ページ数を記した。邦訳については、原則として岩波文庫および白水社『ルソー全集』を利用したが　中公文庫の『社会契約論』も参照し、訳語を変えさせていただいた場合がある。岩波文庫の場合は、（　）内に邦訳のページ数のみを記し、『ルソー全集』の場合は、（　）内に『全集』と明記し、巻数、ページ数を記した。

なお、主な著作は以下のように略記した。

E.（*Emile ou de l'éducation*：『エミール』）
C.S.（*Du Contrat social*：『社会契約論』）
D.I.（*Discours sur l'origine et les fondements de l'inégalité parmi les hommes*：『人間不平等起源論』）
L.M.（*Lettres écrites de la Montagne*：『山からの手紙』）
L.B.（*Letter à Christophe de Beaumont*：『ボーモンへの手紙』）
N.H.（*La Nouvelle Héloïse*：『新エロイーズ』）

目　次

第一章　ルソーにおける家族と市民
――『エミール』の実験空間をめぐって――

序

ルソーにおける市民とは何か。本章は、『エミール』をまず何よりも市民形成論と捉え、『社会契約論』読解のサブ・テクストとするのではなく、むしろそれを中心的な考察対象とする。

私たちは、『エミール』で企図された人間・市民の形成を構造的に把握することを目指している。その際、人間・市民形成のための実験装置として、ルソーが案出した特異な空間に注目する。私たちは、その実験装置を擬制的家族と呼び、親密領域としての擬制的家族が、エミール（個体）の成長という時間的推移に伴って、外部世界といかなる関係を獲得してゆくかを考察することになる。擬制的家族の人的構成の特異性はもちろん、その特異な「場」が人為的孤立を強いられた後、今度は意図的に外界へと開かれるところに、ルソーのいう〈人間・社会的人間・市民〉の構造を解く鍵を見るからである。

なぜルソーの市民形成論なのか、ルソーの理論の誕生から二百数十年を経過した現代の私たち一般市民は、現代資本主義国家のなかにあって、未だ政策決定への民主主義的な直接参加から疎外された存在にすぎない。国家の権力水準は二元化・階統制化され、私たちは権力の中間水準の一翼を担う議会に間接参加するとはいえ、政財官エリート複合体による最重要の政策決定から排除され続けてきた(1)。私たちが〈民主主義の名による寡頭制的政治支配〉の下に生きることを余儀なくされているという現実が、政治体の共同の意志である一般意志を担うルソーの市民論を、単なる古典理論としてではなく、直接民主主義の理論モデルとして(2)、私たちを思索へと駆り立てているといえないだろうか。

『エミール』で設定された実験装置を考察してゆく本章は、不可避的に、ルソーの家族論、ひいては近代家族の問題領域にも誘われてゆく。実験装置は擬制的という修飾を受けながらも、家族と呼ばれるに値するものである。近代家族が人々の意識と無意識とを呪縛し、人々を疎外し続けてきたことに私たちは気づきつつある。近代家族の生成という歴史的文脈のなかで、ルソーの家族論の果たした役割を浮き彫りにすることを通じて、近代家族を相対化してゆきたい。

一　『エミール』の実験空間

『エミール』第一編は、その全編における人間・市民形成をめぐる実験・分析・理論展開のための教育空間を導出・確定している。私たちは『エミール』の実験空間の基本構造を理解するために、まず、『社会契約論』第一編（第六章まで）で論じられている政治社会と家族の権威の基礎の問題を取り上げる。当該部分でルソーが行っているのは、結合契約理論導出のいわば地ならしとしての二つの論敵に対する理論的批判作業である。

第一の論敵である大陸自然法学派の服従契約説は、個人の自由の譲渡を是認する奴隷権を論拠にし、その類推から人民全体が君主に自らの自由を「譲り渡す（aliéner）」行為を導き出すものであった。服従契約説の推論の組み立てを熟知していたルソーは[3]、その論拠とされる奴隷権を掘り崩すことを通じて、服従契約説を批判した。「仮象的な近代性[4]」の下に専制的権力を法技術的に跡づける理論との対決は、自由、すなわち「人間たる資格[5]」の奪回を意図するものだった。

第二の論敵・家父長権論の批判を通じてルソーが展開しているのは、家族と国家の権威の問題である。まず、ブルボン絶対王制の正統化理論であった家父長権論を、王制成立期の理論家、J・ボダンの『国家論六書』によって確認しよう。注目すべきは、国家と家族の位置づけである。そこでは、「国家（Republique）とは、いくつもの家族（mesnages）とそれら家族に共通するものとを主権によって公正に統治することである[6]」とされ、「家族とは、家長の支配下にある幾人かの人々と彼らに固有なこととを公正に統治することである[7]」と定義される。文章構成をほとんど同じくする二つの定義が、国家と家族のアナロジーを予感させる。ボダンはさらに、よく治められた家族が国家の真の模像であること、家庭を治める権力が主権に対応していること、家の公正な管理が国家の真の統治モデルであることを続けて表明する[8]。初めに家族ありき。ボダンの立論は、自然的な家族をモデルにして国家を同型的に捉え、家族に対する家長の権威を国家の政治的権威の基礎に置いた。政治的権威（王権）の基礎は、自然的権威（家父長権）から導かれたのである[9]。

さて、このような家父長権論に対し、ルソーが行ったことは、家族と政治社会、父と君主との同型的把握の切断であった。家族・「父権（pouvoir paternel）」の自然性と政治社会・政治的権威の非自然性とを対照させて、父権と政治的権威とを峻別したのである[10]。家族の権威の基礎が自然に置かれるのに対し、政治社会の真の基礎は「人民が人民となる行為[11]」、すなわち、最初の約束＝結合契約に求められる。ルソーが選び取ったのは、家族と政治社会とを、自然という同一の基礎の上に置く家父長権論とも、両者を契約のみによって根拠づける自然法学派とも異なる第三の立場であった。(12)

以上のように家族は、その起源に関しては自然性を確認されたが、それは、契約概念から完全に無縁なものとされたわけではない。ルソーは自然的父権を永続的権利とはせず、それに時間的制限と目的の制限（子の生存と幸福）(13)とを付し、子が自己保存能力を獲得して父子の「自然の絆」(14)が解けた後も結合し続けるとすれば、それは任意的結合であって、「家族でさえ約束によらなければ維持されない」(15)とするのである。ルソーにとって、政治社会の唯一の基礎である契約概念は、それゆえ、政治社会にその範囲を限定されず、家族という本来的には自然の領域にも妥当する可能性を持つものであった。(16)以上の点を確認して初めて私たちは、『エミール』第一編における実験空間の人為的導出の展開を的確に捉えることができるのである。

「家庭教師（gouverneur）」と「生徒（élève）」との二五年にも及ぶ緊密な共同生活は、自然的所与としてではなく、人為的な「契約（traité）」(17)によってつくり出される。教師と生徒の共同生活は、一種の「友情契約（contrat d'amitié）」である教師―生徒契約と、(18)論理的にそれに先在する、もう一つの友情契約たる（自然的）父―教師契約とによって、(19)導出されるのである。父―教師契約の核心は、自然的な父から家庭教師への父権譲渡にある。教師は、論理的に前提されるエミールの自然的・血縁的な父の権利を、父の義務のすべてを背負わされるのと引き替えにすべてを受け継ぐ。(20)契約によって、エミールを導くすべての権利を彼の父から譲り受けた教師は、エミールの「真の父親（vrai père）」(21)とみなされる。自然に由来する父権の譲渡によって新たにつくり出されたのは、「真の父」としての擬制的な父と擬制的な子からなる擬制的家族であった。教師＝父の権威は非常に大きく、父（教師）には、子（生徒）に対する完全な支配権が与えられている。父は、自由の外見を持った完全な隷従の状態に、子を置くべきだとされる。[22]父権は、自然的父子関係から組み替えられた擬制的父子関係のなかで、その強度を強める。父の大きな権威には、それ以上に大きな義務が付随している。自然的な父からその権威とともに、そのすべての義務をも受け継いだ擬制的な父は、「人類に対しては人間（hommes）を、社会に対しては社会的人間（hommes sociables）を、国家に対しては市民（citoyens）を与えねばならない」義務、すなわち、「三重の債務（triple dette）」を負っている。[23]人間であると同時に社会的人間・市民である存在をつくり出すことが、父の神聖な義務であり、子に対する教育の目標とされるのである。[24]三重の債務という巨大な義務を果たすべく意図的につくり出された実験装置＝擬制的家族は、その義務の巨大さに呼応する巨大な権威を付与された父権的家族（家父長制家族）であるといえよう。

二　近代家族の生成とルソー的家族

二では、『エミール』をルソー的家族論、とりわけ、家族形成論と捉える視角から、分析を試みたい。だが、次のような疑問が発せられるかもしれない。確かに、エミールは家族に擬せられた父子関係の下で育成されるが、この擬制的家族は、家族の機能のうち、教育機能だけを担い、他の機能を捨象した人為的装置である。それゆえ、教育論『エミール』は家族論と呼ばれるに値するのか、人為的装置をめぐる議論が家族論と呼ばれうるのだろうか、と。こうした疑問に対して、私たちは、『エミール』には、エミールの家族の他に、もう一つの家族（ソフィの家族）が登場すること、『エミール』は、これら二つの家族をルソー的家族創出の準備装置に持つ家族形成論であることを以下に論証してゆきたい。

さて、二つの家族は、登場の時期も、設定も、論ぜられる教育内容も大きく隔たった家族である。エミールの家族は、教育実践の実験空間として、常に、『エミール』展開の軸となっている。ソフィの家族は、『エミール』のなかで、エミールに伴侶を選ぶべき時期が訪れた時、ようやく現れるにすぎない。その設定も、エミールの家族のような実験空間とされるわけではなく、エミールの旅する現実社会のいずこかに存する「隠れ家」(25)とされる。そこで施されるソフィの教育も、エミールのそれに比して、きわめて原理性・体系性の乏しい家政一般の習得に限定されている。二つの家族の間に横たわっているこうした大きな差異は、それらを併記することに躊躇を感じさせるかもしれない。しかし、私たちは、二つの家族の意味と役割とを分析することによって、ルソーの家族論の構成のなかで、両家族がいかに緊密な相互補完的機能を果たすかを理解するであろう。

そこで、ルソーの家族論の構成的特徴を見極めるために、まず、一八世紀フランスの社会・経済・政治的状況下に、家族がいかなる機能転換を遂げたか、小家族の親密な生活圏としての「市民的家族」(26)が、いかに歴史的に生成されたかを把握しておきたい。私たちが、家族を個人の自由な内面性の領域として語りたいと、いかに強く願おうと、家族は孤立した閉域ではありえず、それを取り巻く社会・国家との歴史的函数のなかで、機能転換を遂げつつ存在してきたことを確認しよう。一八世紀ヨーロッパに、ブルジョアジーを担い手として誕生した市民的家族（近代家族）は、現代の家族の原型として、私たち個人の内面に深い影響力を振るってはいるが、それは決して家族の普遍的モデルなどではなく、特殊歴史的モデルであることを確かめよう。

問題の世紀・一八世紀に至るまで家族は、人々にとって、そこに属することなしには生きることのかなわぬ「生活維持（Subsistenz）」・「生計（Nahrung）」のための場であった。「家」は――典型的には農業生産において、加えて商工業においても――経営と家計との分離を知らぬ、生活の総体として存在した。O・ブルンナーは、こうした「家」の形態をW・H・リールによりながら、改めて「全き家（das ganze Haus）」と呼んだ。「全き家」は、農村と都市の各共同体にあって、家長とその家族および使用人からなる一つの経済的単位であると同時に、家長だけが、その正式の構成員たりうる広義の国政の単位でもあった[27]。こうした伝統社会のなかに存在していた「家」が、なぜ一八世紀に崩壊の危機に瀕し、新しい機能を担う近代家族がどのように誕生し始めるのか。以下において、第一に、共同体と家族との関係を意識しつつ、フランス経済社会の変動を、第二に、政治権力と家父長権との関係を念頭に置きながら、絶対王制と家族との関係を捉えることにしよう。

経済変動のダイナミクスのなかで家族を捉えようとする時、私たちは次の問いから出発する。一八世紀において、資本主義はいかなる成長を示したか。それは絶対王制期の社会構成の本質を転換するだけの力を有したか。

周知のように、絶対王制は「封建的土地所有制の最終かつ最高の段階」と位置づけられた「半封建的土地所有制」という物質的基礎を持っていた[28]。半封建的土地所有制は、新興領主層を中心とする再編領主制と地主的土地所有との抱合を特徴とする[29]。この基本的な枠組のなかで、領主制は農民経済の発展を制約する働きを果たしてきたし[30]、土地投資を行う都市商人や地方商人等の地主層によって、地主的土地所有はますます進展した[31]。農民層の両極分解は、一八世紀には決定的になり、大借地農を筆頭とする少数の富農と没落する中小農民のコントラストは深まり、後者から多数の農村プロレタリアが発生した。私たちは、農村経済の矛盾・緊張関係を、特に、本来的には、封建制そのものを止揚する起爆力たるブルジョアジーの一八世紀段階での社会的性格を理解すべきである。そこで地主制を足元から支える地方ブルジョアと農民層の分解から誕生した大借地農の歴史的性格を問題の中心に捉えてみることにしよう。その際、両者と伝統的経済構造の基盤たる農村共同体との関係を注視することが、問題を解く鍵となる。

耕作・牧畜を結びつけた古い生産システムを維持する地縁的集団＝農村共同体では、一方で、輪作地強制に代表される共同体規制が、他方で、共同放牧権や森林用益権等の共同体成員のための集団的諸権利が遵守されていた。この共同体生産システムに対応するのが「家族経済」[32]である。家族成員は、相互に置き換え不能の労働を行うことによって家族の生活維持を図った。そこでは生産と消費とが未分離で、女性による私的奉仕、つまり、私的領域に押し込まれた家計の管理の存在する条件はなかった。だが、女性や子供の労働を前提とする家族経営は、家長の家族成員（家族成員の労働力）に対する支配に基づいてもいた。こうした相対的に低い生産性しか持たない経済段階にあって、共同体の集団的諸権利が、人々の生存条件、特に共同体内の最貧層の生命線（モラル・エコノミー）の役割を果たしていたのである。ところで、共同体秩序が、共同体規制の存続によって農業の合理的経営を抑制する桎梏と化し、規制の緩和・廃棄が試みられるようになるには、資本主義化の進展を待たねばならない。

まず、地方商人と共同体との関係を把握しよう。彼らの活動は、農民的商品経済を前提とし、その発展に依拠しつつも、土地経営においては、土地売買の自由という近代的外見の下に、地主・小作関係を形成・維持し、穀物取引においては、近代的商品流通機構の未成熟を利用して、暴利を得るという前近代的機能を果たしていた。小作農は、半封建的片務契約の課す諸義務に縛りつけられ、地主は、共同体規制を通じてその支配を貫いた。飢饉の際に、地主層の社会的性格が鋭く顕在化した。飢饉が発生すると、地主層は、買占め・投機によって穀物価格の暴騰を引き起こし巨利を得るのに対し、その同じ価格暴騰が、農村や都市の民衆の生活困窮を招いた。しばしば女性も参加した民衆暴動は、穀物の公正価格を求めて引き起こされたが、彼らが望んだのは、生存のための共同体秩序＝モラル・エコノミーの維持だった[33]。結局、地主層は、共同体を解体することに自らの利益を見出すのではなく、むしろ逆に、共同体を支配の支柱として利用するにとどまった。

それでは、農民層の両極分解から出現した大借地農は、どう捉えられるのか。彼らは、地主制の枠から自由に、その経営資本をどの地域の借地に投下するのも可能な「近代的」農業経営者であり、「ブルジョア的商品生産者」との規定も受けた。[34] だが、彼らの近代性も盾の一面にすぎない。大借地農は、平時において、一八世紀を通じての穀物価格の上昇で利益を得るばかりでなく、先の地主層とともに、穀物価格の暴騰時には巨利を得た。さらに、「村の顔役(coq de village)」たる「自営農（laboureur)」等とともに、時には、領主権や教会十分の一税、国税の徴収を請け負い、封建的徴税機構の末端に位置づけられてもいた。

したがって、地方ブルジョアの地主層と大借地農とは、前者については最終段階に至った封建的生産諸関係を維持する機能を果たしたし、後者もそれを打破するだけの起爆力を持ちえなかった。結局、一八世紀後半に至っても、農業生産力の段階は、農村共同体の存続を許容するものだったのである。[35]

しかし、共同体の枠組は存続しているものの、共同体秩序は、特に北部フランスを先頭にして、徐々に崩壊の兆しを見せ始めた。農村プロレタリアや乞食・浮浪者が頼みとする共同体の扶助機能は、もはや機能停止を余儀なくされた。穀物販売を規制していた伝統的な市場と供給の秩序が失われ、市場は、穀物の余剰販売をなしうる地主層や富農層によって操られたのである。買い占め、退蔵が民衆の生存を脅かした。加えて、共同体の集団的諸権利は、いわゆる「領主的反動（réaction seigneuriale)」によっても攻撃された。[36] 都市での捨子、私生児の増加は、都市・農村を問わぬ全国的な共同体秩序の解体を告知するものである。[37] それは、元来、地縁的結びつきの稀薄な都市の習俗の退廃現象であるばかりか、その多くは、農村から都市への流入者によって惹起された現象であるがゆえに、農村の地縁的共同体の力の弱化を示す現象でもあった。

共同体という経済的・社会的・精神的支柱を失いつつあった人々は、共同体と不可分の関係にあって、共同体に支えられ、逆に、共同体秩序を足元で支えてきた「家」をも失った。これは、没落して家族経済の基盤を喪失した貧民が伝統的な家族生活を失ったということだけでなく、他の階層も含めて旧来の家族内秩序が失われていった状況全般を指しているのである。

次に、絶対王制と家族との関係を歴史的変化の意味を問いつつ押さえてゆこう。一で確認したように、王権は政治的権威の正統化理論として家父長権理論を有していた。絶対王制期を通じて、王権の維持、強化のために活用された家父長権のイメージと共同体内部に自生していた（権力の介入を受ける以前の）家父長権の実体とを弁別することが重要である。自生的秩序としての家長の権威は、キリスト教道徳ほど明確でないにしても、共同体的・家族的秩序の基礎として、確かに、人々を支配していた。

共同体内部の地縁的・集団的制裁行動である「シャリヴァリ（charivari）」は、家父長権、とりわけ夫権の擁護を図ろうとする集団的規制力の存在を、あるいは共同体秩序と家の秩序の連動性を示すものである。だが、その同じシャリヴァリが、妻の夫に対する反抗力をも物語っている。家族経済のなかで、妻は夫とともに、相互補完的に暮らしを立ててゆく共同責任を持ちえたし、また、持たざるをえなかった。家族経済への寄与、つまり女たちが生産者であることが、妻の相対的に強い権威を裏付けていた。資本主義化の進展とともに女性の権威が失墜するという逆説は、女性が社会的生産と分離された私的家政という無報酬労働を担わされたことに原因があったのである。それゆえ、夫権の強度は地域的偏差を示すとはいえ、絶対的とは言い難かった。妻の力は、家の内部で「ズボン論争」[38]を引き起こすばかりか、家の外でも行動力を示した。それは、暮らしの危機の際の民衆暴動への参加のみならず、平時における活動にも及び、ロレーヌ地方の女性の村落会議出席の事例やブルターニュ地方での役所に対する運動の習慣に見られるように、女性が社会的発言権を持つ地方さえ存在した[39]。

自生的な父権について規定することは、夫権同様、全国的に単一のモデルが存在しないだけに容易ではない。概して、フランス北部の慣習法地帯で相対的に弱く、フランス南部のローマ法地帯で強いとされる父権だが[40]、さらに多様な地域的差異が存在した。しかし少なくとも、父は、結婚・相続という家の存続にとっての重要事項決定権を中心として、子に対する権威を持つ存在であった。

さて、王権は家長・家族をいかに把握したか。私たちはまず、政治的権威の安定化の意図の下に展開される家族政策の「土台」を確認しておこう。

絶対王制の地方行政機構は、徴税機構との合体・統一を果たした知事制の貫徹を最大の特徴とするが、農村共同体＝「小教区（paroisse）」を機構末端に位置づける。すなわち、知事が徴税地方区《ゼネラリテ》内の共同体に「タイユ（taille）」を始めとする直接税を割当て、共同体は家長たちからなる村落集会を開いて税徴収の連帯責任を果たすという仕組みである。ここで注意すべきは、担税戸への税配分に実権を振るったのが、「村の旦那（coq de paroisse）」であったことである[41]。ともあれ王権は、家族を直接把握することが困難なため、共同体を徴税機構内へ取り込み、共同体という媒介項を通して、間接的に家長および家族を把握したのである[42]。

王権はこうした土台の上に、家父長権（特に父権）増強策を打ち出し、その基本政策は、子の婚姻に対する親（父）の同意権強化を中心に推進された[43]。父の支配を完璧なものにするため、父の懲罰権も強化された[44]。家父長権強化策は、王権の伝統的な家族政策として続行される。しかし、王権が伝統的な家族政策一辺倒ではいられなくなる段階が迫ってくる。「封印令状（lettre de cachet）」の歴史が、その一つの例証を与えてくれる[45]。封印令状は、一八世紀において、家父長権維持のために、意に沿わぬ子の投獄・監禁手段として、家族によって利用された。家族の側から王権に対し令状を要請するこの現象は、確かに、王権と家父長権との相互依存関係を示し、王権の家族政策に呼応するものであった。しかし、令状要請の多発・濫用という事態は、すでに家長が自らの力で家族内秩序を守れない状況を図らずも露呈してしまっている。家族内秩序は、大きく動揺し始めていた。伝統的家父長権の物質的基礎たる家族経済が衰退し、共同体秩序という支柱も揺らぐなか、家長が王権という最後の支えに訴えたのが封印令状の要請だったといえよう。

ところで、家族のなかで起こり始めた変化を捉えるためには、一八世紀の人口論の隆盛を看過すべきではない。人口論は「人口停滞」ないし「人口衰退」の神話として流布した。(46) 人口議論に見られる危機感は、人間の生存率の引上げ、とりわけ、幼児死亡率の減少をめぐる議論につながってゆく。(47) 捨子や、一七世紀に始まった里子の習慣が、(48) 幼児死亡率を極端に高めていた。家族のなかで、母が子を特別の配慮の下に育むことが新しい価値と考えられるようになる。王権は、母子関係を視野に入れ始めた。なぜなら、家族内秩序を再生させるためには、母子関係の強化が不可欠だからである。とはいえ、王権は、家父長権強化の際のように直接的な法制的規制で、母の役割を強めることはしなかった。母を子の生命の直接的な保護者とさせる力があるのは、愛情という心理的レヴェルの意識構造の転換なのである。王権は、乳母法の整備という外周的な規制を加えることによって、間接的に子供を保護してゆこうとした。(49) 新しい母の役割の発見に象徴されるように、家族の担うべき役割・機能は質的転化を遂げ、かつ、重みを増した。一八世紀後半は、近代家族を生む、まさに家族の機能転換の時代だったのである。

━において、エミールの家族(『エミール』の第一の家族)は、父権譲渡によって成立する父権的家族(家父長制家族)であることが明らかにされた。ルソーの家族論は、近代家族を生み出しつつあった一八世紀の歴史的状況とどのような関係を有するのか。この設問の解は、ルソーの家父長制理論の特性を明らかにすることによって与えられる。そこで、『エミール』の第二の家族=ソフィの家族の基本構成がきわめて重要となる。第二の家族は、第一の家族とどのように関係するのであろうか。しかし、ソフィの家を分析しようとする時、私たちは一つの困難に遭遇する。ソフィの家は、『エミール』第五編において、その構成を詳細に分析するほど十分には描き出されていないのである。それは、ソフィの家が先述のように、エミールに伴侶を与えるために登場するという作品展開上の制約を受け、家そのものの記述より、ソフィ自身の人格形成に多く筆が割かれているからである。それゆえ、ソフィの家の構成を、『新エロイーズ』のジュリの家の分析を通して、明らかにしてゆきたい。しかし、なぜ主題の異なる両著作のなかに現れる二つの家族（ソフィの家族・ジュリの家族）の構成を同一視することが許されるのだろうか。私たちは、ソフィの家を『エミール』のなかに移し換えられたジュリの家（ジュリの家の再現）に他ならないと考える。二つの家は、なお、封建的社会構成の枠内にとどまっている段階の、農村的家族経済の展開の場であり、しかもこの家族経営体は、外部世界＝市場経済との接触を可能な限り避けた自給自足的な家（隠れ家）とされる。両著作が執筆・完成される一七五〇年代後半から一七六〇年代にかけての時期は、先に見たように、資本主義は、依然、社会構成を転換するだけの起爆力を持ちえなかったが、伝統的な家族経済の基礎を掘り崩すには十分な力を有していた。当時、農村内部には、商品交換経済＝貨幣経済の浸透が顕著になっていた(50)。それゆえ、ルソーが描き出す二つの家は、ルソーの眼前にあった一八世紀中葉の農村社会の状況をではなく、若き日のルソーの眼に焼き付けられた農村社会の古き現実を反映していると推断せざるをえない(51)。これらの家は、古き家族経営体という土台の上に、「人為の無人境(desert artificiel)(52)」であるジュリの「エリゼ(Elisée)(53)」に凝集されたロマネスクな装い――美しい果樹園や清らかな小川の流れ(54)――が施されているのである。

ジュリの家は、ヴォルマールの直接管理・運営する農業経営体（クラランの家）である。ヴォルマールは、穏やかな田園地帯に展開される家族的な共同労働を監督・指揮し、家の成員とその労働力に対する支配権を持った家長である。ヴォルマールは、富の所有ではなく、富の活用こそが人を豊かにすることを知っている「簡素で規律正しい家(55)」の家長なのである。それゆえ、ジュリの家もまた、エミールの家族同様、家父長制的構造を基礎に持った家族であることに間違いない。しかし、ジュリの家には、エミールの家族に見られないもう一つの側面がある。ジュリの家を動かしているのは、二つの原理・二つの存在である。一方の原理・存在とは、いうまでもなく家父長制原理であり、家長＝父なるヴォルマールであったが、他方の原理・存在とは、英知（精神）に対する感情、秩序に対する愛として表現される。それは、ジュリによって担われる「母」の機能である。ジュリは、血縁的家族の自然的な母であると同時に、召使いなどの非血縁的成員にとっての擬制的な母である。「母」のすべての家族成員に対する特別な配慮・思いやりは、「母性愛（tendresse maternelle）」[56]の発露であるとみなされ、母なるジュリの愛情がクララン全体に浸透することこそ、ジュリの家の繁栄の秘密とされた。その溢れんばかりに豊かな愛情に与りたいとクラランの家に集う人々にとって、ジュリはクラランの精神的統合者なのである。

それでは、ルソーが理想化した「母」の機能には、どのような歴史的位置づけが与えられるのか。すでに私たちは、一八世紀後半の社会・経済・政治の変動期に、家族がより大きな機能を担わされてゆく過程で、母性機能が新しく歴史的につくり出されたことを確認した。新しい「母」は、まさに新しく生成されつつあった近代家族のメルクマールであった。それゆえ、ルソーの描いたジュリの家は、もはや存在することの難しい自己完結的な家族経済の理想の展開の場でありながら、新しい母性機能の補完を受けて、家族の調和・完成度を高めた、ルソー的な新しい家父長制家族であった。

ジュリの家の再生であるソフィの家は、したがって、エミールの家族の家父長制に母性機能を加える。エミールの家族だけで自己完結できず、ソフィの家族を登場させた『エミール』は、二つの家族の統合を、エミールとソフィとの結婚によって果たすのである。『エミール』の最終パラグラフで予告される、父（エミール）・母（ソフィ）・子の新しい家族こそが、全きルソー的家族の展開の場となるであろう。『エミール』を家族形成論として読解することが許されるところである。母性機能に補完された新しい家父長制家族を生み出したルソーの家族論は、時代に対して、積極的な一つの解を投げかけたのである。[57]

三　人間・社会的人間・市民の重層構造

一において、実験空間の人為的導出の論理が分析され、父権を中核に置いた家庭教師―生徒（エミール）の親密領域＝擬制的家族の成立を確認した。私たちは、擬制的家族の父（教師）の担うことになった義務（三重の債務）が、一体何を意味するのかを以下に考察したい。「人間」・「社会的人間」・「市民」とは、それぞれいかなる存在なのか。三者の関係はいかに捉えられるのか。こうした問題を解く鍵は、実験装置である擬制的家族が外部世界と結ぶ関係のなかにある。そこで外部世界との関係の内容と範囲の変化が、エミールの成長（時間的推移）に深く関連していることをまず確かめよう。

擬制的家族は、家庭内部において、生徒の誕生から成人まで、生徒と教師とが運命を一つにして結び合う教育共同体である。この親密領域＝最小の家族は、まず、外部世界との関係の排除を特徴とする。エミールに与えられるこの時期の教育空間は、純粋に孤立的である。[58] 孤独な教育空間が設定されるのは、擬制的家族を包囲している眼前の社会の「世論（opinion）」からの影響の遮断を図るためであった。[59] 排除されるべきは、既存の社会秩序を不変のものと見て、相対的なものにすぎない身分・地位・財産状態を生きようとする人々の退廃的意見である。教育空間の孤立性は、生徒が一二歳に至るまでの時期、最も徹底して守られる。なぜなら、それは子供の芽生え始める誤謬・悪徳を絶滅する道具を持てない時期（「人生の最も危険な時期」）だからである。[60] このような教育空間において、教師は「人間」の形成に着手する。「人間」とは、いかなる存在であろうか。「人間」は、既存の社会秩序の危機を予感するルソーにとって[61]、社会秩序に従う人間と対極にある概念である。不変の社会秩序、転変のない人間の運命など存在しない。「人間」とは、社会秩序や運命の激変に耐え、「あらゆる人間的条件」[62]を生き抜く普遍的な力を持った存在である。それゆえ私たちは、「人間」を、「人生のあらゆる偶発事にさらされる人間」、すなわち、ルソーのいう「抽象的人間(homme abstrait)」と同一の概念であるとみなす[63]。「人間」は、「ごくわずかの人々しか占めることのできない」価値的な「地位」なのである[64]。したがって、「人間」は「社会的人間」や「市民」をも包括する概念である。つまり、それはすべての土台(人間―社会的人間―市民の重層構造の最下層)をなすとともに、全教育機関を通じて、その完成が目指し続けられる目標でもある。すなわち、「社会的人間」・「市民」として形成されることは、同時に、その土台たる「人間」形成の前進と連動しているのである。「人間」形成は、最も早く開始され、その高次の完成は、実験空間で試みられるあらゆる教育を通じて、最後まで追求され続けるのである。

生徒が一二歳に達した後、教育空間の孤立性は緩和され始める。外界との接触が、社会関係の観念形成に役立てられる。この段階に至って、初めて、「社会性(sociabilité)」[65]の教育、つまり、「社会的人間」の形成が目指されることになる。社会性の獲得は、生徒の理性の発達に応じて、段階的に進められる。第一に、現実的有用性を導き手として、社会的分業の観念形成と労働技術教育が[66]、行われる。「社会的人間」と労働とは不可分の関係にある。なぜなら、社会に生きるすべての人間は、「社会的負債(dette sociale)」を負っており、それを返済するには、労働によるしかなく、それゆえ労働は、「社会的人間」に不可避の義務と考えられたからである[67]。

「社会的人間」となるための基底的条件たる労働(観念・技術)を学んだエミールは、第二に、人間関係一般を学ぶ。エミールは一五歳に達し、人生に第二の誕生を果たしている。「人間によって社会を、社会によって人間を」[68]研究するこの段階では、教育空間は前段階に比して、より積極的に開かれる。エミールは村内という小さな範囲ではあるが、人々を観察し、人間愛や民衆への尊敬を育むべく教師に導かれる。

エミールが二〇歳に達する時期には、さらに新しい段階に入る。「世間のなかで人間の習俗によって人間を研究する(69)」ことが課題となるこの段階において、教育空間は大きく変動する。それは、当初の空間的孤立性を完全に捨て、定点としての村を離れて、擬制的家族そのものが、世間への旅によって空間移動するのである。エミールは、世間(特に都市)の人々を知ることになる。

ここまで、「人間」=「抽象的人間」の土台の上に「社会的人間」が生起してゆく過程を確認してきたが、教育空間が純粋な孤立性を保つ期間にも、段階的に教育空間が開かれてゆく期間にも、ともに、教師のエミールに対する最大の配慮(隠された支配)が貫かれている。このような教師の導きによって、エミールは、既存社会の状況を知るに及んでも、「世論の奴隷(70)」とはなりえず、「汚れぬ判断力と健全な心(71)」とを保持し、世間のなかで「愛すべき異邦人(72)」であり続けるのである。

さて、「社会的人間」が「人間」の土台の上に生起するように、「市民」は「社会的人間」の懐から生起する。しかも「市民」形成は、「社会的人間」の形成期に着手される。「社会的人間」の形成過程後期(とりわけ世間を旅する時期)は、すでに「市民」形成準備期であると私たちは捉えざるをえない。なぜなら、世間への旅は人間研究の旅であると同時に、エミールの伴侶を捜す旅でもあるからである。ところで、結婚による家族の形成は、家族を代表して社会・国家の構成員となる家長を生む行為でもある。エミールが、「社会的人間」・「市民」としての定位置を社会や国家のなかに与えられるのは、家長となる時である。結婚=家族の形成は、ルソーにあっては、純粋な私生活圏の問題ではありえず、むしろ、人間を社会・国家と結節する行為である。そして、「社会的人間」の形成と「市民」の形成の間に生じるこうした混淆は、ルソーの体系が、社会と国家とを未分離状態に置いていることの避け難い結果なのである。社会は政治に浸透されるのである。[73] それゆえ、ルソーの「社会の構成員（membre de la societé）」という用語は、[74] 労働を介して結び合う「社会的人間」と国家の構成員たる「市民」とを不可分に表現するものと理解されねばならない。

「市民」形成の本格的展開は、エミールが遂に、未来の伴侶＝ソフィを発見した時から始まる。教育空間は、国外にまで移動する。二年間の外国旅行の目的は、政治的諸関係を観察・熟考し、自らが家族とともに定住する土地を捜すことである。結婚前のこの長期にわたる旅は、壮大な教育実験の最終過程であり、旅の終わりこそ、エミールが「人間」・「社会的人間」・「市民」として誕生する画期なのである。人間―社会的人間―市民の形成は、重層的に積み上げられた構造を持っている。「人間」が「市民」へと矛盾なく形成されうるのは、ルソーが、土台たる「人間」を、あらゆる状況下で生きうる普遍的な力を獲得した存在、すなわち、人間が平等に結合し合う来たるべき社会のなかでも生きられる存在と規定したからである。エミールは、否定さるべき社会秩序のなかに存在していながら、擬制的家族の教育実験によって、その社会秩序に埋没することを免れた人間となりえた。真の国家＝「祖国（patrie）」[75] も真の市民も、未だ存在しない世界のなかで、エミールとは何者なのか。エミールは、先駆けられた市民である。エミールは真の市民として準備されたが、真の祖国（新しい政治共同体）が地上に成立するまでは、先駆けられた、ただ一人の市民である。祖国の創出には、多数のエミールが必要であろう。

結びにかえて

ルソーの思想的実験は——もし、現代の私たちの用語を使用することが許されるならば——人間疎外・主体性喪失を克服するための壮大な実験であった。人間を押し潰す社会・国家の圧倒的影響力から、人間をいかに守るか。否定さるべき社会秩序に替わる新しい政治社会を主体的に構成する市民をいかにして形成するか。ルソーは、この難問に立ち向かうため、高度に人為的な一つの家族＝擬制的家族を創出した。家族が、「人間であり市民である者[76]」をつくり出すのである。

ところで、近代政治思想は、近代的個の発見をもって誕生した。社会秩序を在るものとして解釈する学から、在るべきものを構築する学への転換は、アトムとしての個人を、社会の原理的構成の出発点に持っていた。だが、現実のなかで、個人は、家族という媒介項を持たずに、直接、社会・国家のなかに位置を占めることはできない。個人を育て、個人に生活の場を与える家族が、個人の前に存在している。家族の対社会・国家関係いかんによって、家族は、個人に対して抑圧装置にも、防御装置にもなりうるのである。家族は、政治学、政治思想史の考察対象として、もっと取り上げられてしかるべきテーマではなかろうか。

私たちは、現代国家の家族領域への直接的・間接的介入や社会の管理化攻勢に対して、何をなすべきか。私たちが、主体的な人間・市民をつくるために、未来に期待をかけうる「場」は、やはりなんらかの家族であろう。

未来に希望を託しうる家族は、まだ明確な像を結ばない。国家や社会の巨大な圧力に、いかに立ち向かうのかという難問が立ちはだかっているからである。だが少なくとも、その家族は、性別分業を前提に持つ近代家族の延長線上にないことは確かであろう。制度としての家父長制がなくなり、女性の政治的・社会的諸権利が形式的には認められるようになってからも、私たちは長らく、近代家族の思想圏内にとどまっていた。だが、近代家族が、一つの歴史的家族類型にすぎぬことに、私たちは気づき始めた。これからの家族は、私たちの解くべき課題である。市民形成論は、限りなく家族論でもあるのである。

（1）田口富久治「現代資本主義国家とその危機」（講座 現代資本主義国家 編集委員会編『講座 現代資本主義国家』第一巻、大月書店、一九八〇年）五九ページ。

（2）たとえそれが、マクファーソン流にいえば、適度な財産を有する独立生産者による一階級社会の「民主主義の手仕事的なモデル」であっても、理論モデルの価値は減ぜられることはない。C・B・マクファーソン、田口富久治訳『自由民主主義は生き残れるか』（岩波新書）一九七八年、三四ページ。

（3）C. S., Ⅲ, pp. 355-356.（『全集』（Ⅴ）一一四—一一六ページ。）; *D. I.*, Ⅲ, pp. 182-184.（『全集』（Ⅳ）二五一—二五三ページ。）

（4）福田歓一『近代政治原理成立史序説』、岩波書店、一九七一年、一六八ページ。

（5）C. S., Ⅲ, p. 356.（『全集』（Ⅴ）一一六ページ。）

（6）J. Bodin, *Les six livres de la République*, 1593, Texte revu par C. Frémont, M. D. Couzinet, H. Rochais, Paris, Fayard, 1986, p. 27.

（7）*Ibid.*, p. 39.

（8）*Ibid.*, p. 40.

（9）一八世紀初頭にボシュエが展開した、家父長権論の継承の上に立った君主神授権説については、福田前掲書、一四一—一四六ページ参照。

（10）ルソーがロックの家父長権論批判から多くを得ていることはよく知られている。R. Derathé, *Jean-Jacques Rousseau et la science politique de son temps*, 2e éd., Paris. J. Vrin, 1979, pp. 191-192.（西嶋法友訳『ルソーとその時代の政治学』九州大学出

版会、一九八六年、一七六―一七八ページ。）あるいは、同上書、一九一ページ。ロックは、絶対的恒久的支配権と父権との相違を論ずる。また、ロックにとって、父権はむしろ母の権限をも含む親権と呼ぶにふさわしいものであった。ルソーは、残念なことに、父母の権限の平等性だけはロックから学ばなかったようである。John Locke, *Two Treatises of Government*, a critical edition with an introduction and apparatus criticus, by Peter Laslett, second edition, Cambridge University Press, 1967, Book II, chap. IV.（鵜飼信成訳『市民政府論』岩波文庫、一九六八年、五六―八〇ページ。）

(11) C. S., III, p. 359.（『全集』（V）一二〇ページ。）

(12) Derathé, *op. cit.*, p. 191.（前掲訳書、一七七ページ。）

(13) 父権の及ぶ期間についても、ルソーは明らかに、ロックに負うている。ロックが親権を教育権と栄誉権とに分かつ点については、以下を参照。Locke, *op. cit.*, Book II, § 55, § 67.（前掲訳書、五八、七〇ページ。）

(14) C. S., III, p. 352.（『全集』（V）一一一ページ。）

(15) C. S., III, p. 352.（『全集』（V）一一一ページ。）

(16) バダンテールは、これを「家族の第二段階」と呼ぶ。E. Badinter, *L'amour en plus*, Paris, Flammarion, 1980, p. 216.（鈴木晶訳『プラス・ラブ』サンリオ、一九八一年、一八〇ページ。）この局面に関しても、ドラテはロックからの着想（子供の「明示または黙示の同意」に基づく父の支配）を指摘している。Derathé, *op. cit.*, pp. 190-191.（前掲訳書、一七六―一七七ページ。）

(17) *E.*, IV, p. 268.（『全集』（VI）四二ページ。）

(18) M. Launay, *Jean-Jacques Rousseau écrivain politique*, A. C. E. R., 1971, p. 372.

(19) 太田祐周「『エミール』における教育関係と契約の理念」（岐阜大学、教育学・心理学研究紀要、第六、七号、一九八〇、一九八一年）参照。

(20) *E.*, IV, p. 267.（『全集』（VI）四一ページ。）

(21) *E.*, IV, p. 765.（『全集』（VII）二三八ページ。）

(22) *E.*, IV, p. 362.（『全集』（VI）一四六ページ。）; *E.*, IV, p. 661（『全集』（VII）一二一ページ。）

(23) *E.*, IV, p. 262.（『全集』（VI）三五ページ。）

(24) 教師―生徒契約は、友情という非限定的な人格を与え合う契約とみなされるが、この契約の特殊な構造は、アルチュセールが分析してみせた社会契約の構造上の逆説と対照させる時、ある種の類縁性さえ示している。L・アルチュセール、西川長夫、阪上孝訳『政治と歴史』紀伊國屋書店、一九七四年、一六六―一七四ページ参照。教師―生徒契約では、友情を与える教師が、はるか未来に彼の与えたのと等価の友情を生徒から与え返される。友情を与え返すことのできる生徒は、契約の以前にも外にも存在せず、それは契約の産物そのもの、契約の目標なのである。

(25) *E.*, IV, p. 775.（『全集』(Ⅶ) 二五〇ページ。）

(26) J. Habermas, *Strukturwandel der Öffentlichkeit, Untersuchungen zu einer Kategorie der bürgerlichen Gesellschaft*, Neuwied, Luchterhand, 1962, S. 60-69.（細谷貞雄訳『公共性の構造転換』未來社、一九七三年、六四―七二ページ。）

(27) O. Brunner, *Neue Wege der Verfassungs―und Sozialgeschichte*, Göttingen, Vandenhoeck & Ruprecht, 1968, S. 104, 107-108.（石井紫郎他訳『ヨーロッパ―その歴史と精神』岩波書店、一九七四年、一五二、一五六―一五八ページ。）

(28) 中木康夫『フランス絶対王制の構造』未來社、一九六三年、二五ページ。

(29) 同上書、二六ページ。

(30) 領主による商品流通規制については、遅塚忠躬「フランス絶対王政期の農村社会」（岩波講座『世界歴史』第一四巻、一九六九年）二二四―二二六ページ参照。

(31) 地方商人は、自己の所有地から遠く離れず、土地経営と穀物取引を行った。地方ブルジョアの地主層は、絶対王制と密着してカースト化した新興ブルジョア層や大貴族特権層と対抗関係にあった。赤羽裕『アンシャン・レジーム論序説』みすず書房、一九七八年、三七―三八ページ。

(32) B・ドゥーデン・C・v・ヴェールホーフ、丸山真人編訳『家事労働と資本主義』（岩波現代選書）一九八六年、五ページ。特に、ドゥーデン執筆の第一章参照。

(33) 同上書、二四―二九ページ。

(34) 遅塚「フランス絶対王政期……」二四二ページ。

(35) 一八世紀のいわゆる「農業改革」についてのA・ソブールの見解は以下を参照。A. Soboul, *La France à la veille de la Révolution, Économie et Société* (2e éd.revue et augmentée), Paris, Centre de Documentation Universitaire & Société d'Édition d'Enseignement Supérieur, 1974, pp. 21-26.（山崎耕一訳『大革命前夜のフランス』（叢書・ウニベルシタス111）法政大学出版局、一九八二年、一五―二〇ページ。）

(36) *Ibid.*, pp. 129-130.（同上訳書、一四八―一五〇ページ。）領主または総借地人《フエルミエ・ジエネラル》による森林・木立に対する用益権縮小、共同放牧禁止、共有地分割時の三分の一権を指す。そうした動きは、封建的賦課租徴収の活性化とともに一八世紀後半に活発になったとされる。

(37) 阪上孝「王権と家族の秩序—近代化と家族—」(『思想』一九八三年八月号)五—八ページ。阪上氏は、捨子・私生児の多発の原因として、貧民の困窮と家族内秩序の弛緩・動揺とを挙げる。氏はさらに、里子の習慣の普及のなかに、いっそうの家族内秩序の弛緩を見ている。

(38) M. Segalen, *Mari et femme dans la société paysanne*, Paris Flammarion, 1980, pp. 167-171.(片岡幸彦監訳『妻と夫の社会史』新評論、一九八三年、二二二—二二七ページ。)

(39) *Ibid.*, p. 176, 183.(同上訳書、二三四、二四三ページ。)

(40) 遅塚忠躬「アンシャン・レジーム」(講座 家族『家族の歴史』第一巻、弘文堂、一九七三年)一九二—一九三ページ。

(41) 中木前掲書、三一九—三二一ページ。

(42) 家族員のより直接的な掌握を目指した「小教区記録(registre paroissial)」の整備については、遅塚「アンシャン・レジーム」一八四—一八六ページ参照。

(43) Badinter, *op. cit.*, pp. 53-58.(前掲訳書、三五—三九ページ。)

(44) 遅塚「アンシャン・レジーム」一九三ページ。

(45) 阪上前掲論文、一一—二〇ページ。封印令状は、元来、国王が自らの支配の道具として、「危険人物」を投獄・監禁する際に用いてきたが、ここでは、それと性格を異にする、家族の請願による発令事例の増加を問題にしている。

(46) Soboul, *op. cit.*, p. 56.(前掲訳書、五五ページ。)

(47) J・ドンズロによれば、孤児院の子供が成人に達するまでの死亡率は九〇%だったとされる。J. Donzelot, *La police des familles*, Paris, éd. de Minuit, 1977, p. 15.

(48) 母の手元で授乳された子の死亡率は、里子のそれの約半分といわれる。Badinter, *op. cit.*, pp. 175-176.(前掲訳書、一四四ページ。)

(49) 封印令状の濫用に、歯止めがかけられた(一七八四年)ことも、王権の家族政策の変容を示している。阪上前掲論文、一八—一九ページ。

(50) 赤羽前掲書、二一—二五ページ参照。ハーバーマスは、国家と市民社会との分極過程とともに、市民社会内部での、小家族的生活圏と社会的再生産の生活圏との分極過程を論じ、後者の分極は、商品取引が家族経済の狭い枠を突き破ってゆくにつれ、進行すると指摘している。Habermas, *a. a. O.*, S. 43-44.（前掲訳書、四七―四八ページ。）

(51) 水田珠枝氏は、クラランの家に、資本主義の展開によって没落の運命にさらされた小生産者家族との規定を与えた。水田珠枝『女性解放思想史』筑摩書房、一九七九年、五九―六六ページ。

(52) *N. H.*, II, p. 474.（『全集』（X）一〇三ページ。）

(53) *N. H.*, II, p. 471.（『全集』（X）九九ページ。）

(54) *N. H.*, II, pp. 470-488.（『全集』（X）九九―一二〇ページ。）；*E.*, IV, p. 783.（『全集』（Ⅶ）二六〇ページ。）

(55) *N. H.*, II, p. 441.（『全集』（X）六五ページ。）

(56) *N. H.*, II, p. 405.（『全集』（X）二一ページ。）；*E.*, IV, p. 697.（『全集』（Ⅶ）一六三ページ。）

(57) ルソー的家族論における家父長制原理と母性原理とは、性による機能分担を前提とする。ヴォルマール＝秩序、ジュリ＝愛というジュリの家の機能分担は、主人＝エミール、導き手（助言者）＝ソフィとして、『エミール』のなかで再現される。こうした性別機能分担は、実は、ルソーの人間観に由来するものである。ルソーが、一人の人間のなかに、理性と内なる感情（良心）という相補的であり、かつ、等価値の二つの原理の共存を説く時、それは豊かな人間論となりえた。だが、ルソーが両原理を人間にではなく、性に適用した時、人間像に分裂が生じた。両原理は、各性に一つずつ（理性的存在＝男性、感情的存在＝女性というように）振り分けられてしまう。ルソー的女性像は、分裂の危機に瀕している。ルソー的女性は、内なる感情は持つが、それと補い合いながら人間に道徳的自由を得させる真の理性は持たぬ存在であり、二つの相反する導き手（自らの内なる感情と人々の意見）を調整して生きてゆかねばならないとされるのである。*E.*, IV, pp. 720-731.（『全集』（Ⅶ）一八九―二〇〇ページ。）母性機能に補完された、ルソーの家父長制理論は、分裂した人間観に始原を持っていたのである。

(58) 村に生活の場を持つエミールは、わずかに村人と接触する場合も、教師の統制下においてである。ルソーはこの時期の教育を「孤独な教育（éducation solitaire）」と呼ぶ。*E.*, IV, p. 341.（『全集』（Ⅵ）一二一ページ。）

(59) ハーバーマスは、ルソーにおける〈opinion〉の競合的用語法を指摘している。それらは、否定的・肯定的用法であり、前者は、文明社会である既存社会の退廃的意見であって、討論を通じて党派精神の温床となり、後者は、人々の胸に刻み込まれた素朴な風俗と良い魂の意見であって、創出されるべき新しい政治社会において「公論（opinion publique）」にまで高められ「一般意志（volonté générale）」として発現するものとされる。Habermas, *a. a. O.*, S. 120-123.（前掲訳書、一三六―一三九ページ。）
(60) *E.*, IV, p. 323.（『全集』（VI）一〇二ページ。）それは、生徒が「理性の睡眠状態」にある時期であり、ここで求められているのは、生徒の成熟を待つ＝時を失う、消極教育である。*E.*, IV, p. 323, p. 344.（『全集』（IV）一〇一―一〇二、一二五ページ。）
(61) *E.*, IV, p. 468.（『全集』（IV）二五九ページ。）
(62) *E.*, IV, p. 267.（『全集』（IV）四一ページ。）
(63) *E.*, IV, p. 252.（『全集』（IV）二四ページ。）
(64) *E.*, IV, p. 469.（『全集』（IV）二六〇ページ。）
(65) ルソーは、『人間不平等起源論』で、社会性を、自然によって準備されることが少なく、（理性の発達によってもたらされた）社会状態のなかで形成される人間の属性として位置づけている。*D. I.*, III, p. 151.（『全集』（IV）二一九ページ。）
(66) *E.*, IV, p. 470.（『全集』（VI）二六一ページ。）
(67) *E.*, IV, pp. 469-470.（『全集』（VI）二六〇―二六一ページ。）
(68) *E.*, VI, p. 524.（『全集』（VI）三三二ページ。）
(69) *E.*, IV, p. 671.（『全集』（VII）一三三ページ。）
(70) *E.*, IV, p. 477.（『全集』（VI）二六九ページ。）エミール（男性）とソフィ（女性）とでは、世論の位置づけが決定的に異なることを想起すべきである。*E.*, IV, pp. 702-703.（『全集』（VII）一六九ページ。）
(71) *E.*, IV, p. 532.（『全集』（VI）三三三ページ。）
(72) *E.*, IV, p. 670.（『全集』（VII）一三一ページ。）
(73) Habermas, *a. a. O.*, S. 120.（前掲訳書、一三七ページ。）
(74) *E.*, IV, p. 654.（『全集』（VII）一一二ページ。）
(75) *E.*, IV, p. 858.（『全集』（VII）三四五ページ。）
(76) *E.*, IV, p. 469.（『全集』（VI）二六〇ページ。）

第二章　ルソーの労働概念

序

本章は、ルソーの労働概念の特質を探り、その構造を明らかにしようとする試みである。これまでのルソー研究史のなかで、労働概念を主要なテーマとした研究は、われわれの知る限りでは、ほとんど存在しない。ルソーの所有論あるいは租税論をテーマとする論究には豊富な研究成果が存するが、所有論の前提となり、所有論の核心をなす労働概念に正面から取り組む研究が、ほとんどなされてこなかったことに、われわれは意外の感を強くする。労働概念が主たる研究テーマとされることがほとんどなかった理由の一つは、『社会契約論』のなかで、ルソーが労働に直接触れる箇所が、ほぼ第一編第九章と第三編第八章に限られるという、言及箇所の少なさにあるとわれわれは推測する。

われわれは『人間不平等起原論』における人類史の発展段階的展開に即しながら、ルソーによって、労働が、自然と人間とに対して、あるいは人間と人間との間に、いかなる関係を持つものとして捉えられるのか、その構造と過程をテクストのなかに発見したい。われわれは、また『エミール』や『不平等論』のなかで用いられる「手の労働」・「手の仕事」という言葉を手がかりとして考察を進め、労働概念の核心に、いっそう接近したい。

一　労働の原初的展開――自然と人間・人間と人間の関係

ルソーの歴史観を最も特徴づけるのは、「自己完成能力」の存在である。[1] 彼は、自然が人間に対して自己完成能力を賦与すると考える。この能力は、人間が「自由な行為者」であるという特質とともに、動物と人間とを画する人間固有の属性とされるものである。[2] それは「周囲の事情に助けられて、すべての他の能力を次々に発展させ、われわれの間では種にもまた個体にも存在する能力」である。[3] 一個の生命体である人間は、自己保存を図るために自然に働きかけなければならない。それは必然であり不可避である。動物は本能に従って自然への働きかけをなし、動物と自然との関係は一定不変である。ところで人間にとって、自然と人間との関係、人間の自然への働きかけのあり方は、一定不変のものだろうか。

まず、自然は人間に自己完成能力を賦与する。完成能力を賦与された人間は、この能力によって、自然への働きかけのなかで、人間のうちにある潜在能力を徐々に顕在化させる。このように新たな能力を獲得した人間は、今度は、自然に対して、以前とは異なった新しい働きかけを始める。ここに、自然と人間との相互作用あるいは両者の循環過程が見出される。この循環過程は、自然と人間との関係をより高度なものにしてゆく歴史の発展段階的展開を示している。自己完成能力こそが、人間の歴史を進展させる真の原動力なのである。後に見るように、ルソーが「最初の革命」や「大きな革命」と名づける画期は、人類の発展段階史の指標となるものである。ところで、自然が人間に賦与したものとしては、この完成能力の他に、「自己愛」と「憐れみの情」という二つの自然的感情が挙げられる。われわれは、この二つの生得感情にも注意を払いながら、『不平等論』を歴史的に捉えてゆくことにする。

ルソーの描く最も原初的人間は「森のなかに動物に交じって散在している人類」であり、定まった住居を持たぬ人々である。(4) この自然人は、自然の豊かさの恩恵を受けて、生きる糧となる生活資料を得るために、他の人間の助けを必要とはしない。確かに、子供の期間は、人が自力で生存する力を持たぬがゆえに、その例外をなしはするが、ルソーは、生殖を伴う雌雄の結合関係の連続性を否定するとともに、母子関係についても、母親の欲求と哺乳の習慣から子を養育する必要最小限の関係に限局する。(5) 自然人は「ほとんどいかなる種類の相互関係をも許さないような事物の状態」に置かれている。(6)「純粋な自然状態」にある人間は、(7) 人間対人間の関係をほとんど持たず、たとえそうした関係を持つ場合でも偶発的・一時的な関係にとどまる、きわめて孤立した存在なのである。しかし、このような最も原初的な状態にある場合でさえ、人間は自然から、自己愛と憐れみの情という理性に先立つ二つの生得の感情を与えられているとルソーが捉えていることを忘れるべきではない。「われわれの安寧と自己保存とについて、熱烈な関心をわれわれに持たせる」自己愛と「あらゆる感性的存在、主としてわれわれの同胞が命を失ったり苦しんだりするのを見ることに、自然な嫌悪を起こさせる」憐れみの情、これら二つの原理だけが「人間の魂の最初の最も単純な働き」のなかに見出される。(8) 自己愛が、生存を維持するための自然への働きかけを繰り返させる。こうした自然への働きかけの場面でこそ、自己完成能力は十全に発揮される。生活資料を獲得する自然への働きかけは、この自己愛と自己完成能力双方の力があってこそ発展的に展開されるのである。

ところで、自己愛と憐れみの情という二つの原理のなかでは、自己愛が第一で、憐れみの情がそこから派生してくるという発生順位が存在する。自己愛は、「われわれの情念の源、他のすべての情念の初めにあって、その元になるもの、人間が生まれるとともに生まれ、生きている間は、決してなくならないただ一つの情念」であり、(9) この自己愛から発して、自分と同じような人間・他者に対して、その苦しみや悲しみを感じ始める時、「人間の心を動かす最初の相対的な感情」たる憐れみの情が誕生するのである。[10] こうした両原理の発生順位はともあれ、自然が人間に生得的に、自己愛のみならず憐れみの情を与えたことによって、自己愛から発する自己保存の欲求や自己の幸福のみを追求する熱情は和らげられる。

「憐れみの情こそが、すべての丈夫な未開人に、どこか外で自分の生活資料は見つけられるという希望があれば、か弱い子供や病弱な老人が苦労して手に入れた生活資料を取り上げる気を起こさせないのである。」[11]

「苦しむ者の身になってみる感情」である同情は、苦しんでいる他者に内面的に同化すればするほど強まるので、自分を振り返って省察することで他者と自己との間に距離を置く文明人の同情心よりも、より深く苦しんでいる者に同化することのできる未開人のそれの方が「曖昧だが生き生きとした感情」なのである。[12] 同化とは、「われわれをわれわれの外へ移し」、「いわば、われわれの存在を捨てて、そうした者の存在になる」ことであるから、[13] 未開人の抱く憐れみの情は、まだ、その対象を人類一般・種全体に広げてはいない。なぜなら、人間と人間との関係が偶発的で一時的なものにすぎない純粋な自然状態にあっては、未開人は、憐れみの情の注がれる対象たる他者とも、偶発的で一時的な関係を持つにすぎないからである。それゆえ、「憐れみの情は、各個人における自己愛の活動を和らげ、種全体の相互保存に協力する」といわれるものの、[14] この自然的感情が人間愛と呼びうる広がりを持つには、なお時を待たねばならないのである。

人間の労働を歴史的に捉えようとするなら、『不平等論』において、歴史の発展段階の指標となる革命という画期に注目することになる。ルソーのいう革命とは何か。まず、一見して明らかなのは、「生活様式」が転換するということである。[15] すなわち、それ以前の時代に支配的な生活様式を新たな生活様式に取って替えるということである。生活様式が転換するとは、人間の生の営みの根幹である、人間の生存を確保する生活資料の獲得方法が転換したということである。それでは、この生存の確保を目的とする生活資料の獲得方法の転換は、なぜ起こるのかといえば、前代と比して、生活資料を得るために、いっそう有利な知識や技術が見出されたからである。個々の知識や技術ではなく、新しい、より有効な、生活資料の獲得を可能にする、知識と技術の総体の発見と定着、これをルソーは革命と呼んでいるのである。そしてわれわれは、こうした知識と技術の総体を、ルソーが「生活技術（industrie）」と呼ぶのだと理解する。(16)

ルソーは、未開人と文明人の運動能力を比較する。枝を折る、石を投げる、木に登る、走る、といった身体能力は、文明人が、もし「機械（machines）」を利用できなければ、(17)未開人によって圧倒されると推断する。ここで重要なのは、身体が未開人にとって生活資料を獲得する唯一の「道具」であること、(18)そしてそれゆえ、未開人は、自己保存の唯一の手段である道具としての身体を鍛錬し、相対的に高い身体能力を保持せざるをえないことに、ルソーが着目している点である。ルソーは、未開人と文明人の運動能力の対比を通じて、「自然によって命じられた簡素で一様で孤独な生活様式」に従っている純粋な自然状態にある自然人の生存のあり方を論じているのである。(19)自己の身体のみを用いる最も原始的な採取、ここで見出されるのは、以上のような生活技術なのである。

最初の革命は、家族の出現と定住とに特徴づけられる新たな生活様式をもたらす。

「あらゆる社会のなかで最も古く、また、ただ一つの自然なものは家族という社会である。(20)」

家族は、人間にとって自然に形成された最古の「一つの小さな社会」である。(21)人々は家族の共通の住居として小屋をつくり、もはや一人ではなく、家族を生活・生存の単位としてひとところに定住する。家族は最初の社会と呼ばれるにふさわしいものである。なぜなら、人間は家族の内部で初めて、継続的で緊密な人間と人間との関係を持つからである。自然人は自分一人の保存だけでなく、家族全員の保存に心を砕く。家族という小さな社会のなかでこそ、憐れみの情が、一時的・偶発的でない濃密な感情となって沸き起こる。「夫婦愛や父性愛」と呼ばれるものも[22]、家族内部に作用する憐れみの情に発し、こうした特定の対象に向かう憐れみの情が発達したものということができる。この時期には、他の誰よりも自己を第一の者として重んじることを求める自尊心の芽生えのために「自然の憐れみの情はすでに多少の変質を蒙っていたけれども」[23]、人々は、家族各人に対しては、憐れみの情に発した愛着を持ち、家族外の他の誰に対しても、憐れみの情が働くがゆえに「自ら危害を加えるのを抑えられ、人から危害を加えられた後でさえ、危害を加える気にはどうしてもならない」のである[24]。住居という生活の場であり、生活資料を獲得するための基地でもある定点を持った家族は、生きるために家族各人が協力し合う。自然に対する人間の働きかけは、孤立した自然人によるより、協同し合う家族による方が、明らかにより効果的で、力強いものになる。さらに両性間には生活様式の差異が確立するが、これはルソーによれば、男女の自然的素質による分業の開始を意味するものである。しかし、人間と人間との結びつきは、家族内部でこそ強まるが、家族相互間の結びつきは、なお、緩やかである。彼らは、非常に稀に、共通の利害のために一時的に協同し[25]、あるいは一時的に争う。道具としては、例えば、改良された弓矢や丸木船を使用する彼らの技術は――狩猟であろうと漁撈であろうと、家族内部の協同はあっても、家族相互間の日常的協力を伴わぬゆえに――「人間が一人でできる仕事、数人の手の協力を必要としない技術」の域を大きくは出ていないのである[26]。このように、純粋な自然状態から離れて、家族という小さな社会を生み出した、いわば自然状態の第二期に見出されるのは、家族内の協同、両性間の分業に支えられ、それ以前の段階に比して生活資料の獲得がより有利になった、狩猟あるいは漁撈といった生活技術なのである。こうした生活技術は、主に、家族という緊密な人間関係のなかで、世代間に、より確実に伝達されていった。孤立した自然人が自ら獲得した技術をほとんど伝達させずに滅ぼしていったのに比べて[27]、さらなる自己完成能力の発現が見られ、そしてそれに伴う生活技術の進展は、よりめざましいものになった。

大きな革命は、人類を社会状態へ移行させる最大の画期であった。人類の生存様式の大転換が、冶金と農業という生活技術の発見によってもたらされた。これら二つの生活技術の誕生は、最初の社会的分業を告知するものである。ルソーは『エミール』のなかで、社会的分業の原理を、一〇人の人で構成された社会という思考モデルを用いて、次のように説明する。

「一〇人の人がいて、それぞれの人が一〇種類の必要を持つとしよう。（中略）この一〇人の人で一つの社会をつくることにしよう。そして各人が自分一人のために、そして他の九人のために、自分に最も適した種類の仕事をすることにしよう。各人は他の人々の才能から利益を得て、自分一人ですべての才能を持っているのと同じことになる。各人は自分の才能を絶えず磨くことによって、それを完全なものにすることになる。そこで、一〇人とも完全に必要な物を手に入れ、さらに他人のための過剰分まで持つことができるようになるだろう。[28]」

この単純化された社会的分業の思考モデルのなかで、ルソーは分業の土台に、自己愛と憐れみの情の二原理を調和させて組み入れた。「各人が自分一人のために、そして他の九人のために」各自の仕事を選び取り、その選び取られた仕事の成果を持ち寄ることによって相互に助け合う、いわば共生社会を出現させる。分業が導入された社会では、自足するためにあらゆる仕事をなす場合に比べ、各人が自分に適した特定の仕事に習熟することができるので、その結果、こうした社会は、仕事に携わる者全員の必要物を供給するばかりか、他者に回すことができるほどの余剰を生み出すというのである。分業は協業も伴っている。ルソーは、それらを「労働の分割と配分」と表現して、次のように述べる。

「ただ一人の人間がそれで自足できる自然的な技術を実行していると、やがて、多くの手の協力が必要な工業の技術が求められるようになる。前者は、孤独者でも未開人でも実行できるが、後者は、社会においてのみ生まれ、社会を必要とする。身体的な欲求しか知らないかぎり、一人一人の人間が自足できる。余分な物が導入されると、労働の分割と配分が必要になる。ただ一人で働く人間は一人の人間の生存に要する物しか得られないが、協力して働く一〇〇人の人間は二〇〇人を生存させるだけの物を得るからである。」[29]（傍点は鳴子）

ここで分業・協業が二倍の生産力――一〇〇人の労働が二〇〇人分の生活資料を生産しうること――をもたらすことが語られるのだが、ルソーはさらに、そこに生じた余剰の行方まで視野に収めている。彼は続けて「一部の人間が休むようになると、働く人々の協力によって、何もしない人々の労働の埋め合わせをしなければならない」と述べる。[30]先に引用した箇所で「他人のための過剰分」という表現で言及された他者とは、ここに、働く人々と対比される働かざる人々であることが明記される。ルソーは、一方に他者のために働く一群の人々があり、他方に自分以外の者の生み出した余剰を享受する働かざる人々が存在する事態をはっきりと見抜いているのである。

前述の一〇〇人の人からなる最も原初的な分業社会と人々が働かざる者と他者のために働く者とに分裂した社会とを比較すると、われわれは、この推移のなかに、自己愛と憐れみの情の調和が失われ、自己愛が自尊心に変質した事態を捉えざるをえない。本来、「自己愛は、いつでも良いもので、いつでも正しい秩序にかなっている」[31]が、ある者が自己保存を自己労働によらず、他者の労働に依拠しようとする時、それは、一部の働かざる者の自己保存を、多数の働く者の自己保存の上位に置くこと、さらにいえば、働く者の自己保存を少なからず犠牲にして実現させることを意味するから、自己愛は、すでに、自他を絶えず比較し、人々のなかで自分こそが「第一位を占めたい」と願う自尊心に転化したといわざるをえないのである。[32]

われわれは、再度、大きな革命の発生時点に立ち戻る。『不平等論』でルソーは次のように述べている。

「一人の人間が他の人間の助けを必要とし、また、ただ一人のために二人分の蓄えを持つことが有効であると気づくやいなや、平等は消え去り、所有が導入され、労働が必要になった。そして広大な森林は目に快い平野に変わった。[33]」

以上のように、ルソーは、人類が冶金と農業に従う社会状態に至るまでの歴史を、人間の自己完成能力を歴史発展の原動力と捉え、生活技術の発見と定着をその契機として、自己愛や憐れみの情などの人間の感情の働きを視野に収めながら、段階的に区分した。われわれには、ルソーの歴史観を発展段階的と結論づける前に、自然状態のいわゆる第二期へ、ルソー自身が下した評価について議論することが残されている。家族が誕生し、家族相互間にも緩やかな交流の生じた「新しく生まれたばかりの社会」[34]を、彼は「世界の真の青年期」と呼び「最も幸福で最も永続的な時期」あるいは「最も革命の起こりにくい、人間にとって最良の状態」であると評する。[35]なぜ、このような歴史段階が人類にとって幸福な状態とされるかといえば、この時期の自然人のなかに「自己保存に必要な欲望とそれを満たすに十分な能力」だけが見出され、彼らは「力と欲望の均衡」のなかにあると考えられるからである。[36]ルソーは、人々のなかで想像力が働き出すと「現実の世界には限界があり、想像の世界は無限である」から、[37]力と欲望の間には、欲望過剰から不均衡が生じるとする。だが、この段階での完成能力の活動は、まだ、想像力を目覚めさせ、人類を欲望過剰にし、力と欲望の不均衡をもたらすまでには至っていないとされるので、彼らは幸福だとみなされるのである。そして、こうした人類の幸福期の称揚と呼応するように、大きな革命を画期とする人類の自然状態から社会状態への移行を、周知のごとく、外在的できわめて偶然性の高い諸原因の連鎖の責に帰すのである。

「人間は、共通の利益のためには決して起こらないにこしたことはなかった何かの忌まわしい偶然によらないかぎり、この状態を離れるはずはなかった。[38]」

あるいはまた、その移行は「存在することも、存在しないこともありえたし、あるいは、少なくとも、もっと早くも遅くも起こりえたのであり、したがってその歩みを速めることも遅らせることもありえたある種の外的状況に助けられて」起こったとされる。[39]さらに、歴史の展開の原動力は人間の完成能力にあったから、この能力こそが「人間のあらゆる不幸の源泉」であり、「平穏で無垢な日々が過ぎてゆくはずのあの原初的な状態から、時の経過とともに人間を引き出す」とされ、[40]「完成能力や社会的な徳やその他の自然人が潜在的に受け取った能力は、それ自体では決して発展できなかったこと、そのためには、決して起こらなかったかもしれず、それなしでは永久に原初の構造のままにとどまっていたであろうような、いくつかの外的な原因の偶然の協力が必要であった」と述べられる。[41]このような論述から、われわれは自然状態の第二期以降の歴史展開を「種の老衰への歩み」として、[42]否定的に捉えなければならないのだろうか。結論から先にいえば、答えは否である。ドラテは次のように述べる。

「ルソーにとっては、法学者たちにとってと同様、自然状態は人類にとってもっとも適わしい状態ではなかった。それは人間の真の状態と取り違えられてはならない。なぜなら、自然状態のままでは、人間はその本性中のあらゆる潜在的素質を発展させることはできないからである。[43]」

確かに、自然状態が人間にとって最適の状態であるとすれば、なぜ自然が、完成能力や他のさまざまな潜在能力を人間に与えたのかわからないのである。自然が不要な贈物を人類に与えたとは奇妙なことである。自然状態において人間は善良であるにすぎないが、社会状態においてのみ、人間は、良心に導かれた理性によって有徳な存在に高まる可能性を与えられている。人間の価値は、情念に対する闘い・克己を志向する道徳性のうちに存する。ドラテは社会状態の優越を次のように説明する。

「彼（ルソー――鳴子）にとって社会生活が自然状態よりも好ましく思われているとすれば、プーフェンドルフやディドロがそういっているように、社会生活が人間の幸福を増進させるからではなくて、もっぱら、それが、人間に有徳となるよう強要することによって、高次の道徳的水準にまで彼を高めるからである。」[44]

われわれは、それゆえ、人類の歴史的展開は——自然状態の第二期から社会状態への移行が、外的偶然性に左右されるとみなされながらも[45]——その実、人類史をはるかに展望すれば、継起的で必然的な進展であると捉えることができる。人間の歴史は、発展段階的に進展する。人類は、大きな革命を経ることによって、働く者の自己保存を超える余剰生産物さえ得ることが可能な段階に達した。

二　労働概念——労働の構造と過程

ルソーは、大きな革命のもたらす社会状態への移行が、労働を必要とさせると述べたのであった[46]。労働概念をより明確に把握するために、まず、彼が農業とはどのような技術かについて言及する箇所を引用してみよう。

「それは、実に多くの労働と先を見通す力を必要とし、実に多くの他の技術とつながりがあり、少なくとも一つの社会が始まっていなければ実行不可能なことがきわめて明らかな技術であり、そんなものがなくても大地が立派に供給できるような食糧を大地から引き出すことよりも、むしろ最もわれわれの味覚にかなった好みのものを無理に大地に生産させることに役立つ技術なのだ。」[47]（傍点は鳴子）

引用文の前半部分には、協業と密接にかかわる多数の作業の集積、先を見通す力、社会的分業、社会状態への移行といった農業を特徴づける諸事項が挙げられている。だが、ここでは、これらの事項の内容分析に入ることは控え、傍点を付した後半部分に注目したい。そこには二つの異なる歴史段階が記述されている。第一は、傍点前半部分であり、自然が授けてくれた天然の生産物を人間が採取する段階、すなわち外的自然に対し、人間が自己の身体そのものやせいぜい簡易な道具を用いて、あるがままの物を、あるがままの形で採取して生活資料とする段階を指している。それはまさしく、大きな革命以前の段階に妥当する。ルソーは、この段階の、生活資料を得るための、人間の自然物への働きかけを、「労働（travail）」とは呼んでいない。彼が、労働という言葉を農耕や冶金等の手工業をめぐる論述以外で用いることはない[48]。なぜ、大きな革命前の生活資料を獲得する行為は、ルソーによって労働と呼ばれないのであろうか。それは、こうした外的自然への働きかけが――相当の工夫と骨折りが必要とされる場合でさえ――自然物をあるがままに取得するという意味では、消極的な働きかけでしかないからである[49]。これに比して、第二の傍点後半部分は、人間が、自己の意識的目的にかなうように自然に働きかけて、自らの要求を満たそうとする段階を示している。すなわち「最もわれわれの味覚にかなった好みのものを」とは、すでに、あるがままの自然物を求めるのではない、人間の意識的な欲求および要求を表し、「無理に大地に生産させる」とは、自然が自然物を生産するままに任せず、人間が自然に対して積極的に、しかも持続的に働きかけて、自然を変化させ、目的にかなった新しい生産物を生ぜしめることを表しているのである。これこそ、大きな革命を経た、人間の生活資料を獲得する活動である。

以上のような二つの段階における人間活動は、自己保存の配慮から発した、生活資料を得る営みであるという点では共通しているものの、人間の自然への働きかけが、自然物のあるがままの取得にとどまるか、新しい生産物を生ぜしめるのかという点では、決定的な差異を有している。そしてルソーは、この後者の段階における人間の生活資料を求める自然への働きかけを労働と呼ぶのである[50]。それでは、前段階の、生活資料を得るための自然への働きかけは、後者のそれと区別して、どのように表現されうるだろうか。マルクスは労働について次のようにいっている。

「労働はまず第一に、人間と自然との間の一過程である。この過程で人間は自分と自然との物質代謝を自分自身の行為によって媒介し、規制し、制御するのである。」[51]

そしてマルクスに従えば、狩猟や漁撈のような生活資料の獲得行為も「天然に存在する労働対象」に対してなされる労働であり[52]、農耕など他の生産的労働と区別されることなく、両者ともに広く労働概念で捉えられている。われわれはそれゆえ、ルソーが労働という表現を採らない前段階における自然への働きかけを、前意識的労働と呼ぶことにしたい。そこでは、自然へ働きかける際の人間の目的意識が、欠如しているとまではいえぬとしても稀薄で、先を見通す力を伴っていないからである。以上の考察は、ルソーが労働という言葉をどの段階で用い始めているかという点に注目したが、次にわれわれは、「手の労働（travail des mains）」あるいは「手の仕事（main d'œuvre）」という用語を手がかりとして、さらに論考を進めたい。

ルソーは『エミール』において、「手の労働」という言葉をたびたび登場させるが、最初にそれが問題とされるのは、第三編中の、社会的人間の労働義務に関する重要な論考に続いてである。それゆえ、手の労働という言葉が現れるまでの論考を以下に引用する。[53]

「社会のなかでは、人間は、必然的に他の人々の犠牲によって生きている」のであって、「各人はその持っているすべてのものを借りているのだから」、一人の例外もなく、この「社会的な負債」を返す義務がある。そこで、人は自分自身以外に、社会に与えうる持ち物を持たぬがゆえに、「労働によって、生活維持の代価を他の人々に返却しなければならない」。そこから「労働することが、社会的人間の欠くべからざる義務だ」との結論が導き出される。労働が社会に対する万人の義務とされる立場から、働かざる享受者が糾弾される。すなわち「何もしないで、自分自身で稼がなかったものを食べている者は、それを盗んでいるのだ」と。この論考を受けて説き起こされる人間の果たすべき労働が、手の労働と呼ばれるのである。

「人間の生存に必要なものを供給することのできるすべての職業のうちで、人間を自然状態に最も近づけるのは手の労働である。」[54]

人間の生活資料の供給、これがまず大前提となる。そして社会に生きる人間を自然状態に近づけるとは、「運命と人間」に左右されることが最も少なく「自分の労働にしか依存しない」状態に人間を導くということである。[55]手の労働の手のとは、第一に、文字通り、身体の部分である自らの手を用いること、第二に、自らの手は有用な道具を持った手であること、第三に、有用な道具を持った手は、仕事場や畑で修練を積んだ熟達した技をわがものとした手であることを意味するとわれわれは捉える。[56]ゆえに、手の労働とは、有用な道具を持ち、かつ、熟達した技を保持した手を使う、生活資料を供給する直接労働のことである。それは文字通り、「自分で手仕事をする」民衆の労働であり、[57]端的にいえば、職人あるいは農民の労働を意味する。ルソーが高く評価するのは、「効用が最も一般的で最も不可欠な技術」で、かつ「他の技術をそれほど必要としない技術」である。[58]事実、彼がエミールに選び取らせる職業の備えるべき要件の第一は、「ロビンソンが島で生きるのに役立つような」現実的有用性であり、第二は、人間愛との調和なのである。[59]それゆえ、世に流布する「現実的な有用性に反比例した」技術評価——日々のパンを生む労働が低く見積もられ、働かざる者（富裕者）を喜ばせる芸術家の作品が高く評価されるような——とルソーのそれとが鋭く対立することは明らかである。[60]技術や職業に対する価値の転換と働かざる富裕者やその追随者への断罪が、同時に行われる。[61]

以上から、手の労働は、人間の生存に直接、寄与するがゆえに、個人にとってと同様、社会にとっても有用な、きわめて具体的な技術労働であり、「人類を構成する」と表現されるにふさわしい民衆を担い手とする、人間の労働である。[62]こうして、自らの労働によって自らを養い、同時に、他の人間や社会に貢献することになる人々の間でこそ、対象を広げられ、一般化された憐れみの情が作用する。憐れみの情は、他者に同化する感受性を自分の外へ移し、感受性の広がりを人類にまで拡張させせえた時、人間愛と呼ばれ、「人間の正義の原理」となる。[63]

「感受性が自分の外へ広がっていくようになると初めて、彼はまず善悪の感情を、次いでその観念を持つことになり、それによって本当の人間になり、人類を構成する一員になる。[64]」

「自分自身の土地を耕して自分の手の労働で暮らすこと」[65]——これが、さまざまな実践的な労働技術教育を受け、加えて、現実の多様な地方や国家を観察し終えたエミールの（したがって人間の）選び取るべき生き方であると、ルソーの下した結論である。求められていたのは「自由と健康と真実と勤労と正義のうちに生きる」ことなのである。[66]それゆえ、以上のような観点からいえば、『エミール』全編は、人間をなんらかの社会的・技術的分業の一翼を担う、生存に直結した人間の労働の担い手たらしめることを目指す論考であると捉えることもできよう。さらにいえば、働かざる者（富者）と他人のために働かされる者（民衆）とに分裂した、自尊心につき動かされた人々の社会が、すべての人が手の労働に従う、人間愛に導かれた人々の社会に取って替わられることを、ルソーは求めてやまないのである。

『不平等論』で「手の仕事」という表現が用いられている箇所は、大きな革命を惹起した二契機——冶金・農業——のうち、農業生産の開始・定着についての論述のわれわれが注目するパラグラフに存する。[67]われわれがそのパラグラフに特に注目するのは、そこでの論考が、労働の観念を中核にして、労働から所有の発生する関係を問題にしているからである。このパラグラフを内容から、前半と後半に分けよう。手の仕事という言葉は前半部分に用いられている。

「土地の耕作から、必然的に土地の分割が起こり、そして、所有がひとたび認められると、そこから、最初の正義の規則が生じた。（中略）こうした起源は、生まれたばかりの所有の観念が、手の仕事以外のものに由来すると は考えられないだけに、ますます自然なのである。なぜなら、自分ではつくらなかったものをわがものにするため には、人間は自分の労働以上のどんなものをそれに付加することができるかわからないからである。」

ここから、手の仕事とは、ひとまず、人間が、自分ではつくらなかったものを、わがものにするために、自分の労働を、それ（自分ではつくらなかったもの）に付加することであるといいうる。今、議論されているのは、土地の耕作であるから、自分ではつくらなかったものとは、この場合、土地を指している。したがって、ルソーは自分の労働を土地に付加することが、土地を「わがものにする（s'approprier）」のを可能にすると語っているのである。とすれば、自分の労働を土地に付加するとは、いかなることか、あるいは土地をわがものにするとは、いかなる事態を指すのか、もっと掘り下げて理解しなければならない。

『エミール』における、所有観念を学ぶための一つの想定実験——そら豆の栽培——のなかで、ルソーが展開する論理の助けを借りることにしよう。ルソーは、土地を耕作する行為とは「彼がそこに時間と労働と労苦とを、要するに、彼の人格を注ぎこんだこと」を意味し、「この土地には、彼自身に由来する何物かがある」と述べる(68)。土地のなかに存する、彼自身に由来する何物かとは、文意から、彼の〈時間（temps）〉・〈労働（travail）〉・〈労苦（peine）〉あるいは、〈人格（personne）〉に他ならない。先に『不平等論』では、労働という言葉だけが用いられていたが、ここでは、時間・労働・労苦という三つの要素が列挙されている。さらに、これら三要素が、人格という言葉で置き換えられているので、われわれは、人格＝時間・労働・労苦とする図式的な理解を許されることになる。とすれば、人格という概念を明らかにするためには、三つの要素の意味内容を検討する必要がある。

まず〈時間〉は、労働の継続性を表している。この労働の継続性を、第一の労働である農業に即して、やや具体的に考えてみることにしよう。ルソーはすでに引用したごとく、農業を「実に多くの労働と先を見通す力を必要とし（以下略）」と述べた。[69] この「実に多くの労働」という言葉は、農産物の収穫までに、数多くの作業の過程が存在することを意味し、これらの作業が、家族やより多くの人々との協業を伴っていることも暗に含んでいると考えてよい。農産物の収穫という人間の生活資料の獲得を目的とする農業労働は、この目的実現までに、多数の作業を積み上げた継続的時間を必要とする。そして、農業の多数の作業を結びつけ、一連の作業過程として遂行してゆくには、先を見通す力が不可欠なのである。われわれは、ここで農業を例として考えたが、労働一般に議論を戻して、時間という要素をまとめよう。時間とは、先を見通す力を備えた人間によって、自覚的な目的に向けて行われる、自然物（あるいは非自然物を含むすべての労働対象）への働きかけの、継続的時間を表している。[70]

次に〈労働〉は、先に論じたように、自然物に積極的に働きかけて、自然を変えるとともに、行為者自身の自然を、潜在能力を顕在化させることによって、変化させる行為であった。[71] 労働は、三つの要素のなかで——他の要素は、この心身の具体的な働きかけのなかに、初めて発現するという意味で——最も中核的な要素である。

最後に〈労苦〉を問題にしよう。労働対象への心身の働きかけは、生活資料を獲得するという目的を達成するために、さまざまな困難に直面する。その結果、そうした心身の働きかけは、必然的に過度のものにならざるをえない。そしてこの過度の心身の働きかけ（骨折り）が、心身両面の疲労や苦痛を生む。それゆえ、労苦とは、労働に不可避の心身両面の骨折り・疲労・苦痛を意味するといえよう。[72]

このように三要素を理解するなら、労働を中核的要素とし、時間・労苦という付随的要素をも含んだ人格という概念は、人間の目的意識的、継続的で、心身の労苦を伴った、心身の働きの総体を意味することになる。以上から、労働とは、人間が自然に対して、目的意識的、継続的で、心身の労苦を伴った、心身の働きの総体である人格を付け加える行為であるということができる。

われわれは、ここで再び、自然と人間の歴史に立ち戻らなければならない。人間のあらゆる能力の根源は、そしてとりわけ人間の完成能力は、自然によって授けられたものであった。自然によって潜在的に与えられているが、まだ眠っている諸能力を覚醒し、漸進的に自己を完成するよう促されている存在――これこそ他の動物と区別される、自由な行為者たる人間である。人格とは、このような潜在能力を、人間自身が啓発し、顕在化させた心身の能力の働きの総体であり、人間が勝ち取った固有の属性である。人間は労働において、このようにして勝ち取られ、すでにわがものとなった心身の諸能力の発現たる人格を、自然に付加する。人格を付加された自然物は、現にあるがままの自然とは異なる新たな創造物である。最初、人間に与えた自然は、今度は、労働において、人間から与え返される。労働とは、人間が自然に働きかけて、自然を変化させ、自己自身をも変化させる、自然と人間との循環過程である。人格は、人間の完成能力の存在のゆえに、絶えず豊かにされ、高められる可能性を持っている。したがって、自然に人格を付加する労働は、自然と人間との絶えざる循環過程であり、人間はよりいっそう高められた人格を自然に付加してゆくから、歴史的には、それは、らせん状に、より高次な段階に高まってゆく循環過程である。自然と人間との歴史は、このように労働を媒介にして、必然的に、発展段階的に進展を遂げてゆくのである。

議論を『不平等論』中のわれわれの検討するパラグラフに戻し、ここまでの論理展開をまとめる。まず第一に、土地耕作とは、人間が土地に対して、目的意識的、継続的で、心身の労苦を伴った心身の働きの総体たる自己の人格を付け加える行為である。したがって第二に、この耕作地には、この耕作者の人格が付加されているがゆえに、耕作者はこの土地をわがものにすることができる。ここにまとめられた二点のうち、問題は第二点にある。ここにいう、土地をわがものにするとは、いかなる意味か。土地に対する耕作者の人格付加は、直ちに土地所有をもたらすと理解してよいのか、結論からいえば、答えは否である。ことは、それほど単純ではないのである。われわれは、問題のパラグラフの後半部分に注目しなければならない。

「ただ労働だけが、まさに、その耕した土地の産物に対する権利を与え、したがって、地所に対する権利を、少なくとも収穫期まで与え、そのようにして年ごとに与えるのである。こうしたことが継続的な占有をつくり出し、たやすく所有に転化する。」

ここに引用した部分を、さらに三つに分けて検討することにしよう。

①「ただ労働だけが、まさに、その耕した土地の産物に対する権利を与え」――これは、土地耕作の場合、まず第一に、付加された労働を根拠に耕作者の権利が生じるのは、農業生産物に対してであることを意味している。

②「したがって（par conséquent ―鳴子）、地所に対する権利を、少なくとも収穫期まで与え、そのようにして年ごとに与えるのである」では、地所に対する権利の発生を述べているのだが、この文の意味上の主語は①と同様、労働であるから（C'est . . . qui 強調構文）、地所に対する権利の根拠となっているのも、やはり土地への労働の付加であるということができる。だが、①の土地の産物に対する権利と②の地所に対する権利の間にさしはさまれた、したがってという言葉は、①と②の権利が、理論上は、等しく発現するのではなく、②は①の権利が発生した結果、発生する権利であることを意味している。しかも、②の地所に対する権利は、最初、少なくとも収穫期までという時間的限定を持ち、農産物の栽培の開始から収穫までという一年ごとのサイクルに従って、毎年、農産物の生産の時期に限り、認められるにすぎないとされる。土地――それは、労働が投下される対象であるとともに、農産物を生産する媒体ともなっているのだが――に対する権利は、土地そのものに対する労働付加から、直ちに導き出されるのではなく、農産物に対する権利に媒介され、いわば、耕作者の農産物取得権を確保するという意味から、農産物の権利の発

生の結果、導き出されるのである。地所に対する権利に時間的限定が加えられる理由も、ここにある。

③「こうしたことが、継続的な占有をつくり出し、たやすく所有に転化する」。

③の冒頭の、こうしたこととは、耕作者による労働の付加から生じた、産物に対する権利が地所に対する一時的な権利を発生させるという権利発現の、これまでの継起的な流れ全体を指していると考えられるから、②で発生した、地所に対する一時的な権利が、時間的制限の取り払われた継続的な「占有」を生むということである。そこで、土地の「継続的な占有」とは何かが問題となるのである。

われわれは、まず、『エミール』の、労働から説き起こされる所有観念を学ぶための想定実験に、再び目を向けることにしたい。(73) 実験の概略はこうである。ある土地で、そら豆の栽培が、生徒のエミールと家庭教師とによって行われる。まず、この実験は、そら豆がなぜ、栽培者であるエミールたちに「所属する（appartenir）」のかを――すなわち土地の耕作者の人格付加を根拠とした収穫物への所有の権利の発生を――理論からでなく身をもって学ばせる。さらに、この試みは、このそら豆栽培が、他人の所有地である畑を勝手に荒らす行為であったことが判明することを通して、土地の所有の起源、すなわち「労働による最初の占有者の権利」にまで溯って理解させる意図をも持っていた。

ところで、われわれは、こうしたそら豆事件をめぐる論述のなかに、二つの区別されるべき占有が挙げられていることに注目しよう。第一の占有は、もちろん、土地にそら豆を栽培する場合の土地の占有である。第二の占有は、第一のそれと比較されるために引き合いに出されたものだが、これは探検家バルボアによる、スペイン王の南アメリカ占有である。ルソーは、第一の占有が第二のそれより「いっそう神聖で尊重すべきものである」とする。(74) これら二つの占有の事例が、等しく占有と呼ばれながら、なぜ一方が他方より神聖で尊重すべきものなのだろうか。それは、そら豆の栽培地には、耕作者の人格が付加されているのに対し、探検家による土地の占有は、暴力を武器にして土地の横領を宣言したにすぎないからである。ルソーは『社会契約論』においても、バルボアによる占有に言及し、それを「自然が人間に共同のものとして与えた住居と食物とを残りの全人類から奪う」「許すべからざる横領」と言い切っている。[75] 以上から明らかなように、二つの占有の間には、労働（耕作）に基づく占有か、単なる暴力による占有かという、占有の発生根拠の差異が横たわっているのである。

再び、『不平等論』に戻ろう。先の③における土地の継続的な占有は、それゆえ、労働（耕作）に基づく占有であることはいうまでもなく、ルソーにとって、このような占有は、力による占有より神聖で尊重すべきものである。そこで次に、「こうしたことが、継続的な占有をつくり出し」に続く、③の後半部分「たやすく所有に転化する」についてだが、「転化する」のだから、所有は、継続的な占有とは異なる、なんらかの新しい状態を指している。しかし、この継続的な占有から所有への転化は、「たやすく（aisément）」行われると述べられていることにも留意しなければならない。たやすく行われる、この転化を質的な大転換であると捉えることはできない。というのは、この所有は、他者からの侵害を阻止しうるような確固たる防御物を持たないからである。われわれは、この土地所有を、土地の継続的な占有の結果、遂にその保持が、自らと近隣の人々に認知された状態であると捉えることにしよう。

われわれは、土地の占有あるいは所有から土地所有権の確立に至る以後の過程を『不平等論』の叙述に即して進んでゆくことはしない。土地の占有・所有を生じさせた「生まれたばかりの社会」が所有権を確立させるには、前述の二種の占有者の間で――すなわち「最も強い者の権利」と「最初の占有者の権利」との間で――闘い合う「この上もなく恐ろしい戦争状態」を経なければならなかったと記すにとどめる。[76] ここまで、土地の占有・所有の発生を追ってきたわれわれにとって、より重要なことは、ルソーによって、土地の占有が神聖で尊重すべきものとされたのは、常

に、耕作者の人格の付加行為たる労働に基づく場合のみであったという事実なのである。(77)

結びにかえて

労働とは何か。ルソーの労働概念とはいかなるものか。人間の生存を確保する生活資料の獲得を目的とした人間の自然への働きかけ、こうした人間の生の営みの根幹をなす行為が、労働と呼ばれた。われわれの理解の第一歩はここに置かれた。本章の主題を解く鍵は、人格にあり、人格は時間・労働・労苦といった三要素に置き換えられうる概念であった。われわれは、これら三要素の分析を通じて、労働を、人間が、自然に対して目的意識的、継続的で、心身の労苦を伴った心身の働きの総体である人格を付け加える行為と捉えた。さらに、自然と人間の歴史的展開のなかで人格を——それは出発点においては、自然によって賦与された潜在能力であったのだが——人間自身が啓発・顕在化させた心身の能力の働きの総体であり、人間が勝ち取った固有の属性であると捉え直した。人格は、人間の自己完成能力を原動力として漸進的に高められ、発展を遂げる。最初、人間に(潜在能力を)与えた自然は、労働において、人間から与え返される。労働とは、自然に人格を付加することによって、現にあるがままの自然とは異なる、新たな創造物を生む創造活動だからである。それは、人間が自然とともに自分自身をも変化させる、自然と人間との、必然的にして発展段階的な循環過程なのであった。

われわれは、手の労働という概念に導かれて、人々が働かざる者と他者のために働く者とに分裂した人間社会に対するルソーの根底的な批判を読み取ることができる。真に、人類の一員となるためには、何人といえども、人間の生存に直接、寄与するがゆえに個人にとってと同様、社会にとっても有用な、人間の労働の担い手たらねばならない。

そして、こうした人間の労働の担い手たる人間相互を結びつける原理こそが、人間愛なのである。ルソーにとって、人間愛とは、人類一般にまで対象を拡張された憐れみの情であり、人間の正義の原理に他ならない。一〇人の社会に見られた、自己愛と憐れみの情の調和は、手の労働を担う人々の社会のなかで、再生されなければならないのである。

(1) *D. I.* III, p. 142.（五三ページ。）
(2) *D. I.*, III, p. 141.（五二ページ。）
(3) *D. I.*, III, p. 142.（五三ページ。）
(4) *D. I.*, III, p. 146.（五八ページ。）
(5) *D. I.*, III, p. 147, pp. 214-218.（六〇ページ、一七一―一七八ページ。）
(6) *D. I.*, III, p. 161.（八一ページ。）
(7) *D. I.*, III, p. 147.（六一ページ。）
(8) *D. I.*, III, pp. 125-126.（三〇ページ。）
(9) *E.*, IV, p. 491.（(中) 八ページ。）
(10) *E.*, IV, p. 505.（(中) 三〇ページ。）
(11) *D. I.*, III, p. 156.（七五ページ。）
(12) *D. I.*, III, p. 155.（七三ページ。）
(13) *E.*, IV, p. 505.（(中) 三〇ページ。）
(14) *D. I.*, III, p. 156.（七四ページ。）
(15) *D. I.*, III, p. 138.（四七ページ。）
(16) *D. I.*, III, p. 135.（四三ページ。）
(17) *D. I.*, III, p. 136.（四三ページ。）ここでルソーが機械と呼んでいるものは、斧・石投げ器・梯子・馬の類である。

(18) *D. I.*, III, p. 135.（四三ページ。）
(19) *D. I.*, III, p. 138.（四七ページ。）
(20) C. S., III, p. 352.（一六ページ。）
(21)、(22) *D. I.*, III, p. 168.（九一ページ。）
(23) *D. I.*, III, p. 171.（九五ページ。）
(24) *D. I.*, III, p. 170.（九五ページ。）
(25) *D. I.*, III, , p. 166.（八九ページ。）
(26) *D. I.*, III, p. 171.（九五ページ。）
(27) *D. I.*, III, p. 160.（八〇ページ。）
(28) *E.*, IV, pp. 466-467.（(上) 三四三ページ。）
(29) *E.*, IV, p. 456.（(上) 三二七―三二八ページ。）ここで工業の技術と訳出された arts d'industrie の industrie は、前述の生活技術という意味ではなく、ある特定の歴史段階に展開される生活技術の一形態としての工業、より正確にいえば、手工業を意味している。
(30) *E.*, IV, p. 456.（(上) 三二八ページ。）
(31) *E.*, IV, p. 491.（(中) 九ページ。）
(32) *E.*, IV, p. 523.（(中) 五七ページ。）
(33) *D. I.*, III p. 171.（九六ページ。）
(34) *D. I.*, III, p. 170.（九五ページ。）
(35) *D. I.*, III, p. 171.（九五ページ。）
(36) *E.*, IV, p. 304.（(上) 一〇九ページ。）
(37) E., IV, p. 305.（(上) 一〇五ページ。）
(38) *D. I.*, III, p. 171.（九五―九六ページ。）
(39) *Lettre de J.-J. Rousseau à M. Philopolis*, III, p. 232.（『不平等論』二〇九ページ。）
(40) *D. I.*, III, p. 142.（五三ページ。）

(41) *D. I.*, III, p. 162.（八三ページ。）

(42) *D. I.*, III, p. 171.（九六ページ。）

(43) R. Derathé, *Le rationalisme de J. -J. Rousseau*, Paris, Presses Universitaires de France, 1948, pp. 14-15.（田中治男訳『ルソーの合理主義』木鐸社、一九七九年、一九ページ。）

(44) *Ibid.*, p. 117.（同上訳書、一六四ページ。）

(45) ドラテも、この自然状態から文明状態への移行は「ルソーの体系中もっとも弱い部分である」と認めている。*Ibid.*, p. 19.（同上訳書、二三ページ。）

(46) 注(33)参照。

(47) *D. I.*, III, pp. 144-145.（五七ページ。）

(48) 例えば、『不平等論』のかなり初めの部分において「実に多くの労働（tant de travail）」、「絶え間のない労働（travail continu）」という表現が見出されるが、これは明らかに農耕に関する論述に用いられているにすぎない。*D. I.*, III, pp. 144-145.（五七ページ。）

(49) 狩猟、漁撈、採取の間には、生活資料の獲得の技術的難易が確かに存在するが、そのいずれもが、獲得経済である点では質的差異を持たないのである。

(50) 「自然」と表現された労働対象は、純粋な自然物に限定して理解されるべきではない。「自然」を厳密に捉えると労働対象は、人間の労働を一度も経ていない自然の生産物でなければならないが、多くの場合、労働対象はすでに労働を経た労働生産物なのである。

(51) K. Marx, «Das Kapital», *Werke*, Dietz Verlag, Berlin, 1962, Band 23, S. 192.（K・マルクス、『資本論』、『マルクス＝エンゲルス全集』大月書店、一九六五年、第二三巻第一分冊、二三四ページ。）

(52) *A. a. O.*, S. 193.（同上訳書、二三五ページ。）

(53) *E.*, IV, pp. 469-470.（(上) 三四八ページ。）

(54)、(55) *E.*, IV, p. 470.（(上) 三四八ページ。）

(56) *E.*, IV, pp. 471-472.（(上) 三四八―三四九ページ。）

(57) *E.*, IV, p. 456.（(上) 三二八ページ。）

(58) *E.*, IV, pp. 459-460.（(上) 三三三ページ。）
(59) *E.*, IV, pp. 473-474.（(上) 三五三―三五四ページ。）
(60) *E.*, IV, pp. 456-457.（(上) 三二八―三二九ページ。）; *D. I.*, III, p. 206.（一五五ページ。）
(61) Voir aussi *Discours sur l'économie politique*, III, p. 276.（十三ページ。）
(62) 「人類を構成するのは民衆である。民衆でないものは取るに足りないほどだから勘定に入れるには及ばない。」*E.*, IV, p. 509.（(中) 三五ページ。）
(63) *E.*, IV, p. 523.（(中) 三一二ページ。）
(64) *E.*, IV, p. 501.（(中) 二三ページ。）
(65) *E.*, IV, p. 835.（(下) 一二五ページ。）
(66) *E.*, IV, p. 473.（(上) 三五三ページ。）
(67) *D. I.*, III, pp. 173-174.（九九ページ。）
(68) *E.*, IV, p. 331.（(上) 一四三ページ。）
(69) 注（47）参照。
(70) 労働は「絶え間のない（continu）」という修飾語を伴って表現される。例えば *D. I.*, III. p. 145.（五七ページ。）
(71) マルクスは、労働に関して次のように叙述する。
「人間は、この運動によって自分の外の自然に働きかけてそれを変化させ、そうすることによって同時に自分自身の自然［天性］を変化させる。彼は、彼自身の自然のうちに眠っている潜勢力を発現させ、その諸力の営みを彼自身の統御に従わせる。」*A. a. O.*, S. 192.（前掲訳書、二三四ページ。）われわれはここに、ルソーの、完成能力をめぐる理論や自然と人間との相互関係の理解からの色濃い影響を見て取ることができる。
(72) 労働は「骨の折れる（pénible）」という修飾語をしばしば与えられる。
cf. *D. I.*, III, p. 145, p. 172.（五七ページ、九八ページ。）
(73) *E.*, IV, pp. 329-333.（(上) 一四二―一四六ページ。）
(74) *E.*, IV, p. 331.（(上) 一四三ページ。）
(75) C. S., III, p. 366.（三九ページ。）

(76) *D. I.*, III, p. 176.（一〇三ページ。）

(77) cf. C. S., III, p. 365.（三八ページ。）

第三章　ルソーの人格概念

――労働概念を手がかりとして――

序

本章は、ルソーの思想における人格の構造と発展過程を解明し、その作業を通して、彼の人間・市民論を再構成しようとする試みである。「人格（personne）」とは何か。それは、第二章「ルソーの労働概念」の分析から析出された概念である。自らの生存を確保する生活資料の獲得を目的とした人間の自然への働きかけである労働は、人間が自分自身に由来する何物かをその向かい合っている対象に付加する行為であった。ところで自分自身に由来する何物かとは何か。ルソーは、土地耕作という行為を「彼がそこに時間と労働と労苦とを、要するに、彼の人格を注ぎこんだこと」(1)と言明している。それゆえ、自分自身に由来する何物かとは、労働を中核的要素とする、時間・労働・労苦という三要素によって表現されうるものであり、かつ、それら三要素は「人格」一語で置き換えられることがわかる。したがって、この三要素の内容の検討から、それらは、労働対象に向かう人間の、目的意識的で、心身の労苦を伴った継続的に行われる心身の働きの総体であると捉えられるがゆえに、これがそのまま、労働における人格の内容規定であるといえるのである。労働の本質は、人間の労働対象への人格付加という一点にこそあるのであり、所有の正当な本源的根拠も、こうした人格付加に求められねばならない。このように人格は、人間の生の根幹に位置する労働の中核的概念であった。上述の分析が、労働の構造分析の骨子であり、以下が、労働の発展過程の分析から得られた成果である。

人間は、潜在諸能力を引き出す特異な能力である自己完成能力を、本来、授けられている。そうした人間が外的な自然と向かい合うなかで自然から刺激を受け、何かを学ぶ。このようないわば自然の教えが、人間の完成能力を活性化させる。人は完成能力を働かせ潜在能力を引き出すことによって獲得した人格（心身の諸能力の働き）を、自然＝労働対象に付加する。(2) この人格の付加によって人間はそれまでの自然とは異質な新たな価値を生み出し、人はこのようにして変化させられた自然を今度は前提とすることになる。人間は、この新たな自然に立ち向かうなかで、再び完成能力を働かせ、新たな潜在能力を引き出すことによって、さらに高められ豊かにされた人格を対象たる自然に付加してゆく。つまり人間は、自然と向き合うことによって、まず自己自身を変化させ、そのことによって自然を変化させる。そして変化させられた自然を前提として、同様のサイクルが繰り返される。(3) このように労働とは自然と人間との発展段階的な循環過程である。労働において、人格が人間の自己完成能力を原動力として漸進的に高められ発展してゆくことが、自然と人間との循環過程を発展段階的なものにしているのである。生成、発展する人格。ここに至って、人格という概念そのものを、労働という局面に限定することなく、それ自体の構造や、その生成、発展の過程について探究することの意義が浮かび上がってくる。人格それ自体に、先に分析した労働概念に類似した、確固たる構造および発展過程があるのではないだろうか。

本章は、まさに、ルソーの思想における人格そのものの構造と発展過程の追究を、人間の個体的レヴェルと人類の種としてのレヴェルの二つのレヴェルを包摂しつつ、試みるものである。そこで、まずは、次のような問題提起を行いたい。人格概念は、生活資料の生産の場面ばかりでなく、より広くルソーの思想のなかで、最も中心的な概念の一つではないのか、それは、とりわけ、彼の人間・市民論の根幹を貫くものではないか、と。

人格の構造という観点から、以下のごとき予測を行おう。人間のうちに形成される価値たる人格は、時間・教育・労苦という三要素に等置されうること。新たな人格の形成は個体的レヴェルでの人格形成をテーマとする『エミール』の領域においては、人格形成を担う教師自身の人格の付加によって果たされること。次に、人格の発展過程の側面から予測を行いたい。すなわち、ルソーのいう「人間」・「社会的人間」・「市民」を動的な人格の発展過程における三つの質的に異なる発展レヴェルの表象と捉えること。人格がこのような発展段階を有する動態的概念であるのは、自己完成能力の存在と活動のゆえであること。とりわけ、最後の「市民」のレヴェルは、社会契約の締結によって形成される公的人格の段階に照応するものである。『社会契約論』の、かの名高き社会契約の条項のなかに、personne という言葉が見出せることに注意を喚起しておきたい。「各構成員の人格と財産を、共同の力のすべてを挙げて守り保護するような、結合の一形式を見出すこと」[4]、あるいはまた「われわれの各々は、人格とあらゆる力を共同のものとして一般意志の最高の指導の下に置く」[5]（傍点は鳴子）と。上記の引用文中のそれぞれの personne は『社会契約論』の幾多の翻訳において身体と訳されている[6]。しかし本章では、あえてこれらを人格と訳した。訳語の適否は、これからの論考によって明らかにされよう[7]。さらに、前段階までの個別的人格から質的転化を遂げようとする公的人格誕生のプロセスにおいて立法者がいかに必要不可欠な役割を果たすかが論証されよう。立法者は、「市民」となる者の自己完成能力の促進者と位置づけられるだろう。

一　自己完成能力

ルソーの人格概念をきわめて独創的にしているものこそ、「自己完成能力（la faculté de se perfectionner）」ないし「完成能力（perfectibilité）」と呼ばれる能力ではないだろうか。人格が静態的な概念ではなく、逆に生成・発展の過程を伴った動態的な概念であるという際立った特徴を持つのは、自己完成能力の存在と働きのためではなかろうか。このような予見に基づき、一において、いわば人格の構造と発展過程を分析する二、三に先立って、自己完成能力ないし完成能力と呼ばれる能力を確定してゆきたい。

まず注目すべきは、動物と人間との差異に関する議論である。人間と他の動物を分かつ特質としてルソーが取り出してみせるのは、第一に、人間が自由な行為者であるという点であり、第二に、人が自己完成能力を賦与されている存在であるという点である。人間以外の動物は、あらゆる行為を自然の命ずるままに、本能に従って行う。それに対して、人間だけが自然に対してあるいは従い、あるいは抵抗する、行為の自由を持っている[8]。人間の第一の特質とは以上のごとき、行為における自由意志の存在にかかわるものである。それでは、第二の特質である自己完成能力（完成能力）とはいかなるものだろうか。それは「人間と動物とを区別して、なんらの異議もありえない、きわめて特殊な特質」であると述べられる[9]。ルソーは、自己完成能力に次のような定義を与えている。

「①周囲の事情に助けられて、②すべての他の能力を次々に発展させ、③われわれの間では種にもまた個体にも存在する能力」[10]（番号は鳴子）と。

まず①、②の点に先駆けて③から分析を始めたい。自己完成能力が、種としての人類と個体としての人間にともに存在するとは、いかなることだろうか。ルソーは、自己完成能力を持たない人間以外の動物の状態を「動物は数カ月の後には一生涯そのままであるようなものになり、またはその種は千年たってもその千年の最初の年にそうであったままで変らない」[11]と述べる。動物が、個体的にも種としてももとどまっている恒常的な状態とは「自己保存にちょうど必要なだけの能力」[12]を持った状態である。つまり動物には、自己保存をなしうるに至るまでの生後数カ月間の成長はあるものの、個体としてはその状態を一生涯、ほぼ維持し、種の歴史においても、そうした成長の同一のサイクルを幾世代にもわたって繰り返すのみで、自己保存を上回るなんらかのそれ以上の能力の発現は存在しないということを意味している。それとは対照的に人間は、種としては「平穏で無辜な日々が過ぎてゆくはずのあの原初的な状態から[13]」引き出され、純粋な自然人と呼ばれる状態からどれだけ自らの諸能力を発現させて、質的に異なった状態へと転化していったかを知るべきである。『人間不平等起源論』は周知のごとく「自然が人々の間に設けた平等と人々が打ち立てた不平等[14]」とを探究するため、最も原初的な状態である自然状態にまで遡って、人間の本源的構造のなかに次々に生じた諸変化を洞察した著作である。その序文のなかでルソーが、まさに同書が「人間とその自然の諸能力とそれらの能力の継続的な発達[15]」の研究となることを自ら述べていることに注意しよう。種としての人類が孤立から家族的集合をみ、次に社会的形成へ、さらには政治的結合へと進むプロセスは、実は、種としての人類の自然の諸能力の発展の過程に対応しており、人間の諸能力の発展の原動力となっているものこそ、人間が種として具有する自己完成能力なのである。それゆえ『不平等論』は、種としての人間の持つ自己完成能力の発現過程を論述した著作であるということもできる。同様に、人は人間形成――それは後に、より端的に人格形成といわれるであろう――の書たる『エミール』の中心に、個体としての人間の自己完成能力の存在と働きを見て取ることができるのである。[16]確かに、『エミール』においては、『不平等論』には度々登場する自己完成能力ないし完成能力という言葉が明瞭な形では用いられていない。とはいえ、『エミール』全編に、「完成（perfection）」および「成熟（maturité）」といった言葉が繰り返し用いられている。例えば彼は「人生のそれぞれの時期、それぞれの状態にはそれ相応の完成というものがあり、それに固有の成熟というものがある」[17]という。つまりルソーは、人間の個体としての成長には発展の諸段階があり、各段階にはそれぞれの成熟と完成が見られると捉えているわけである。人生の各期の成熟と完成は、各段階において発現する諸能力の成熟と完成を意味している。『エミール』は個体としての人間の諸能力の段階的発展過程を探究した著作であるといいうるのであり、したがって人間の個体においても、諸能力の発展過程をつくり出す動因たる自己完成能力の存在を見据えざるをえないのである[18]。種としての人間の諸能力の発展段階過程を、言い換えれば種としての自己完成能力の発現過程を『不平等論』で記述したルソーは、論理必然的に、個体としての人間の諸能力の発展段階過程、個体としての自己完成能力の発現過程の論考『エミール』を書かざるをえなかったということができる。彼は人間が種と個の両レヴェルにおいて自己完成能力を有するならば到達するであろう、より高次の諸能力の段階にある人間存在を、市民（人民）として『社会契約論』において提示した。すなわち『不平等論』と『エミール』は、この意味において『社会契約論』によって乗り越えられ、一応の完結をみなければならないのである。論理必然的にと述べた意味は、これら三著作の以上のごとき連関性にある。

ところで、先に引用した定義の②の部分、すなわち自己完成能力は「すべての他の能力を次々に発展させ」る能力であるという記述は、完成能力の中心的にして本質的な規定である。この能力の特徴は、完成能力以外の他のあらゆる能力に働きかけて、そうした能力を発達させる、いわば引き出す力としての性質にある。それでは「すべての他の能力」とは何か。このことを考える上で、まず何よりも留意すべきいわば分水嶺がある。それは人間の自己保存に必要な能力という基準である。ルソーは次のようにいう。

「自然は直接的には自己保存に必要な欲望とそれを満たすのに十分な能力だけを人間に与えている。その他の能力はすべて、予備として人間の心の奥底に取っておき、必要に応じてそれらを伸ばさせる(19)」と。

自然が確実に人間に与えているのは、自己保存に必要な欲望を満たすに足る能力であるという点、これがこの引用文の前半で述べられていることである。ここまでは自然は、人間と人間以外の動物との間に本質的な差異を設けていない。ところが人間に対してだけ自然は、自己保存に必要なものを上回る「余剰の能力」を「予備として人間の心の奥底に取っておき」、つまり「潜在的な能力」として、人間の内部に眠った状態でとどめおき、「必要に応じてそれらを伸ばさせる」、すなわち、それら潜在能力の発現が求められる事態に至った時、そうした能力を顕在化させるというのである(20)。例えば、ルソーは思考を伝える言語の発見、つまり人間の言語能力の獲得に関して、自然言語しか持たぬ動物との対比を際立たせて次のようにいう。

「自然の言語を語る動物は、生まれた時からその言語を所有し、またその動物の種全体が、どこでも同じ言語を持っている。動物たちは自分の言語を変えないし、ちょっとした進歩でさえもそこには見られない。約束事としての言語は人間だけのものである。それがあるからこそ、人間は善かれ悪しかれ進歩し、動物たちは少しも進歩しなかった(21)」と。

こうした言語能力の事例を通して確かめうるのは以下のようなことである。約束事としての言語を獲得する以前には、この言語能力は潜在的な状態にあり、人はたかだか動物と類似した自然言語を持つにすぎなかったこと、しかしひとたび、自らの思いをより的確に伝える手段が必要となる事態が生じれば、この潜在能力は自己完成能力の働きによって人間の独自の能力として引き出され、そうした能力が自然言語に取って替わる人間の約束事としての言語を発生させるということ、である。言語の獲得は、言語活動に適する身体諸器官の有無にではなく、潜在的な、言語能力がいかに啓発されるかにかかっているとルソーは考える。個々の能力からいえば、人間より優れた器官を持ち、そのために優れた能力を有する動物も決して少なくなかろうが、自然によって与えられた、今ここに顕在化している以上の能力を、他の動物は、新たに獲得しえないのである。それ以上の能力を顕在化する可能性を持ち、自己保存に可能な水準を上回る進歩の道程を歩みうる生物は、人間をおいていないのである。

ところで、自己完成能力によって次々に引き出される「すべての他の能力」の中身を論ずるには、自己保存を果たすにすぎない原初的な状態にある人間の能力が、いかなるものであるかを捉えておく必要がある。後の三(1)で検討するように、自然人あるいは未開人と呼ばれる原初的な人間は[22]、自己保存に直結した、自然への働きかけができるだけの身体的能力や同じく自己保存に結びついた素朴な感覚と限られた単純な観念を得るだけの精神的能力とを持っている。これをいわばルソーの能力論[23]に照らし合わせてみると、彼らは力や敏捷性にあふれた、かなり発達した身体的能力に加えて[24]、精神的能力に関しては、素朴な感覚と限られてはいるが単純な観念を有することから、「感覚的理性」の段階に達していると推断できる。なぜなら「感覚的理性」(または「子どもの理性」とも呼ばれる)は、単純な観念の段階に適合することがルソーによって明示されているからである。すなわち「感覚的理性、あるいは子どもの理性と私が呼んでいたものは、いくつかの感覚の綜合によって単純な観念をつくり上げることにある[25]」と。以上から、「感覚的理性」の段階にあると捉えられる「自然人」が、ここからより高次の思考能力である「知的理性」(あるいは「人間の理性」)の獲得を目指す、あるいはさらにこの「知的理性」のいっそうの発達を求める人間の長期にわたる進歩の道程のなかで、わがものとしてゆくさまざまな能力が「すべての他の能力」であるということができる。ルソーは「知的理性」を指して次のように述べている。

「人間のあらゆる能力のなかで、いわば他のあらゆる能力を複合したものに他ならない理性は、最も困難な道を通って、そして最も遅く発達するものだ[26]」と。

ここで「すべての他の能力」を一つ一つ論ずることはしないが、これらの能力のうちで、想像力というきわめて活動的な能力は看過されるべきではない。この能力が注目に値する点は、第一には人間が、種としても個としても、自己保存を果たすに足るだけの能力の状態を突破したか否かを、つまり先に述べたあの分水嶺を、この能力の活動の有無によって測ることができる点である。「潜在的な能力が活動し始めるとあらゆる能力のなかで最も活発な想像力が目覚め、他のものに先行することになる[27]」と彼はいう。それは人間に「知識を求めようとする精神の活動[28]」が現れ始める時、言い換えれば、人が好奇心を湧き立たせる時、活動期を迎えるのである。注目すべき第二の点は、人間を先へ先へ外へ外へと向かわせようとする能力の特性にある。想像力は、現に今存在していないもののイメージをつくり出し、膨らませてゆく能力である。彼は「想像力こそ、善いことであれ、悪いことであれ、私たちにとって可能なことの限界を広げ、したがって欲望を満足させることができるという期待によって欲望を刺激し、大きくしていくのだ[29]」と述べる。欲望の充足可能性への期待を抱かせることによって、人間を自らの存在の外部へ連れ出し、人間の諸活動を活性化させるのに大きく貢献する想像力は、自己完成能力によって引き出される能力のなかでも、その方向性や躍動性のゆえに、完成能力の存在を最も強く感じさせる能力であろう。

最後に、自己完成能力の定義の①の部分である「周囲の事情に助けられて」に関してであるが、ルソーは『不平等論』のなかで「周囲の事情（circonstances）」を以下のように言い換えたり、説明を加えたりしている。すなわち、未開民族の状態を通して人間の自然状態を洞察する論述中の「私が後で述べる、決して起こらないこともありえたあの奇妙で偶然な周囲の事情の協力[30]」という表現がそうであるし、また次の箇所もそうである。

「完成能力や社会的な徳やその他の自然人が潜在的に受け取った能力は、それ自体では決して発展できなかったこと、そのためには、決して起こらなかったかもしれず、それなしでは永久に原初の構造のままにとどまっていたであろうような、いくつかの外的な原因の偶然の協力が必要であった[31]」(傍点は鳴子)と。

「周囲の事情の協力」すなわち「いくつかの外的な原因の偶然の協力」とは、人々にさまざまな発見をさせ、また、人々を分散して生きる自然状態から集合して生きる社会状態へと移行させる自然界の環境の激変の連鎖のことである。[32] それは『言語起源論』において、人々を集合させることになる「自然の偶発事件」として「異常な洪水、溢れかえる海、火山の噴火、大地震、雷がもとで森を焼き尽くしてしまう、山火事など[33]」と列挙されているもののことである。しかし問題なのは、こうした「周囲の事情」という語句の周知の理解にあるのではない。むしろここで問いたいのは、この語が直接妥当する事象を超えて、完成能力に作用する外的要因には、どのようなものがあるかという問いである。つまり自己完成能力が、内的必然性によってのみ自己展開するのでないとしたら、一体どのような外在因が存在するのかという問題である。先の「外的な原因の偶然の協力」によって、社会状態へと向かった人間は、分散状態にある時と異なり、人的な接触、交流を持ち始める。家族が形成され、諸家族間のなんらかの結びつきが発生した第二の自然状態においては徐々に、社会状態においては恒常的に、人的交流が行われる。人々の自己完成能力が活発に活動し、潜在能力が引き出されてゆく際に、他の人間との接触から得られるさまざまな刺激、つまり知識・技術の交流が大きな役割を果たすことは確実である。そうした交流は、地域・社会間にも、世代間にも、さまざまな知識・技術を伝播させ、そうした知識・技術の発展の条件となる。ルソーは分散して生きていた原初的な状態にある人間について次のように述べている。

「彼の知性はその虚栄心と同じように進歩しなかった。偶然何かの発見をしたとしても、彼は自分の子供さえ覚えていなかったぐらいだから、その発見を人に伝えることは、なおさらできなかった。技術は発明者とともに滅びるのが常であった。教育も進歩もなかった。（中略）種はすでに老いているのに、人間はいつまでも子供のままであった」と。[34]

自己完成能力の活性化、すなわち潜在諸能力の顕在化は、人間の知識・技術の交流・交換の有無に大きく左右される。「純粋な感覚と最も単純な知識との距離がわれわれの眼にますます大きくなってくる。そして、人間が知識の交流の助けにもよらず、必要という刺激もなく、ただ自分だけの力でこれほど大きな間隔をどうして踏み越えることができたのかは、考えてみることも不可能である」[35]とルソーは明言している。それゆえ、自己完成能力の展開には、自然状態下の環境の激変という物的要因に続いて、社会状態への移行期や社会状態下における知識・技術の交流という人的な要因が外在的に不可欠なものになってくる。そしてさらにいえば、自己完成能力の活動を外部から促進する、人間の生活のさまざまな状況や場面に存在する導き手を理念化したものこそ、二、三で論ずる「教師」であり「立法者」なのである。

二　人格の構造

人格とは何だろうか。すでに本章の序で述べたように、第一章「ルソーの労働概念」において「自分自身に由来する何物か」から出発して、労働における人格とは、時間・労働・労苦の三要素で表現されるものであることが論証された。そしてこれら三要素のうち、時間は労働対象への働きかけの継続的時間を表し、労働は三要素の中核的要素であり、労苦は労働に不可避の心身両面の骨折り、疲労、苦痛を意味することが解明された。すなわち、労働における人格とは、労働対象に向かう人間の、自己保存を果たすという目的意識を持ち、心身の労苦を伴いつつ継続的に行われる心身両面の働きのすべてであった。したがって労働とは、人間が労働対象に以上のごとき内容をたたえた人格を付け加える行為であった。ところで人格概念をより広くルソーの思想のなかに解き放ち、とりわけその人間・市民論のなかで捉え返そうとする本章は、ルソーにとって人間形成とは何かと問わなければならない。人間形成（教育）の構造は、このような労働の構造を手がかりとして考察されることになるが、労働における主体と対象に当たるものは、教育においては『エミール』に則していえば、教師と生徒（エミール）である。労働の三要素＝時間・労働・労苦のうち、その中核的要素である労働を教育に置き換えた教育の三要素＝時間・教育・労苦という図式――これは序で行った予測である――は果たして成り立っているだろうか。教育とは「一人の人間をつくる」[36]ために行われる人間の人間に対する働きかけであるとまずは捉えられる。潜在的に学ぶ能力はあるが、認識と意志とを欠いている生まれたばかりの子供は、他者の手助けを必要とする。人間は生まれただけでは人間ではない。

『エミール』においては、子の父から父権を譲り受けた教師が[37]、――人間の習性や世論によって妨げられ変質する以前の傾向である「自然」をよく研究し、「自然」に従いつつ――生徒を人間の状態にまで高めるためにさまざまに働きかける、そのすべての行為が教育と捉えられる。それゆえ、教育は、人間が人間として生きるために必要不可欠な条件なのである。こうした人間を人間の状態に高める目的意識的な行為に、エミールの教師は実に二五年もの時間を捧げる[38]。この二五年は、生徒の「生命の価値を増すために用いるべき時間」[39]であり、人間の個体の成年に達するまでの自然的な成長には、このようにきわめて長い時間が費やされるのである。したがって、先に行った予測である教育の三要素のうち、〈教育〉という中核的要素と、人間形成を目指す目的意識的な人間の働きかけの長期性、継続性を表す〈時間〉という要素は捉えられた。残る〈労苦〉はどうだろうか。ルソーは、教育においては、労働におけるように〈労苦（peine）〉という言葉を明示的に用いない。彼が時間とともに用いるのは「配慮（soins）」という言葉である。[40]

「子どもは、年齢が進むにつれてその価値を増す。それ自体の価値にそれまでに彼にかけられた配慮の価値が加わるからである」[41]と。

soinsという語は元々、数々の配慮を意味し、あるいはまた、そうした配慮から生じる世話や手当などの具体的処置をも意味する。それゆえ、ルソーがここに述べるsoinsとは、子どもを人間の状態に高める目的に向けての教師のさまざまな配慮やそうした配慮から生じる具体的処置を意味すると考えられる。ところで、労働における〈労苦〉は、生活資料の獲得を目的とする労働に不可避の心身両面の骨折りと、疲労・苦痛とを併せて意味していた。教育には、骨折り、苦労と呼びうるような側面が存在しないのだろうか。ルソーは人間形成について次のようにいう。

「われわれはただ職人修業だけをしているのではなく、人間修業をしているのだ。そして人間修業は職人修業よりもずっと骨が折れ（pénible）、はるかに長い期間を要する」[42]と。

このようにルソー自らが、人間修業は骨が折れるものだと述べているのである。行為の対象が物ではなく人である教育に対してだからこそ、ルソーはsoinsといい、正面から苦痛の存在を強く意識させるpeineとはいわなかったのではなかろうか。人間形成を目指す目的意識的で継続的な働きかけに付随するもう一つの要素は、単にsoinsにとどまらず、むしろ、soinsを含み、さらに骨折り、苦労といった側面をも包摂する「労苦（peine）」がふさわしいといえよう。

以上のような考察から、〈時間〉〈教育〉〈労苦〉＝〈人格〉という図式が成り立つことになる。ゆえにルソーにとって、教育における人格とは、教育主体である教師の、人間形成を目指す目的意識を持ち、心身の労苦を伴いつつ継続的に行われる心身両面の働きのすべてであり、こうした人格を対象たる生徒に付加する行為こそが教育なのである。

教育とは、教師の人格付加によって、新たな人格を誕生させる行為である。人間形成は、それゆえ、人格形成であるといわなければならないのである。[43]

『エミール』のなかから、教師の生徒への人格付加、すなわち、新たな人格形成が導出されたが、『エミール』にはもう一つ別の人格付加が述べられている。まず、それは、教師と生徒の周囲にいる人々との間に生じる。ルソーは「一人の人間をつくることをあえて企てるには、その人自身が人間として完成していなければならない、ということを忘れないでいただきたい」[44]と述べた後で、教師となるべき人に「あなたがたの時間を、配慮を、愛情を、あなたがた自身をこそ与えなければならない」[45]と訴えかけている。生徒の周囲にいるあらゆる人々に対して、教師の「時間」「配慮」「愛情（affections）」そして「あなたがた（教師―鳴子）自身」を与えよと彼は説いているのである。これはいわば教育空間の整備である。なぜなら教師が生徒の教師になる以前に、教師が生徒の周囲に存在するあらゆる人々から美徳に対する尊敬を受けることによって、まず人々の教師になるべきことが要請されているからである。ところで、教師が周囲の人々と結ぶこうした関係を、生徒・エミールが、青春期に達してから、周囲の人々（とりわけ不幸な人々、貧しい人々）に対して結ぶ関係と対照させてみよう。エミールが社会的な徳の実践を積極的に推し進めるべきことを、ルソーは次のようにいう。

「財布だけでなく、彼（エミール―鳴子）の配慮によって貧しい人々を助けさせるのだ。彼らのためになることをし、彼らを守り、自分の体と時間を彼らに捧げさせるのだ」[46]と。

あるいはまた、善き行いを実践するエミールを評して「彼は不幸な人々に、自分の時間を、配慮を、愛情を、そして人格を与えている」[47]と述べている。人が人に対する時、金銭によるよりも心のこもった行為によるべきだというのがルソーの一貫した主張である。人々、とりわけ困窮者の状態を改善する、なんらかの具体的行為を通して、彼の時間と体は、さまざまな配慮と愛情を伴いつつ与えられること、これは教師にも、青年期に達したエミールにも等しく求められていることである。「積極的な慈悲心」[48]の発露である善行は、〈時間〉〈善行〉〈配慮・愛情〉=〈人格〉という図式で捉えられるように思える。しかし、客観的には、〈時間〉〈善行〉〈労苦〉=〈人格〉という図式に妥当性があると主張したい。この図式において、配慮や愛情ではなく、労苦を要素としたのは、客観的には、困窮者の身を助けようとする具体的行為に、心身両面の骨折りや疲労が（場合によっては苦痛さえ）付随するからである。ではなぜルソーは、労苦といわず、配慮や愛情を掲げたのであろうか。配慮や愛情の強調は、善行が物ではなく人に対する行為だからであり、それは、行為者が自らの行為を他者への愛によって率先して行うことに意味のある善行という行為の特性にも関係している。それゆえ、前者の〈時間〉〈善行〉〈配慮・愛情〉=〈人格〉という理解は、ルソーが行為者の主観・心情のレヴェルを表現したものと考えることができ、後者の〈時間〉〈善行〉〈労苦〉=〈人格〉は、客観的に成立する図式であると結論づけることができよう。善行は、行為者の、人々（特に困窮者）に対する人格付加である。善行における人格とは、行為者の、困窮者の状態を改善しようとする目的意識の下に、心身の労苦を伴いつつ時間をかけて行われる心身両面の働きのすべてである[49]。青年期に達したエミールに、教師に求められていたのと同様の対他関係が求められるのは、それゆえ、エミールのうちに人格が形成されつつあり、彼自身の人格を他者に付加することが可能になったことを意味する。そして形成途上にある彼の人格は、こうした行為の実践によって、より高められていく。

「社会的な徳の実践は人の心の底に人間愛をもたらす。人は善いことをすることによってこそ善い人間になる」[50]と。

二では、すでに解明された労働の構造を手がかりとしつつ、教育の構造を明らかにし、次いで善行の構造をも捉えた。労働における行為対象が物であるのに対して、教育および善行における行為対象は人であった。このような差異にもかかわらず、これら三つの概念から共通する構造を見出すことができる。すなわち、労働・教育・善行の分析から、共通する一般性を抽出し、人的行為に関する一般式を次のように導出する。

〈時間〉〈人的行為〉〈労苦〉=〈人格〉

人間の、目的意識的で、心身の労苦を伴った継続的に行われる心身両面の働きの総体を、行為における人格と捉え、こうした内容をたたえた（行為者の）人格を行為対象に付加することを人的行為と捉える、これが一般式の意味するところである。

三　人格の発展過程

労働の発展過程には、例えば冶金や農業の発見によってもたらされた「革命」――質的に新しくより有効な、生活資料の獲得を可能にする、知識と技術の総体である「生活技術」の発見と浸透――を画期とする諸段階があることはすでに論証されたが[51]、人格の発展過程における、画期を伴った諸段階とはどのようなものだろうか。

「子どもを生ませ養っている父親は、それだけでは自分の務めの三分の一を果たしているにすぎない。彼は人類には人間を与えなければならない。社会には社会的人間を与えなければならない。国家には市民を与えなければならない。[52]」

ルソーが父の「三重の債務」と呼ぶ、この有名な言説中に掲げられた「人間」と「社会的人間」と「市民」とを人格の質的に異なる三つの発展段階の表象として捉えること、これが序で行われた予測である。この予測を立証するためには、ここに掲げられた三つの表象のなかに、前段階とは明らかに質を異にする資質を見出さなければならない。**三**の(1)(2)(3)においてこうした異質な資質が追究されるであろう。また三表象は、人間の個体としての発展段階の理念であるが、それは同時に、人類の種の発展段階の理念でもある。こうした事実も後に明らかにされるであろう。

ところでこれら人格の三表象は、ルソーの設定した実験空間のなかから取り出された理念である。なぜ、ルソーは、外部環境から隔離された実験空間というような設定条件を必要としたのだろうか。彼は現実世界に存在する諸矛盾を実験空間から遠ざけることが、人間の本質を、あるいは人間の理想的な個体的発達を追究するためには必要不可欠な条件であると考えた。事物の科学が真の原因を追究するために他の諸原因を取り除いて本質に迫るように、ルソーは人間に対して隔離的実験空間という初期条件を設定したのである。実験空間の外部環境からの隔離性は、エミールが青年期に達した後、徐々に緩和され、実験空間は開かれた空間へと変貌してゆく。設定条件のこうした変化は何を意味するのか。それはここで企図される実験が、事物の実験物理学ではなく、人間の実験物理学[53]に属していることにかかわっている。人間は、もはや社会の外に孤立して生きてゆくことができない。実験空間は、本質を追究するために、初め、現実の諸矛盾を排除するが、後には、現実の諸矛盾と向き合わなければならない。初期の隔離条件は、エミールが矛盾を矛盾として認識できるための条件であると言い直すことができる。

(1)　「人　間」

さて人格の発展段階の第一の表象とされた「人間」とは何か。結論を先取りすれば、「人間」は、社会のなかに意図的につくられた実験空間に隔離されて育てられた「自然人」が、教師という自己完成能力の促進者の働きかけによって、さらにその諸能力を発展させた存在を指しているということができる。「人間」とは「自然人」を核に持ち、その能力をさらに発展させた存在であると解するなら、まず「自然人」とは何かという問いから始めなければならない。

「自然人」とは、人類史の発展過程のなかで人間の本源的構造に被ったあらゆる変化を取り去った自然のつくったままの人間である。[54] その最も原初的な姿は『不平等論』において、「自然によって命じられた簡素で一様で孤独な生活様式」[55]に従って生きる「森のなかに動物に交じって散在している人類」[56]として描出されている。[57]「自然人」は、「われわれの安寧と自己保存とについて、熱烈な関心をわれわれに持たせる」自己愛と「あらゆる感性的存在、主としてわれわれの同胞が滅び、または苦しむのを見ることに、自然な嫌悪を起こさせる」憐れみの情という二つの生得的な感情を持っている。[58] しかし純粋な「自然人」は、他の「自然人」との接触を例外的にしか持たず、孤立した状態にあるために、彼の憐れみの情は、粗野なままで広がりを持ちえない。彼は自己完成能力を持ちつつも、それを活性化させる外在的な刺激を（Ⅰで述べたように）受けるに至っていない。そして彼は能力としては、自己保存を果たすために自然に直接、働きかけることのできる身体的能力や素朴な感覚と限られた単純な観念を得るだけの精神的能力を持っていた。[59] ルソーが「人間」の形成の出発点＝中核に、最も根源的な人間である「自然人」を置いていたことは疑いえない。「どこにも定住することなく、命じられた仕事があるわけではなく、何人に服従することもなく、自分の意志の他にはどんな掟も持たない彼は、その生活の一つ一つの行動に際して推理を働かせずにはいられない」[60]――このような存在として『エミール』では未開人が捉えられている。そして「直接、自分に関係のあるあらゆることにおいて、判断し、予見し、推論する」[61]エミールを、ルソーは躊躇なく「幼い未開人」[62]と呼ぶ。これはルソーが後に、成長を果たしつつあるエミールを「都市に住むようにつくられた未開人」といい、また「社会状態のうちに生きている自然人」と表現したことと呼応するものである。[63]

しかし、ルソーのいう「人間」の核に「自然人」が置かれるとはいえ、「人間」は「自然人」そのものではない。なぜならすぐ後で論証するように、「人間」は、強い肉体と「自然人」より高い精神や判断力を持つ、「行動し思考する存在」[64]であって、総じて「自然人」を凌駕した段階を示しているからである。こうした「人間」と「自然人」との差異は、どこから生じるのであろうか。それは一言でいえば、教師という自己完成能力の促進者の働きかけの有無にある。まず以下のルソーの教育の三区分に耳を傾けよう。ルソーは、人が誕生時に生得的に持っていないものはすべて教育によって与えられるとした上で、教育を「自然の教育（l'éducation de la nature）」と「人間の教育（l'éducation des hommes）」と「事物の教育（l'éducation des choses）」とに区分する。ルソーのいう「自然の教育」とは「われわれの諸能力と諸器官の内的発展」[65]そのものを指し、人の誕生時には、ほとんど潜在的なものでしかなかった諸能力や未成熟であった諸器官が時間とともに遂げる内的発展を意味している。「事物の教育」は「われわれに影響を及ぼす物についてわれわれ自身の経験が獲得すること」[66]とされ、人間が自らを取巻くさまざまな事物から得る感覚や観念などの蓄積であり、このような事物に対する人間の経験の集積は、いわば事物の本質を捉えることを目的とする科学の源泉となる。「自然人」が獲得するのは三つの教育のうち、「自然の教育」と、「自然の教育」によって得られた能力の段階に見合った「事物の教育」である。それでは「自然人」が得ることのできない「人間の教育」とは何だろうか。ルソーはそれを「こうした（人間の諸能力と諸器官の―鳴子）発展をいかに活用すべきかをわれわれに教えること」[67]と規定する。それは、「自然の教育」を前提として、人間の諸能力と諸器官の内的発展を人がいかに活用するかを教える人間の行う教育である。ところで、「自然の教育」、すなわち人間の能力と器官の内部発展は、人間にとって、内的必然性によってのみ、どこまでも自己展開してゆくわけではなかった。自己完成能力の活性化によってもたらされる潜在的諸能力の顕在化は、知識や技術の交流という外在的な人的要因を不可欠なものとしていた。『エミール』の実験空間の隔離性は、「自然の教育」を、現実社会における人間の習性や世論による変質にさらさずに、十分に遂行させ、「人間」の核となる「自然人」を十全に形成させる目的を持っていた。またそれは同時に、「自然の教育」を十分に観察し、その進む方向をしっかりと見定めつつ、さらに人間の状態をより高次なものにする「人間の教育」の徹底化を図る意図をも持っていた。すなわち、各個体の自己完成能力を刺激する外部的なさまざまな人間との交流とその影響の代りに、もっぱら、完成された人間とみなされる一人の教師の影響下に生徒・エミールを置くための意図された人為であった。『エミール』において「人間の教育」は、完成能力の促進者である教師一人の手によって、「自然の目標そのもの」[68]に向けて遂行される。ルソーのいう「人間」とは、先の「自然の教育」と「事物の教育」に加え、この「自然の教育」を前提とし[69]、それに従いつつも[70]、自己完成能力を活性化させることによって人間をより高い段階へと発展させる「人間の教育」を与えられた人間なのである。したがってルソーのいう「人間の教育」とは、「自然の教育」のさらなる発展・完成を目指して人間が行う「自然の教育」の徹底化であると結論づけることができる[71]。

すでに**二**で明らかなように、人格形成とは、教師の人格を生徒に付加することによって、新しい人格を誕生させる行為であった。自然の歩みを常に研究することを怠らない教師が、自らの人格（時間・教育・労苦）をエミールに付加し、エミールのなかに新しい人格を形成してゆくこと、これが『エミール』全編を通して展開される「人間の教育」の本質であり、こうした教育の構造が二五年にもわたる人格形成のどの段階においても貫かれていることは、言を待たないのである[72]。

さてエミールは、**三**(1)の冒頭で展望したように、教師の行う「人間の教育」の成果によって、「自然人」の諸能力の段階を凌駕した「人間」の段階に達することができたのだろうか。一五歳になろうとするエミールの姿をルソー自身に語らせよう。

「まず彼の体と感官を訓練した後で、われわれは彼の精神と判断力を訓練した。そして彼の手足を用いることを彼の能力を用いることに結びつけた。彼を行動し思考する存在につくり上げた[73]」と。あるいはまた、「彼はその知識においてではなく、それを獲得する能力において、普遍的な精神を持っている。それは開放的な聡明な精神、あらゆることに準備ができていて、モンテーニュがいっているように、教養があるとはいえなくても、とにかく教養を受けられる精神だ[74]」と。

そしてエミールの知っている事柄は「純粋に物理的な自然についての知識」や「事物に対する人間の本質的な関係」だけである[75]。

人格形成のこれまでの過程を、自己完成能力の活性化の有無によって二つの時期に区分するとすれば、それは、ルソーのいう子ども時代の第一期・第二期と第三期とに分けられる[76]。というのは、この二つの時期においては、想像力の活動が前者には認められず、後者には見出されるからである。想像力が完成能力の活性化の有無を判断するのに格好な能力であったことを想起すべきである。とすれば、これまでの考察から、この「人間」形成の前期は「人間」の核となる「自然人」の形成期に当たり、「人間」形成の後期は（「自然人」を核に持った）「人間」の形成期に当たると位置づけることができる。ルソーのあの「初期の教育は、だから純粋に消極的でなければならない[77]」という周知の言葉は、その前期の「自然の教育」の十全な展開を見守る「人間の教育」の意図的な沈黙を表現したものと解することができる。その後期における「人間の教育」の積極的展開は改めて述べるまでもないであろう。

ところで、(1)の最後に考察されなければならない一つの言葉が残されている。それは「抽象的人間(homme abstrait)」である。ルソーはいう。

「われわれの生徒のうちに、抽象的人間、人生のあらゆる偶発事にさらされた人間を考察しなければならない」[78]と。彼はさらにいう。

「大人になった時、自分の身を守ることを、運命の打撃に耐え、富も貧困も意に介せず、必要とあればアイスランドの氷のなかでも、マルタ島の焼け付く岩の上でも生活することを学ばせなければならない」[79]と。

このような記述から、ルソーのいう「抽象的人間」とは、人生のどんな偶発事にさらされようとも、どのような状態、境遇においても生き抜くことのできる存在であるとひとまず捉えることができる。「われわれが真に研究しなければならないのは人間の条件の研究である。われわれのなかで、人生のよいこと悪いことに最もよく耐えられる者こそ、最もよく教育された者だと私は考える」[80]とルソーは明言する。そして「自然の教育は一人の人間をあらゆる人間の条件にふさわしいものにしなければならない」[81]とも述べる。それゆえ、生徒がまず身につけなければならないのは、普遍的な人間としての土台である諸力であって、なんらかの個別、特殊的な能力が求められているわけではない。そこから、ルソーにおいては、身分、地位、財産にのみ適合的な教育の存立する余地のないことが明らかである。[82]「自然の秩序の下では、人間はみな平等であって、その共通の天職は人間であることだ」[83]とルソーは断言する。あらゆる人間の条件の下で生き抜くことのできる人間をつくらなければならないとするルソーの主張は、彼の眼に映った当時の社会的現実に対する状況認識と深くかかわっていた。彼は「地位だけはそのままだが、人間は絶えず地位を変えている」時代を見、「人間にかかわる物事の移ろいやすさ」や「世代ごとにすべてを覆すこの世紀の不安で落ち着きのない精神」を凝視する。[84]彼はもっと先まで論述する。

「あなたがたは社会の現在の秩序を信頼して、それが避けがたい革命に脅かされていることを考えない。そしてあなたがたの子どもが直面することになるかもしれない革命を予見することも、防止することも不可能であることを考えない。（中略）われわれは危機の状態と革命の時代に近づきつつある」[85]と。

ルソーは当時の社会に生きる人を「社会人（homme civil）」と呼び、「社会人は分母によって価値が決まる分子にすぎない。その価値は社会という全体との関連において決まる」[86]という。つまり「社会人」とは、身分や地位や財産によって、他の「社会人」とともに、社会のなかにそれぞれの位置を定められ、その定められた位置において定められた役割を果たすことによってのみ、自らを保存する存在のことである。とすれば「社会人」は、現実のなんらかの身分、地位、財産に従属して生きる人であるから、「社会人」となるべく育成される人――あえて表現すれば前「社会人」――には、当然、なんらかの身分、地位、財産に適合的な個別、特殊的能力を目指す教育が施されているはずである。当時の、いわば前「社会人」に対する教育として、ルソーが槍玉に挙げているのはコレージュや「世間の教育」であった[87]。ルソーが「抽象的人間」という概念を提起したのは、ルソーの「人間」が「社会人」となるべき者（前「社会人」）と対極にある存在であることを、際立たせる意図によるのではなかっただろうか。

振り返って実験空間の隔離性を再検討すれば、社会からの影響とは、もう一歩踏み込めば、身分や地位や財産からの影響であると捉えられるから、生徒はそれら三者から全く無縁に育成されなければならなかった。そしてその教育の目的は、あらゆる状況下でも生き抜くことのできるような能力を生徒に備えさせることに他ならなかった。それゆえ、ルソーのいう「人間」とはこうした意味において「抽象的人間」でなければならないことになる。すなわち「人間」形成の過程は、「自然人」から「抽象的人間」への過程として捉えられる。ここに至って「抽象的人間」を次のように規定し直すことができる。「抽象的人間」とは、身分や地位や財産から全く無縁な、社会における隔離空間のなかで、「自然の教育」を受けて諸能力を伸長させた「自然人」を核に持ち、そこからさらに「人間の教育」を受けて「自然人」を凌駕する諸能力を発展させ、あらゆる状況下でも独力で生き抜くことのできる普遍的な人間としての諸力を持つに至った人間である。ルソーが「自然教育の最もよくできた概説を提供する一巻の書物[88]」と称揚した『ロビンソン・クルーソー』のロビンソンのなかに、「抽象的人間」の生きたモデルを見出すことができる。ルソーは次のようにいう。

「ロビンソン・クルーソーは、彼の島にあって、一人で、仲間の助けを借りることなく、どんな技術の道具も持たず、それでも生存の糧を手に入れて自己保存を果たし、ある種の自己充足すら獲得する[89]」と。

無人島への漂着は、ロビンソンの被った運命の激変であり、孤立した人間としての生存は、あらゆる人間関係からの強制的隔離を意味している。人間と人間との関係を閉ざされた彼は、事物との物理的関係のなかだけに生き、自らの能力によってのみ自己保存と自己充足を果たさざるをえないのである。

「抽象的人間」として一応の完成をみたエミールは、すでに社会からの完全な隔離の時期を終え、徐々に開かれた実験空間のなかに移行しつつあるが、次の新たな過程において、実験空間の拡大はさらに顕著になる。というのは、ロビンソンの例にも明らかなように、「抽象的人間」の生きる空間は人間と人間との関係をほとんど欠いた世界であるため、エミールは次なる段階において、人間と人間との諸関係を学ばなければならないのである。

(2) 「社会的人間」

エミールは「抽象的人間」としての一応の完成をみたとはいえ、それはいうまでもなく、人生の一つの時期における完成であり成熟であるにすぎない。人的な接触や交流が飛躍的に増加する実験空間の積極的な拡大が、「抽象的人間」であるエミールを新たな段階に押し上げ、彼にこれまで持っていなかった新たな資質を備えさせることになる。「社会的人間」とは、こうした人格の発展段階を経て形成される人間を指す表象である。まず考えられるのは、「抽象的人間」と「社会的人間」とを分かつものは、「社会性（sociabilité）[90]」の有無だということである。「社会性」とは、とりあえず人間と人間との関係を恒常的に保ちつつ生きる人間の特性と捉えられるが、この概念の内容を検討するのが(2)の目的である。

さて、「社会性」概念を構成する主要な要素として、労働と道徳の二つが取り出される。なぜなら、第一に、労働は、社会における人間と人間との関係を媒介する根幹にあるからである。第二に、道徳は、あらゆる人間関係――まず労働によって媒介されるが、労働以外のあらゆる他の諸関係をも含む――を律する精神原理であるからである。

「社会的人間」の形成を目指すいわば人格発展の第二期において、教師が生徒に働きかけて付加する第一のものは、それゆえ、何よりも現実的有用性に富んだ労働能力であり、そして労働に関する諸観念である。エミールが労働に対する正確な観念を持つはるか以前から、彼はルソーが第一の職業と位置づける農業に親しんで育てられる[91]。そして、その固有の素質が見誤られることのないよう、はっきり現れてくるのを注意深く観察された後に[92]、現実的有用性を備えた具体的職業が、つまりルソーの表現に即していえば「手の労働[93]」のうちの一つ（指物師）が選ばれ、職人修業が開始される。ところで労働に関する諸観念の理解は、あくまでエミールの精神に受容可能な側面、つまり労働における人間と事物との関係の側面から出発する。ルソーはいう。

「あなたがたが何よりも気を遣わなければならないことは、生徒の理解力を超えた社会関係についての観念をすべて彼の精神から遠ざけることだ。しかし、知識のつながりによって、人間相互の依存状態を示さないわけにはいかなくなった時には、道徳的な面からそれを示すようなことはしないで、まず、人間を互いに必要なものにしている工業と機械的な技術にあらゆる注意を集中させるがいい[94]」と。

労働における人間と人間との関係は、社会的分業の理解から学ばれる。社会関係に入る前の人間の自給自足による自己保存のあり方は、社会的分業（協業）の発生によって大転換を遂げる。ルソーは、一〇人の社会という次のような思考モデルを提示して、社会的分業の発生の必然性を説明する。

「一〇人の人がいて、それぞれの人が一〇種類の必要を持つとしよう。それぞれの人は自分に必要なものを手に入れるために、一〇種類の仕事をしなければならない(95)」と。

この部分は、社会状態への移行前の自給自足の状態を指している。続けてルソーは、各人の天分と才能の差異を指摘して、直ちに社会状態への移行を告げる。

「この一〇人の人で一つの社会をつくることにしよう。そして各人が自分のために、そして他の九人のために、自分に一番適した種類の仕事をすることにしよう。各人は他の人々の才能から利益を得て、自分一人ですべての才能を持っているのと同じことになる。各人は自分の才能を絶えず磨くことによって、それを完全なものにすることになる。そこで一〇人とも完全に必要な物を手に入れ、さらに他人のための過剰分まで持つことができるようになるだろう(96)」と。

自給自足から社会的分業への移行が生産力の増大をもたらすことを、ルソーははっきりと認識している。各人が「完全に必要な物を手に入れ」るばかりか、この社会は「他人のための過剰分」さえ、手にすることが明記されている。ここに見出される生産力の増大は、分業が各人の才能を、言い換えればその労働能力を、自己完成能力の働きによって絶えず質的に向上させうることから、もたらされるものである。人間のあらゆる能力を引き出す自己完成能力が、各自の異なった才能（労働能力）を、一〇の方向にそれぞれ発達させうるから、一〇人の社会は、より大きな生産力を獲得しうるのである。労働における人間関係についてエミールが最初に得る認識は、この単純化された一〇人の分業社会モデルのなかに見出されるようなものであろう。

労働を媒介にした人間関係についての認識のなかで、彼が最も遅く学ぶのは、現実の社会的諸矛盾、なかでも富の偏在、すなわち働く人々と働かざる人々とに分裂した社会矛盾についてである。社会的分業・協業の進展による生産力の上昇が、社会のあらゆる人々にさらに豊かな自己保存・自己充足をもたらすのではなく、かえって社会を、働かざる他者のために働く人々と、働く人々の生み出した余剰を享受する働かざる人々とに分裂させてしまう現実についてである。(97) 職人修業をする親方の家での体験の蓄積から、あるいはエミールの住む村内での人々との交流の積み重ねから、徐々に人間それ自身と人間関係との認識を深めるなかで、エミールはそうした社会矛盾の存在に気づき始める。村内という限られた範囲とはいえ、この過程は、まさに「人間を通して社会を、社会を通して人間を研究しなければならない」(98) 時期だからである。さらに人間関係や社会矛盾に対する認識は、二〇歳になったエミールが世間を旅する「世間のなかで習俗によって人間を研究する」(99) 時期に、より深まってゆく。幼年期の教育空間の隔離性のために早くから現実の諸矛盾にさらされることのなかったエミールであればこそ、その育まれた健全な判断力によって、人々の陥っている社会的諸矛盾を見抜くことができるのである。エミールは明晰だが有益なことに限られている精神、正しい感覚、健全な判断力を携えた「愛すべき異邦人」(100) なのである。

ところで、先に「社会性」のいわば第二の特質として掲げた道徳とはいかなるものか。エミールは労働能力を磨き、人間それ自身と人間の諸関係の認識を徐々に深めてきた。「社会的人間」の形成期に付加されるこうした実践能力や認識能力は、教師が生徒の自己完成能力を刺激して発現させてきたものだが、こうした諸能力の発達段階に適合的な感情の発達が同時に展開される。つまり自己完成能力は、直接、諸能力を顕在化させ伸長させるが、諸能力の発達に連動して発達する感情は、自己完成能力のいわば間接的影響下にあるのである。感情の変化のプロセスは、労働を媒介にした人間と人間との関係の変化のなかに、最も先鋭に現れている。もちろん、人間は労働以外の領域における人間関係からさまざまな影響を受けることもまた事実である。しかし、人間が生きるために必然的にかかわらざるを得ない労働における人間関係の変化が、人間の感情のあり方を変化させる第一の規定要因であることは間違いないから、以下に労働の領域に焦点を絞って、感情の発達のプロセスを追いたい。

自然状態において見られた自己愛と憐れみの情との自然的調和は、人間が労働を媒介にして恒常的関係を結ぶ分業社会の出現によって、必然的に間もなく破られる。確かに、ルソーが提示した、あの一〇人の分業社会モデルのなかには「各人が自分一人のために、そして他の九人のために」[101]（傍点は鳴子）各自の仕事を選び、その仕事の成果を持ち寄ることによって全員が十分に自己保存を果たす、自己愛と憐れみの情との調和が想定されている。しかし、この分業社会の出発点ともいうべき社会モデルのなかに、仕事に携わる者全員の必要物を供給した上で、さらにそれを上回る「他人のための過剰分」まで生み出すことが確認されていることは先に触れた。そしてこの生産力の上昇の生み出す余剰が、時を待たずに働く人々と働かざる人々との分裂を引き起こしていくのであった。分業社会は不可避的に、自己愛を自尊心に変質させ、自己愛と憐れみの情との自然的調和を喪失させる。その原因を、以下のように読み取ることができる。ある者が自己保存を自らの労働によってではなく、他人の労働に依存して果たそうとする時、それは働かざる者の自己保存を、働く者の自己保存の上位に置き、さらにいえば、働く者の自己保存を少なからず犠牲にして実現させようとすることを意味している。ある者のなかに、多くの欲望を持ち、自他を絶えず比較し、人々のなかで自分だけを尊重するように自己のみならず他者をも強要しようとする強い感情が生じている。ここに、自己愛の自尊心への転化を見て取らざるをえない[102]。

それでは、エミールにおいて、自己愛と憐れみの情との自然的調和の段階はどのように乗り越えられてゆくのだろうか。ルソーは一貫して、エミールの感受性を、自己から他者へ、また、他者のなかでも初めは隣人へ、そして最終的には人類一般へ広げよと主張する。「彼（エミール―鳴子）の感受性が自分のことだけに限られている間は、彼の行動には道徳的なものは何もない」[103]とルソーは断言する。エミールが、自身を自分の外へ投げ出し、苦しんでいる他者に自身を同化させると、つまり、彼が「他人の苦しみに向けられる余分の感受性」[104]を持つと、彼は道徳的世界に入る。「同情（commisération）」「仁慈（clémence）」「寛大（générosité）」[105]――これらはみな、対象を拡げ深まってゆく「憐れみの情（pitié）」の別名である。こうした憐れみの情は、「積極的な慈善心」でなければならず、それは間もなく実践に移される。これが二で論じた善行という行為なのである。憐れみの情は、初めの狭く個別的な対象を超えて、最終的には人間愛にまで到達しなければならない。ルソーはいう。

「憐れみの情が堕落して弱さにならないようにするためには、だから、これを一般化し、全人類の上に広げなければならない。そうすれば、正義と合致する限りにおいてのみ憐れみの情に身をゆだねることになる」[106]と。

ルソーは「自分自身と自分の同類とに対するこの二重の関係によって形成される道徳体系から、良心の衝動が生まれる」[107]と述べる。ここで述べられている内容を整理してみると、まず、自己が自己自身に対する関係のなかで持つ生得感情が自己愛であり、自己が自らの同類に対する関係のなかで持つ生得感情が憐れみの情である。これらの二つの生得感情の相互関係が、憐れみの情の拡大と深化を伴って変化してゆくなかから、道徳体系が生まれる。さらにその道徳体系から良心が発現する。以上が、良心の発現のプロセスである。ルソーは、良心を次のように規定している。

「人間の心の底には正義と美徳の生得的な原理があって、私たち自身の格率がどうであろうと、私たちはこの原理に基づいて自分の行動と他人の行動を、善いこと、あるいは悪いことと判断しているのだが、この原理にこそ私は良心という名を与える」[108]と。

良心はルソーにとって正義と美徳との生得的な原理である。が、ここで留意すべきことは、良心が生得感情であって生得観念ではないとされている点である。ルソーがここで名を挙げて異論を述べているのは、良心に関するモンテーニュの見解に対してであるが、彼がエルヴェシウスに代表される感覚論者をとりわけ意識していることは明らかである。人間は感覚の知覚から、あらゆる観念、あらゆる感情を後天的に獲得する、これがエルヴェシウスの採る立場である。ルソーは、生得観念と生得感情とを分けて、生得観念についてはエルヴェシウスとともにその存在を否定するが、生得感情の存在は主張して、エルヴェシウスの見解に敵対する。(109) すなわちルソーは「私たちの獲得した観念」と「私たちの自然的な感情」とを峻別し、(110) 彼独自のいわば生得感情論を展開するのである。

「良心の現れは判断ではなく、感情だ。われわれの観念はすべて外界から来るのだが、その観念を評価する感情はわれわれ自身のうちにある」(111)と。

さらにルソーは「私たちの感性は、疑いもなく、知性よりも先に存在するのであって、私たちは観念よりも先に感情を持ったのだ」(112)と断言する。つまり良心は、自己愛と憐れみの情とともに、観念に先立って人間のうちにある生得感情とされるのである。それでは、良心は、他の二つの生得感情と同じく生得的なものとされながら、なぜ二つの感情に比べてその現れが後れるのだろうか。それは端的にいえば、良心の現れには理性の活動を必要とするからである。ルソーはいう。

「善を知ることは善を愛することではない。人間は善について生得的な知識を持ってはいない。けれども、理性が彼にそれを知らせるとすぐに、良心はそれに対する愛を彼に感じさせる」(113)と。

すなわち良心は、善を愛する生得感情として理性に先立って存在し、「理性そのものからも独立している」「直接的な原理」(114)であるが、それは善や正義を認識する能力を持った理性の活動を待ってようやく発現する。正義や善を認識させる理性とそれを感じさせる良心との相互補完的な作用は、「われわれの原初的な感情の正しい進歩の一段階に他ならない」[115]のである。「良心とは独立に、ただ理性だけでは、いかなる自然の法も確立されない」[116]とルソーが断言するのは、人間を誤らせる危険性を持った理性が、人間を決して誤らせることのない「魂の声」[117]＝良心を、導き手として必要とすると考えるからである。

以上のような道徳感情の発達を待って初めて、労働を「社会的な人間の欠くべからざる義務」[118]と断じたルソーの真意が理解される。ルソーは次のような、自己労働による社会的な負債の返済義務の主張を展開する。[119]まず、彼は「社会の外にあって孤立している人間は、誰に対しても何一つ借りているわけではないから、好きなように生活する権利を持っている」という。それと対照的に「社会のなかでは、人間は、必然的に他の人々の犠牲によって生きている」のであり、また「各人はその持っているすべての物を借りている」のだという事実認識が述べられる。そこから、社会において人間は、一人の例外もなく、この「社会的な負債」を返済する義務があるという考えが明示される。そして人は自分自身以外に、社会に与えうる持ち物を持たぬがゆえに、「労働によって、生活維持の代価を他の人々に返さなければならない」という結論が導き出されるのである。こうした社会的な負債の返済義務が、真に認識され、感得されうるには、「社会的人間」としての成熟が必要である。すなわち、その義務を真に認識するためには理性の働きが、それを真に感じ取るためには良心の働きが、ともに必要不可欠なのである。理性は、「社会的人間」の形成期においては、主に人間関係を伴った労働実践を通して、自己完成能力が一段と活性化されることにより、さらに発達する。こうして理性は、恒常的な人間関係を欠いた「抽象的人間」の持ちうる理性とは明らかに異質の「社会的人間」の理性の段階へと発展する。良心の発現は、自己愛と憐れみの情とが自然的に調和し、道徳以前の状態にある「抽象的人間」の段階では決して見られず、「社会的人間」の形成期に、今述べたような理性の発達を前提として初めて見られるものである。このように、理性と良心とを相互補完的に働かせることができて初めて、自らの意志によって社会的な負債の返済義務の実践へ赴くことが可能になるのである。

さて、こうした自己労働による社会的な負債の返済は、「社会的人間」の最大の実践であると端的に位置づけることができる。というのは、労働によって自己保存を果たすことが可能ではあるが、自己労働はあくまでも自己保存の枠内でしか展開する可能性を持たない「自然人」あるいは「抽象的人間」の状態を乗り越えて、「社会的人間」は、自己労働によって、自己保存を果たすと同時に、社会に生きる他者の生存に寄与することさえ求められているからである。自らの労働によって、自己保存と他者保存とを同時に実現してゆこうとすること、これはまさにすべての「社会的人間」の果たすべき社会的実践、あえていえば道徳的実践である。それでは、それが道徳的実践であると本章であえて主張する意味を明らかにすべきであろう。「社会的人間」が、自らの生存を「他の人々の犠牲」の上に成り立っているものと捉え、「生活維持の代価を他の人々に返さなければならない」と考える時、「他の人々」とは、すでに特定の誰かではなく、自分以外のあらゆる社会的存在のことであって、彼の自己労働による実践は、当然、自分以外のあらゆる社会的存在に向けられた行為でなければならない。それゆえ、他者保存への寄与を意図する自己労働による実践は、人が自己愛を持つと同時に憐れみの情を拡大・深化させ、彼の理性と良心の相互的な働きが、彼に人間愛と呼ぶに値する高められた憐れみの情を獲得させる段階に達して、初めて真の意味で可能になる行為である。ところで「社会的人間」の形成期に開始される道徳的実践としては、すでに善行が論じられた。善行も拡大し深化する憐れみの情の発露たる行為であった。しかし、善行は大抵の場合、自己の周囲の人々に向けられる行為であって、その行為対象や影響力の個別性、限定性は否めない。このような意味において、自己労働による社会的な負債の返済は、善行の個別性、限定性を乗り越えて、普遍性を志向した「社会的人間」の最大の道徳的実践であると位置づけることができる。

労働能力を磨き、労働や他のさまざまの領域における人間関係を学び、その能力の段階に見合った道徳感情の発達を遂げたエミールは、「社会的人間」として生きることのできるだけの資質を獲得した。現実の社会のなかで世論に忠実に生きる「社会人」が、身分、地位、財産の差異によって、多数の働く者と少数の働かざる者に分裂していたのに対し、「社会的人間」は、例外なく社会において労働する個人として存在する。「社会人」は自尊心に心を奪われ、他人に憐れみの情を抱くことさえほとんどしなくなって、自己保存と自己充足とを他人の犠牲によって手に入れようとする。それに対して「社会的人間」は、「抽象的人間」の自己愛と憐れみの情との自然的な調和を超えた、二つの感情のより高次の調和に達している。というのは、理性と良心との相互的な働きによって、彼は人間愛にまで高められた憐れみの情を獲得するからである。彼は理性によって人間一般の幸福という観念を認識し、こうした認識に促されて現れる良心の働きによって、あらゆる人間の幸福を求める人間愛に導かれるのである。このように、理性と良心との働きによって高められた憐れみの情（人間愛）と自己愛との調和が、（自然的な調和と比して）より高次の調和と捉えられるのである。「社会的人間」の道徳性は、周囲の困窮者に対する善行のなかに、より普遍的には、自己労働によって、自己保存を確保すると同時に他者保存に寄与しようとする――労働と道徳とが結びついた――実践のなかに現れている。

エミールが「社会的人間」として生きうる資質を身につけるこの過程は、先の「抽象的人間」の形成期に引き続き、教師による「人間の教育」のなかに位置づけられなければならない。教師は、「社会的人間」の形成過程において、はっきりと実験空間を拡大し、さまざまな体験（例えば、職人修業）からエミールが、多くの事柄を学び取るように諸々の機会を設定した。エミールの自己完成能力は、そうした種々の体験から刺激を得て、活性化するのであるから、機会の設定者であり、かつ、エミールの共同行動者でもある教師が、この過程全体にわたってエミールの完成能力の活動を促しているといって差し支えない。ところで、こうした「社会的人間」としての成熟は、エミールにとって、一つの過程の終わりを示しているにすぎない。彼はさらに、ここから、二年間にわたる諸外国への旅を開始する。彼が今後、学ぶのは、各国の統治機構とそこに見出される政治的諸関係についてである。ルソーは次のようにいう。

「さて、他の存在との物理的な関連において、他の人間との道徳的な関連において、自分を考察した後に、彼（エミール—鳴子）に残されていることは、同じ市民たちとの市民的な関連において自分を考察することだ(120)」と。

「市民」という言葉が新しい過程のキー・ワードとなるであろう。

(3)「市　民」

(3)で特に論証したいのは、意志と人格との関係、とりわけ、一般意志と人格との関係についてであり、さらには、この段階で遂行される人格の質的転化のため不可欠とされる、立法者の働きについてである。

さて「人間」・「社会的人間」に続く人格の発展の第三段階の表象とされた「市民」とは「社会的人間」に何を付加した存在なのか。それを私たちなりにあえていえば、「市民性（citoyenneté）」である。市民性というタームは、ルソー自身は用いていないのだが、それを私たちは「公的人格(personne publique)(121)」としての政治体を構成する、市民の具有する属性を示すものと捉える。それでは公的人格とは何か。公的人格は社会契約という結合行為によって誕生する。

「われわれは各々、その財産、その人格、その生命、そのあらゆる力を共同のものとして一般意志の最高の指揮の下に置く、そしてわれわれは一体となって全体の不可分の一部としての成員たる各自を受け取る。(122)」

『エミール』において見出せるこの社会契約の要約を「人格」の転化という観点から跡づけてみよう。本論に入る前に「人格」という訳語について一言述べておきたい。「人格」――それは、一般意志の指揮の下にゆだねられる四つのものの一つ、すなわちpersomneの訳語である。序でも触れたように、ほとんどの邦訳が、この社会契約の要約中のpersomneを「身体」と訳しているにもかかわらず[123]、本章であえて「人格」と訳出したのには、以下のような理由がある。すでに論じたように、ルソーのペルソヌという言葉には、人間の、目的意識的で、心身の労苦を伴った継続的に行われる心身両面の働きという意味が込められていた。このような理解に立つ時、精神的側面を表出しない、あるいは少なくとも直接的には表出しない「身体」という語よりも、心身両面の働きを包括的に捉えうる「人格」という語の方がペルソヌの内容を的確に反映しているように思われる。本章では、このような観点に立って、「人格」という訳語を用いたのである。

さて、本論に戻ると、契約当事者それぞれの「個別的人格[124]」は、その財産、生命、あらゆる力とともに、なんら留保なく、まさに形成されようとする「共同体の全体に対して」「全面譲渡[125]」される。この契約当事者の「全面譲渡」によって初めて「集会における投票数と同数の部分から構成される一つの精神的で集合的な団体[126]」すなわち「公的人格」が誕生する。一般意志とは、この公的人格の意志に他ならず、「全面譲渡」されたすべてのものは、この公的人格の意志の最高の指揮にゆだねられる。そうした後に「われわれは一体となって全体の不可分の一部としての成員たる各自を受け取る」のだが、「全体の不可分の一部としての成員たる各自」の質的に転化した諸属性の検討には直ちに移らず、先に「政治体」と「市民」という語にルソーが与えている意味を確認しておきたい[127]。

第一に「政治体」とは、社会契約という結合行為によって生み出される「精神的で集合的な団体」たる「公的人格」を全体として捉えた時、持ちうる名称の一つである。第二に「市民」とは、その「公的人格」を構成員に着目して、「全構成員に対する絶対的な力」[128]であって、一般意志の行使に他ならない「主権に参加するものとして」[129]個々に呼ぶ際の名称である。

ところで、社会契約は、新しい政治体すなわち公的人格を設立・形成する行為であるが、そのつくられたばかりの結合には、実は、まだなんら内容が与えられていない。政治体の設立行為は、直ちに、政治体の自己保存のために、政治体の意志となり原理として働く立法を必然的に要請する。

「社会契約によって、われわれは、存在と生命とを政治体に与えた。今や立法によって、それに運動と意志とを与えることが、問題になる」[130]と。

ルソーは端的にいう。

「法は、本来、市民的結合の諸条件以外の何物でもない。法に従う人民が、その作り手でなければならない。社会の諸条件を規定することは、結合する人々だけに属することである」[131]と。

立法権の所在は明らかである。それは「生まれたばかりの人民」[132]に属するのである。しかし、ここにこそ、立法者の介在する必然性が現れる。ルソーは問う。

「誰が、そうした（市民的結合の諸条件を規定した─鳴子）法令を作成し、あらかじめ公けにするために必要な先見の明を、政治体に与えるのだろうか」[133]と。

これこそ立法者の任務である。というのは、人民こそ立法権者であり、またその立法権は「不可譲の権利」[134]であるにもかかわらず、人民の政治的判断力は自力で法律を編むには未熟であり、卓越した知性の持ち主である立法者の導きを必要不可欠なものとするからである。ルソーはいう。

「人民はほっておいても、常に幸福を欲する。しかし、ほっておいても、人民は、常に幸福がわかるとはかぎらない。一般意志は、常に正しいが、それを導く判断は、常に啓蒙されているわけではない」[135]と。立法者は、集合的にいえば人民の、個々の構成員に着目すれば「市民」の「導き手」[136]である。誕生したばかりの政治体＝公的人格の内容を規定するのは、立法者に他ならない。したがって、立法者こそが、実は、政治体に公的人格性を与えるということができるのである。

人間の個体的発達から見ると、立法者はどのように位置づけられるべきだろうか。端的にいえば、立法者は、人間の第三のレヴェル、すなわち「市民」のレヴェルの、個々人の持つ自己完成能力の促進者である。立法者は、「市民」となる者の自己完成能力に働きかけて、市民性を付加する。ところで、確かにエミールは、教師によって「同じ市民たちとの市民的な関連において自分を考察すること」を課され、諸外国への旅を通して各国の統治機構を観察し、その政治的関係を学んだ。教師はエミールの自己完成能力に訴えて、彼を社会契約の契約当事者になりうるような存在に高めた。しかしながら、彼はまだ、ルソーが自ら規定した、主権に参加する構成員という厳密な意味での「市民」にはなりえていない。彼は「市民」となる者として準備されるにとどまっているのだ。それゆえ立法者こそ、それまで個別的人格しか持たなかった、社会契約を締結したばかりの、「生まれたばかりの市民」に対して、自らの具有する市民性を付加する者なのである。このような意味において、立法者は、いわば教師の継承者なのである。

また、立法者を、人間の種としての発達という視点で捉えると、立法者が国民の有する、いわば集合的な自己完成能力に働きかけるべきとされる歴史的段階が存在する。ルソーは「人間におけると同じように国民においても、（青年期、あるいは）成熟期があり、国民を法に従わせるには、この時期を待たねばならない」[137]という。とすれば立法者の使命は、国民の成熟が法に従うにふさわしい時期をとらえて、そうした国民に法を、言い換えれば、新しい公的人格性を与えることにあるといえる。

立法は構造的に捉えられる。その構造は二で導出した人的行為の一般式に適合する。立法は立法者が、個体的には市民となるべき者の、集合的には人民となるべき者の自己完成能力に働きかけて、政治体の自己保存を図ろうとする行為である。立法行為のうちに、対象に付加されるのは、立法者自身の完成された人格たる市民性である。ここに〈時間〉〈立法〉〈労苦〉＝〈人格〉という構造式が成立する。「立法という仕事のなかには、両立しがたいように見える二つのものが同時に見出される。人間の力を超えた企てとこれを遂行するための、無に等しい権威とがそれである」[138]——これはルソー自身の言葉である。無に等しい権威で、市民的結合の諸条件を法にまとめ上げ、「人間的自然」[139]を変えるほどの制度を与えるという企てを遂行するには、どれだけの労苦を伴うことだろうか。要するに、政治体の自己保存を目指す目的意識的で、多大の労苦を伴いつつ継続的に行われる心身の働きのすべてが立法者の人格であり、こうした人格を「市民」あるいは人民となるべき者に付加する行為が立法だったのである。

結合行為により外形的に成立した政治体は、(立法を通じての)各成員への立法者の市民性の付加を経ることによって、その新しい内実を持つに至った。ここで初めて、「市民」の諸属性を全面譲渡の前と後との対照によって明らかにすることが可能となる。「市民」は全面譲渡前に持っていたあらゆるものを、立法者の市民性の付加を経た後に、与え返される。

まず第一に財産について。そもそも個人の財産は、個人が自らの人格を労働対象に付加することによって生ずる生産物そのものと労働対象(とりわけ土地)の占有を、正当な根拠として持つものである。要するに、個人の正当な財産は、個別的人格の付加に由来する占有物であった。[140]ところで全面譲渡後、財産を始めとするあらゆるものは、共同のものとして一般意志の最高の指揮の下に置かれるのだが、それは言い換えれば、立法者の編む法の下にゆだねられることを意味する。というのは、人民は、政治体の意志である一般意志を正しく表明しうるよう、立法者(すなわち立法者の編む法）によって導かれるからである。そこで、立法者の法（そしてそれに導かれる一般意志）は、個別的人格の付加に由来する占有物であった財産に、市民性を付加する。するとどのような変化が起きるのか。まず、占有物は所有権を有する財産に変わる。

「彼ら（元の占有者―鳴子）の権利は国家の全構成員から尊重され、外国に対しては国家の総力によって支えられる」(141)と。

だが、所有権の成立と同時に、その同一の財産に対する主権者の権利が発生していることを看過してはならない。ルソーは個人の所有権と主権との関係について次のように述べる。

「所有権の上にこそ主権は築かれているとするなら、所有権は主権が何よりも尊重しなければならない権利だ。それは個別的、個人的権利である限りは、主権にとって神聖不可侵の権利だ」(142)と。

しかし彼は同時に、「全市民の共有のものとみなされる場合には、すぐにそれ（所有権―鳴子）は一般意志に支配され、この意志はそれを廃止することができる。だから主権者はある個人の財産にも、幾人かの個人の財産にも手を触れる権利を全く持たないが、すべての人の財産を正当に没収することができる」(143)と明言する。つまり、主権者の権利は所有権に優越しており、したがって私的所有権が廃止され、公的財産とされる場合のあることがここに明記されているのである。それゆえ、所有権の成立は、富の偏在の是正を図る主権の行使を阻むものではない。主権の行使が、公共の必要によるものであり、公共善の増進に不可欠なものと考えられる限りにおいては。極端な富裕は極端な貧困とともに「等しく公共善に有害である」(144)とみなされる。求められているのは、「市民」間の、富裕と貧困の両極端の可能な限りでの接近である。

「事物の力は、常に平等を破壊する傾向があるという、まさにその理由によって、立法の力は、常に平等を維持するように働かねばならない」[145]と。

したがって、本章の採る人格の観点からすれば、所有権に対する主権の行使は、本来、「手の労働」による人格付加を根拠とする占有を、所有権を生む唯一の源泉とみなしうるような所有規模のうちに全「市民」を置き、公的財産とされたものによって、全「市民」の保護と繁栄を実現しようとするものであると捉えることができる。「社会状態が人々に有利であるのは、すべての人がいくらかの物を持ち、しかも誰もが持ちすぎない限りにおいてなのだ」[146]とルソーは言明していたのである。

第二に生命について。「市民」の生命は、自己自身しかその守り手を持たなかったものから、市民性の付加によって、政治体の全力をもって守られると同時に、例えば祖国のために戦う時のように、場合によっては、政治体により、死の危険に身をさらすことを求められるものに転化する。政治体が全力を傾けて「市民」の生命を守るのは「社会契約は、契約当事者の保存を目的とする」[147]からである。そして政治体が「市民」を死の危険に直面させる場合があるのは、その時までの生を他の「市民」の犠牲において与えられていた者の当然の義務の履行としてなのである。

「彼（市民―鳴子）の生命は単に自然の恵みだけではもはやなく、国家からの条件つきの贈物である」[148]と。

第三にあらゆる力について。あらゆる力をルソーが具体的に説明している箇所は見当たらないが、それは、市民性の付加前においては、いかように用いようと自由な、個人の有する心身両面にわたる諸能力と捉えられる。そしてこうした能力はすべて市民性を付加されて、「市民」が自身のために自由に用いると同時に、政治体から公共の利益のために用いることを求められる能力ともなる。というのは「市民は、主権者が求めれば、彼が国家になしうる限りの奉仕を、直ちにする義務がある」[149]のであり、彼は国家に対する奉仕を、自らの能力を用いることによってしか果たしえないからである。

最後に、人格それ自体を論ずることが残されている。「市民」は、社会契約前に持っていた個別的人格の上に、市民性を付加されて、与え返される。各「市民」のうちには、「抽象的人間」を土台にして形成された「社会的人間」の有する個別的人格の上に、市民性を付加された、いわば重層的人格が誕生する。「市民」の重層的人格が政治体の意志決定にどのようにかかわってゆくかを見るために、「人民の集会」(150)の場に目を向けたい。そして、そこでの一人の「市民」の表明する個別意志と一般意志との関係に注目してみよう。ところで、個別意志や一般意志を論ずる前に、意志とは一体何であろうか。それは、まず、人格がある問題やある対象に対して持つに至った心の方向性であると捉えられる。

さて、人民の集会とは、政治体の方向性を決定する政治体全体の問題を論ずる場である。それゆえ、一人の「市民」がそこで表明する個別意志とは、彼自身の人格が、政治体全体の問題に対して持つに至った心の方向性である。したがって、ここで表明される個別意志は、対象の一般性はあるのだが、彼が一個人として持つ個別、特殊的な利害の影響を被った意志である。というのは、この個別意志を表明する人格は、すでに市民性の付加を受けてはいるが、その市民性は個別的人格と不可分の一体をなし、一「市民」のなかに重層的に存在するにすぎないからである。つまり、人民の集会における個別意志の表明とは、公―個の重層的な人格が下す心の方向性の表明なのである。それゆえ、各「市民」の個別意志は各「市民」の個別、特殊的な利害の相違から、さまざまな差異をもって表出される。

それでは、一般意志とはどのようなものなのか。周知のごとくルソーは、一般意志と全体意志とに関して次のように述べる。

「全体意志と一般意志の間には、時にはかなり相違があるものである。後者は、共通の利益だけを心がける。前者は、私的な利益を心がけ、個別意志の総和であるにすぎない。しかし、これらの個別意志から、相殺し合う過不足を除くと、相違の総和として、一般意志が残ることになる」[151]と。

こうしたルソー自身の規定を、本章の人格の観点から捉え直すと次のようになる。一般意志は、各「市民」の人格の相違する心の方向性をすべて集積しただけの全体意志とは異なるものである。一般意志とは、各「市民」の重層的人格が政治体全体の問題に対して持つ心の方向性をすべて表明させ、そのなかから共同の方向性を取り出したものである、と。これこそが、「精神的で集合的な団体」である政治体の持つに至った方向性である。ここで重要なことは、一般意志が、各「市民」の個別意志の、つまり、他でもない彼の人格の持つに至った心の方向性の、直接的な表明のなかからつくり出されることである。言い換えれば、一般意志は、各「市民」の人格の直接的な参与による以外には決してつくり出せないということである。「市民」の例外なき直接的人格参与による政治体の方向性の決定、これが本章の視点から捉えたルソーの直接民主政の核心である。

一般意志の目指すところは、政治体の自己保存、つまりはこの公的人格を構成する全「市民」の例外なき保存・充足に尽きる。一人の「市民」の自己保存と他のあらゆる「市民」の保存との関係はどのように捉えられるだろうか。人は、あらゆる人間の発展段階において、労働によって自己保存を果たしてきた。そして「社会的人間」のレヴェルに達した人間は、自己の生存を社会の他の人々に負うていることを認識し、その社会的負債を自らの労働によって返済するよう求められた。ところで、この「社会的人間」の労働義務論の「市民」レヴェルでの発展形態として、ここで、いわば「市民」の労働義務論を展開することができると思う。というのは、ルソー自身が「市民」の労働義務論と呼ばれうるようなまとまった議論を一箇所で展開しているわけではないが、彼の思想の論理的帰結が確かにそこに行き着いていると考えられるからである。

「政治体のなかでは、「市民」は、必然的に他の「市民」の犠牲によって生きているのであって、各「市民」はその持っているすべての物を借りているのだから、一人の例外もなく、この「市民」的な負債を返す義務がある。しかし、「市民」は自分自身以外に、政治体に与えうる持ち物を持たぬがゆえに、労働によって、生活維持の代価を他の「市民」に返さなければならない」と。

なぜ、この「市民」の労働義務論が、「社会的人間」のそれの発展・完成形態であるかといえば、「社会的人間」のレヴェルでは、自己労働による自己保存と他者保存の同時的実現は、道徳的要請にとどまっていたのだが、「市民」のレヴェルでは、その同時的実現は、政治体がシステムとして保証しているからである。「市民」は一般意志への服従を強制される。これは政治体の存続のために死守されなければならない根本要件である。したがって、労働によって自己保存を果たす「市民」は、すべての「市民」の保存を確保しようとする一般意志への服従を強制される。各「市民」の労働が自己保存のみならず、他の「市民」の生存を確保するために用いられなければならないというのは、第一に政治体においては、強制力を伴った政治的要請である。しかしこのことは、政治体においてこうした労働義務が道徳的側面を伴わないという意味では決してない。「市民」の労働が自己のみならず他者の保存を確保するために用いられることが、強制力によるばかりか、むしろ「市民」の道徳的に高められた感情によって率先して果たされることが求められる。ルソーは憐れみの情が、理性と良心との働きによって人間社会全体に広め深められた時、それを人間愛と呼んだ。憐れみの情が政治体全体に対する確固たる愛に高められた時、それは祖国愛と呼ばれるものになる。「市民」が自己労働によって他者保存をも果たそうとする感情を自発的に持つに至った時、彼は、自己愛と祖国愛にまで高められた憐れみの情との調和を果たしているのである。「市民」におけるこのような自己愛と憐れみの情との調和は、「社会的人間」におけるその調和とは明らかに異質な新たな調和の段階を示している。(152)「市民」の労働義務論のうちに、政治と「市民」的道徳との強固な結合が見出されるといえよう。

それでは自己愛と祖国愛との調和にまで至る「市民」的な道徳感情の発達は、どのように促されるのだろうか。すでに見たように良心は、理性の発達を待って理性に促されて発現するものであった。それゆえ「市民」としての良心の発達は「市民」としての理性の発達を待たなければならないことになる。とすれば、「市民」を導く立法者が、「市民」の理性に働きかけることからすべてが始まると考えるべきだろうか。「個人については、その意志（個別意志―鳴子）を理性に一致させるように強制しなければならない」[153]というテクストを字句通り捉えれば、その通りであるといえそうである。しかし、これまで論じてきたルソーの人格発展の構造から捉えれば、本章ではあえて、立法者は「市民」の自己完成能力に働きかけるといおう。要するに、まず立法者の、「市民」の自己完成能力への働きかけが行われ、その完成能力の活動によって、「社会的人間」の持っていた理性をさらに発展させた、いわば「市民」的な理性が形成される。そしてこの「市民」的な理性の形成が「市民」としての良心の発現を促すことになる。こうして、「市民」的な理性が、政治体の一般的利益を正しく認識させ、「市民」的な良心が、それを愛させる。「市民」的な理性と良心との相互補完的な働きこそが、政治体全体の問題について「市民」の人格が持つに至った心の方向性（つまり個別意志）を変化させる。すなわち、「市民」的な理性と良心とが、「市民」の心のなかで、個別、特殊的な利害の影響を小さくしてゆき、「市民」的な理性と良心の働きがなければ、そうした利害に傾きがちな「市民」の心を、政治体の一般的利益の方向へ向かわせるのである。公―個の重層的な人格の持ち主である「市民」は、「市民」的な理性と良心の発達と発現によって、自らのうちにある市民性への自覚を強め、個別、特殊的な利害よりも一般的利益により接近した方向でその意志を表明するようになる。そうして表明された各「市民」のそれぞれの個別意志から人民の決議が形成される。このような人民の決議のなかにこそ、十分に、一般意志が表明されているといえるのである。

そして「市民」が自己愛と祖国愛との調和を実現させることができるのは、彼が「市民」的理性と良心との働きによって、他のすべての同胞「市民」を助けることが自己を助けることにつながるという、いわば政治体における自他の一体化の確信を得るに至る時なのである。

結びにかえて

本章の目的は、ルソーの天才的な直観が捉えたものの、彼自身の手によっては十分に論理展開されたとは言い難い「人格」の構造を論理化し、再構成することにあった。ルソーは、「人格」の構造を、彼の思想のさまざまな領域の核心部分に、あるいは意識して、あるいは無意識のうちに埋め込んだ。本章では、すでに第二章「ルソーの労働概念」において分析した労働概念を手がかりとして、まず何よりも、人格そのものの形成の論理である教育の構造を捉えた。そしてさらに、教育における人格の発展過程を追究するなかから、善行の構造を、さらには立法の構造を析出し、論理化した。このように、ルソーの人格概念は、労働、教育、善行、立法という人間のさまざまな行為領域を包摂する概念であり、この「人格」という共通の導きの糸によって、彼の経済論、教育論、道徳論、政治論が構造的に捉えられた。

ところで、本章で論証された事柄のうち、特に強調されるべきことは以下の通りである。「人格」の形成過程において、人間の自己完成能力とその促進者の存在が重視された。人格の形成過程をきわめて動態的に展開させ、「人間」「社会的人間」「市民」という三つの発展段階をつくり出してゆくものこそ、人間の自己完成能力であり、それを活性化するためには、まず、教師という完成能力の促進者が必要とされた。こうして「社会的人間」にまで形成された存在がその個別的人格に市民性を付加されて、真の意味で「市民」に転化するには、教師のいわば継承者である立法者の存在が必要不可欠なものとされた。立法者は、個体的には「市民」の完成能力の促進者であると同時に、集合的には人民の、あえていえば、人間の種としての完成能力の促進者であった。ルソーは、人間の感情の発達を、自己完成能力によって引き出される能力の段階に対応して果たされてゆくものと捉えた。理性と良心との相互補完的な働きによって拡張する憐れみの情は、「社会的人間」の段階では人間愛に、「市民」の段階では祖国愛にまで達した。

『エミール』と『不平等論』から『社会契約論』へと論考を進めてきた本章は、ルソーの政治論が、実はすぐれて経済論でもあったという認識に至った。ここでとりわけ強調したいのは『社会契約論』が、ルソーなりの経済論を根底に持った政治論であったという事実である。本章で「市民」の労働義務論と呼ぶべきものを提示し、それを「社会的人間」の労働義務論の発展・完成形態と位置づけたのは、ルソーの政治論が、彼独自の経済論との密接不離な関係の下に展開されている論理必然性に基づくものであった。「市民」の段階、政治体の世界は、「社会的人間」の段階では果たしえなかった問題の解決の場として展開する。「社会的人間」の段階では、自己労働による自己保存と他者保存の同時的実現は、道徳的要請にとどまっていたが、その同時的実現の保証を、「市民」は政治体から受け取ることになる。なぜなら政治体の意志である一般意志は、すべての「市民」の保存を意志する他はなく、一般意志は全「市民」の例外なき保存を強制するからである。

本章で検討した経済、教育、道徳、政治の各領域に共通して見出せる最も際立った特徴は、一言でいえば、人的行為における人格の直接性である。[154] すなわち行為主体の人格が、行為対象に直接的に関与するという一点である。なかでも、労働と政治における人格の直接的関与の意義を強調して、本章の結びにかえたい。まず、労働においては、「手の労働」という言葉が、労働対象への行為の直接性を、すなわち人格の直接的な付加を端的に表現しているが、この「手の労働」によること（つまり人格の直接的な付加があること）が、所有を正当に根拠づける指標とされた。

そして、政治においては、政治体の各構成員の人格の直接的参与が、政治体全体の方向性をつくり出すこと、この一点こそが直接民主政の核心をなすとともに、政治体の存在を正当づける根拠なのである。

＊『社会契約論』については邦訳のページ数の前に編・章を例えばI―六のような形で記した。

（1）*E.*, IV, p. 331.（(上）一四三ページ。）

（2）労働対象たる自然は、ほとんどの場合、純粋な自然物ではなく、すでに人間の労働を経た労働生産物である。第二章注（50）参照。

（3）自然と人間とを媒介する労働過程を、マルクスは周知のごとく次のようにいう。

「人間は、この運動によって自分の外の自然に働きかけてそれを変化させ、そうすることによって同時に自分自身の自然［天性］を変化させる。彼は、彼自身の自然のうちに眠っている潜勢力を発現させ、その諸力の営みを彼自身の統御に従わせる」と。K. Marx, «Das Kapital», *Werke*, Dietz Verlag, Berlin, 1962, Band 23, S. 192.（K・マルクス、『資本論』、『マルクス＝エンゲルス全集』大月書店、一九六五年、第二三巻第一分冊、二三四ページ。）

ここに、ルソーとマルクスとの間の明らかな影響関係を見て取ることができる。ただし、引用箇所の前半に述べられている自然と人間との変化の順序については、両者の間に差異が見られないであろうか。すなわち、マルクスは、自然の変化があって、同時に人間自身の変化があると述べているのであるから、この文章からは、自然の変化より先に人間の変化があると捉えることはできない。それに対して、本章においては、ルソーの労働過程を自然に対する人格付加の観点から捉えるため、自己完成能力の働きによる人間自身の変化が先で、自然を変化させることが後と理解しているからである。

（4）C. S., III, p. 360.（I―六、二九ページ。）

（5）C. S., III, p. 361.（I―六、三一ページ。）

（6）利用の一般的な岩波文庫版、中公文庫版、白水社『全集』において、いずれも身体と訳出されている。

（7）訳語の適否に関しては、本章三(3)で論じられる。

（8）ルソーは、禽獣が自然的規制を逸脱しえないことを示すために、肉を前にした鳩や、果物、穀物の上にいる猫が餓死する例を挙げる。それと対照的に、人間が自然に反する自由な意志を持ち、行動しうることを示すために、不節制に陥るほどの食物摂取という例を挙げている。ただしここでは、人間の自由が、なんらかの有徳な行為の選択のようなプラスの側面においてではなく、肉体の不節制というマイナスの側面において示されている。*D. I.*, III. p. 141.（五二ページ。）

（9）ルソーは猿が人間の一変種ではないことを断定するために、猿が「人類に特有の特質である自己完成能力」を少しも持たないことを論拠としている。*D. I.*, III, p. 211.（一六五ページ。）

（10）、（11）*D. I.*, III, p. 142.（五三ページ。）

（12）*E.*, IV, p. 305.（(上) 一〇六ページ。）

（13）*D. I.*, III, p. 142.（五三ページ。）

（14）*D. I.*, III, p. 111.（九ページ。）

（15）*D. I.*, III, p. 127.（三二ページ。）

（16）ルソーは「なぜ人間だけが愚かになりやすいのだろうか」と問う。これは、人間はその個体としての人生のなかで、自己完成能力に促されて諸能力を獲得し、高まった状態があったからこそ、老衰やその他の事故のために、禽獣より低い状態に陥ることがあることを示唆するための問いかけである。個体レヴェルでの自己完成能力の存在と働きに対する視線が明らかにルソーにはあるのである。*D. I.*, III, p. 142.（五三ページ。）

（17）*E.*, IV, p. 418.（(上) 二七一ページ。）

（18）このような理解は、すでによく知られているところである。R・ドラテは、彼の『ルソーの合理主義』の第一章をI『不平等起源論』と『言語起源論』およびII『エミール』とに分け、Iを「人類における理性の発展」、IIを「個人における理性の発展」の論述に当てている。ドラテは、端的に次のようにいう。

「ルソーによれば、教育とは、自然的完成可能性が正常に発展していくことができるような状態に子供をおく技術なのである」と。R. Derathé, *Le rationalisme de J.-J. Rousseau*, Paris, Presses Universitaires de France, 1948, p. 20.（田中治男訳『ルソーの合理主義』木鐸社、一九七九年、三一ページ。）

（19）*E.*, IV, p. 304.（(上) 一〇五ページ。）

（20）*E.*, IV, pp. 304-305.（(上) 一〇五―一〇六ページ。）

（21）J.-J. Rousseau, *Essai sur l'origine des langues*, Introduction et notes par Angèle Kremer-Marietti, Aubier Montaigne, 1974, pp. 93-94.（『言語起源論』『全集』(XI) 三二四ページ。）

(22) 自然人と未開人のより正確な規定および両者の差異については注(59)を参照。
(23) ルソーのいわば能力論には、感覚から観念へ、すなわち身体的能力の獲得から精神的能力の形成へと進む能力の形成過程を見て取ることができる。そしてルソーが繰り返し強調するのは、身体的能力の発達と精神的能力のそれとの矛盾なき連続性である。感覚能力や身体的能力の発達は、そうした能力自体の伸長のためのみならず、精神的能力獲得の基礎、土台としても求められる。
「考えることを学ぶためには、したがって、私たちの知性の道具である手足や感官や器官を鍛錬しなければならない」と。*E.*, IV, p. 370.（(上) 二〇四ページ。）

感覚から複合的観念の獲得に至るプロセスは、次のようにまとめることができる。①感官を通しての感覚　②共通感覚による感覚の綜合＝知覚、すなわち、単純な観念の形成　③単純な観念の綜合による複合的観念の形成。
(24) *D. I.*, III, pp. 135-136.（四三―四四ページ。）
(25) *E.*, IV, p. 417.（(上) 二七一ページ。）
(26) *E.*, IV, p. 317.（(上) 一二三―一二四ページ。）先の注(23)で示した感覚から複合的観念の形成プロセスを理性の諸段階と対照させれば、すでに本文でも述べたように②は感覚的理性の段階に当たる。そして③は知的な理性の段階に対応するのだが、この点についてルソーは次のように明言している。
「知的な理性、あるいは人間の理性と私が呼ぶものは、いくつかの単純な観念の綜合によって複合的な観念を形づくることにある」と。*E.*, IV, p. 417.（(上) 二七一ページ。）

なお、ルソーは、知的な理性から、女性の持つ理性とされる「実践的な理性」を区別している。*E.*, IV, p. 720.（(下) 四七ページ。）ルソー的女性像のゆがみについては第一章「ルソーにおける家族と市民」注(57)参照。
(27) *E.*, IV, p. 304.（(上) 一〇五ページ。）
(28) *E.*, IV, p. 429.（(上) 二八七ページ。）
(29) *E.*, IV, p. 304.（(上) 一〇五ページ。）
(30) *D. I.*, III, p. 140.（五〇ページ。）
(31) *D. I.*, III, p. 162.（八三ページ。）
(32) ドラテは、人間の潜在能力のなかでも理性に焦点を当てて、自然状態から社会状態への移行を跡づけるのだが、彼はこの移行を、理性の発達の内的必然性によるのではなく、外的偶然性の結果であると断言する。この外的偶然性を「環境の偶然的協力」と彼は表現している。Derathé, *op. cit.*, p. 17.（前掲訳書、二二一—二二二ページ。）
(33) *Essai sur l'origine des langues*, p. 131.（『言語起源論』『全集』（XI）三五一ページ。）
(34) *D. I.*, III, p. 160.（八〇ページ。）
(35) *D. I.*, III, p. 144.（五六ページ。）
(36) *E.*, IV, p. 325.（(上) 一三五ページ。）
(37) 第一章I参照。
(38) *E.*, IV, p. 266.（(上) 五一ページ。）
(39) *E.*, IV, p. 268.（(上) 五五ページ。）
(40) *E.*, IV, p. 342.（(上) 一六〇ページ。）
(41) *E.*, IV, p. 260.（(上) 四三ページ。）
(42) *E.*, IV, p. 478.（(上) 三六一ページ。）あるいはまた *E.*, IV, p. 818.（(下) 一九八ページ。）参照。
(43) ここで、高島善哉氏の「生産力の論理」を想定してみよう。生産力における主体・客体の論理、すなわち、生産力における人間の主体性と客体の（主体に対する）制約性、規定性を包括する論理を、である。周知のごとく、氏の「生産力の論理」の妥当する人間の生産的実践の場は、経済的領域に限定されず、政治（法をも含む）、教育の領域に、さらには、学問、芸術等の精神文化の領域にまで拡張されていた。ところで、本章に戻れば、二において労働に続き、教育が人格概念を軸に構造的に捉えられ、後に三(3)で論ずるように、立法も同じく構造化される。これは、ルソーの思想のなかで、労働（経済）・教育・立法（政治）の各領域において、人間主体の客体への働きかけ（人格付加）が新たな価値をつくり出す構造が析出されることを意味している。ルソーにおいては、学問、芸術等の精神文化の創出を、人間主体の働きかけとして積極的に肯定する論理は明瞭には検出しえない。しかし、ルソーの思想中の先に掲げた三つの行為——労働・教育・立法——は客体の差異を超え、主体としての人間の生産的実践と捉えうると考えられるのである。高島善哉『民族と階級—現代ナショナリズム批判の展開』現代評論社、一九七〇年、とりわけ第三章、第六章、第一〇章あるいはまた『現代国家論の原点—富の支配と権力の支配』新評論、一九七九年、一三四、二一〇ページ参照。
(44) *E.*, IV, p. 325.（(上) 一三五ページ。）

(45) *E.*, IV, p. 326.（(上) 一三六ページ。）
(46) *E.*, IV, p. 544.（(中) 八八ページ。）
(47) *E.*, IV, p. 786.（(下) 一四六―一四七ページ。）
(48) *E.*, IV, p. 545.（(中) 九〇ページ。）
(49) 善行を個々の具体的行為として捉えた場合には、労働や教育における程の時間の継続性・長期性は主張しにくい。しかし善行を、困窮者たちに対する行為の総体として一般化して捉えれば、行為者の善行に費やす総時間は相当量に達するはずである。
(50) *E.*, IV, p. 543.（(中) 八八ページ。）
(51) 第二章Ⅰ参照。
(52) *E.*, IV, p. 262.（(上) 四六ページ。）
(53) ルソーは次のように問う。「自然人を認識することに成功するためには、いかなる実験が必要であろうか、そしてそのような実験を社会の内部で行う手段とはいかなるものであろうか」と。*D. I.*, III, pp. 123-124.（二七ページ。）
(54) *D. I.*, III, p. 122.（二五ページ。）
(55) *D. I.*, III, p. 138.（四七ページ。）
(56) *D. I.*, III, p. 146.（五八ページ。）
(57) これは「純粋な自然状態」に対応した、いわば純粋な自然人である。周知のようにルソーは自然状態を二つの段階に分けている。最初の革命によって「純粋な自然状態」と時期を画している第二の自然状態には、家族が出現し、諸家族間の人的交流も始まっている。
(58) *D. I.*, III, p. 126.（三〇―三一ページ。）
(59) 「彼（未開人―鳴子）の想像力は彼に何も描いてみせないし、彼の心は彼に何も要求しない。彼のささやかな必要品はきわめて容易に手近に見出され、しかも、彼はより高い知識を獲得しようと望むのに必要な程度の知識からは余りにも離れているので、先を見通す力も好奇心も持つことができない」。*D. I.*, III, p. 144.（五五―五六ページ。）
　ルソーは『不平等論』においても『エミール』においても「自然人」と同様に「未開人」という言葉も頻繁に使用している。自然人は「もはや存在せず、恐らくは存在したことがなく、多分これからも存在しそうにもない一つの状態、しかもそれについての正しい観念を持つことが、われわれの現在の状態をよく判断するためには必要であるような状態」、すなわちルソーが高度に理念的に想定した「自然状態」に存在する人間を指す、より理念的な言葉であり、未開人は、人類史の原初段階に実際に存在した（あるいは地球上のある地域になお残存する）人間を指す、より歴史的な言葉である。*D. I.*, III, p. 123.（二一七ページ。）こうした差異を含みながらも、この二語は「自然のつくったままの」人間を指す語として、ほとんど同義に用いられることも少なくない。

(60) *E.*, IV, p. 360.（(上) 一八七—一八八ページ。）

(61) *E.*, IV, p. 361.（(上) 一八九ページ。）

(62) *E.*, IV, p. 378.（(上) 二一五ページ。）

(63) *E.*, IV, pp. 483-484.（(上) 三六九ページ。）

(64) *E.*, IV, p. 481.（(上) 三六五ページ。）

(65)、(66)、(67) *E.*, IV, p. 247.（(上) 二四ページ。）

(68) *E.*, IV, p. 247.（(上) 二五ページ。）

(69) ルソーは、教育の成功のために、自然・人間・事物による三つの教育の一致の必要を強調する。とりわけ、人間の力ではいかんともしがたい「自然の教育」に、人間の自由にゆだねられている「人間の教育」を一致させることが求められる。*E.*, IV, p. 247.（(上) 二五ページ。）

(70) 「自然の教育」への「人間の教育」の従属性は明らかである。「長い間自然のなすがままにしておくがいい。早くから自然に代わって何かしようなどと考えてはならない。そんなことをすれば自然の仕事を邪魔することになる」と。*E.*, IV, p. 343.（(上) 一六二ページ。）

あるいはまた彼はいう。「生まれた時、子どもはすでに弟子なのだ。教師の弟子ではない。自然の弟子だ。教師はただ、自然という首席の先生の下で研究し、この先生の仕事が邪魔されないようにするだけだ」と。*E.*, IV, p. 279.（(上) 六八—六九ページ。）

(71) 鈴木琇雄氏は、「自然の教育（l'éducation de la nature）」を「自然が行なう教育」と、「人間の教育（l'éducation des hommes）」を「自然にしたがう教育（l'éducation naturelle）」と端的に表現されている。そして、「自然が行なう教育」の直接性と必然性を指摘され、また「自然が行なう教育」の、人間が行う「自然にしたがう教育」に対する先行性・優越性をも示唆されている。鈴木琇雄『「教育」と「自然」』明治図書、一九八四年、四—六ページ。

(72) ただし、教師のエミールに対する働きかけが、常に一様であるわけではないことは付け加えておかなければならない。特に、すぐ後で言及する消極教育の時期とその意味するところを知るべきである。
(73) *E.*, IV, p. 481.（(上) 三六五ページ。）
(74) *E.*, IV, p. 487.（(上) 三七四ページ。）
(75) *E.*, IV, p. 487.（(上) 三七五ページ。）
(76) 子ども時代の第一期・第二期は、『エミール』第一編・第二編、エミールの一二歳までの時期に当たり、第三期は、『エミール』第三編、エミールの一二―一五歳の時期に当たる。
(77) *E.*, IV, p. 323.（(上) 一三二ページ。）
(78) *E.*, IV, p. 252.（(上) 三二ページ。）
(79) *E.*, IV, p. 253.（(上) 三三ページ。）
(80) *E.*, IV, p. 252.（(上) 三一―三二ページ。）
(81) *E.*, IV, p. 267.（(上) 五三ページ。）
(82) 「これまで私は身分、地位、財産などの差別を認めていないが、これからも今まで以上に認めるようなことはほとんどしないだろう。」*E.*, IV, p. 468.（(上) 三四五ページ。）
(83) *E.*, IV, p. 251.（(上) 三一ページ。）「自然の必要はすべての人にとって同じなのだから、それを満たす手段はすべての人にとって同じであるはずだ。人間の教育を人間にとってふさわしいものにするがいい。」*E.*, IV, p. 468.（(上) 三四五ページ。）
(84) *E.*, IV, pp. 251-252.（(上) 三一―三二ページ。）
(85) *E.*, IV, 468.（(上) 三四六ページ。）
(86) *E.*, IV, p. 249.（(上) 二七ページ。）
(87) *E.*, IV, pp. 250-251.（(上) 二九ページ。）
(88) *E.*, IV, p. 454.（(上) 三一五ページ。）
(89) *E.*, IV, p. 455.（(上) 三一五―三一六ページ。）
(90) *D. I.*, III, p. 126.（三一ページ。）
(91) 「それにしても農業は人間の一番基本的な職業だ。それは人間が営みうる職業のなかで一番立派な、一番有用な、したがってまた一番高貴な職業だ。私はエミールに、農業を学びなさい、とはいわない。彼はそれを知っているのだ。」*E.*, IV, p. 470.（(上) 三四九ページ。）

(92) *E.*, IV, pp. 474-475.（(上) 三五五—三五六ページ。）
各人は固有の素質を持って生まれ、精神の多様性は自然から生じるという見解をルソーは採用する。これは、人間の精神の多様性は自然からではなく、すべて、教育、言い換えれば環境の結果に他ならないとするエルヴェシウスの所論と真っ向から対立するものである。『新エロイーズ』第五部手紙三において、ルソーはサン＝プルーに、エルヴェシウスの上記の所論を述べさせ、それに対してヴォルマールの反論という形で、ルソー自身の見解を展開している。*N. H.*, II. pp. 563-566, pp. 583-584. (V-3)（『全集』(X)、二〇六—二一〇ページ、二二九—二三〇ページ。）

(93) 第二章二参照。

(94) *E.*, IV, p. 456.（(上) 三二八ページ。）

(95) *E.*, IV, p. 466.（(上) 三四三ページ。）

(96) *E.*, IV, pp. 466-467.（(上) 三四三ページ。）

(97) 鈴木琇雄氏は、社会的分業・協業下に発生する働く人々と働かざる人々との分裂を、「主人」のために余剰を生み出す、労働する「民衆」と労働せず生産しない「主人」との分裂と捉えて、ここにこそ「現在の社会秩序」の矛盾の根があることを論述されている。鈴木琇雄、前掲書、序論第一節一参照。

(98) *E.*, IV, p. 524.（(中) 五八ページ。）

(99) *E.*, IV, p. 671.（(中) 二七七ページ。）

(100) *E.*, IV, p. 670.（(中) 二七四—二七五ページ。）

(101) *E.*, IV, pp. 466-467.（(上) 三四三ページ。）

(102) *E.*, IV, p. 493, p. 523.（(中) 一一、五七ページ。）

(103) *E.*, IV, p. 501.（(中) 二三ページ。）

(104) *E.*, IV, p. 515.（(中) 四四ページ。）

(105) *E.*, IV, p. 503.（(中) 二五ページ。）

(106) *E.*, IV, p. 548.（(中) 九三ページ。）

(107) *E.*, IV, p. 600.（(中) 一七一―一七二ページ。）
(108) *E.*, IV, p. 598.（(中) 一六九ページ。）
(109) 注(92)参照。
(110)、(111) *E.*, IV, p. 599.（(中) 一七一ページ。）
(112) *E.*, IV, p. 600.（(中) 一七一ページ。）
(113)、(114) *E.*, IV, p. 600.（(中) 一七二ページ。）
(115)、(116) *E.*, IV, p. 523.（(中) 五七ページ。）
(117) *E.*, IV, p. 594.（(中) 一六四ページ。）
(118) *E.*, IV, p. 470.（(上) 三四八ページ。）
(119) *E.*, IV, pp. 469-470.（(上) 三四七―三四八ページ。）
(120) *E.*, IV, p. 833.（(下) 二二一―二二二ページ。）
(121) C. S., III, p. 361.（I―六、三一ページ。）; *E.*, IV, p. 840.（(下) 二三二ページ。）
(122) *E.*, IV, p. 840.（(下) 二三二ページ。）ここで取り上げたテクストが『社会契約論』中の社会契約の要約ではなく、『エミール』中のそれであるのには、理由がある。それは、『社会契約論』においては、一般意志の指揮の下にゆだねられるものとして列挙されているのが、人格と財産あるいは人格とあらゆる力の、いずれも二点であるのに対し、『エミール』においては、財産と人格と生命とあらゆる力の四点を数えるからである。
(123) 『エミール』の白水社『全集』の邦訳ならびに注(6)に記した『社会契約論』の各邦訳では「身体」となっている。ただし、『エミール』の岩波文庫版では、「人格」とされている。
(124) C. S., III, p. 361.（I―六、三一ページ。）; *E.*, IV, p. 840.（(下) 二三二ページ。）
(125) C. S., III, p. 360.（I―六、三〇ページ。）
(126) C. S., III, p. 361.（I―六、三一ページ。）; *E.*, IV, p. 840.（(下) 二三二ページ。）
(127) C. S., III, pp. 361-362.（I―六、三二ページ。）; *E.*, IV, p. 840.（(下) 二三二ページ。）
(128) C. S., III, p. 372.（II―四、四九ページ。）
(129) C. S., III, p. 362.（I―六、三一ページ。）

(130) C. S., III, p. 378.（II—六、五七ページ。）
(131) C. S., III, p. 380.（II—六、六〇ページ。）
(132) C. S., III, p. 383.（II—七、六五ページ。）
(133) C. S., III, p. 380.（II—六、六〇ページ。）
(134) C. S., III, p. 383.（II—七、六四ページ。）
(135) C. S., III, p. 380.（II—六、六〇—六一ページ。）
(136) C. S., III, p. 380.（II—六、六一ページ。）
(137) C. S., III, p. 386.（II—八、六九ページ。）この国民という語は、立法者の登場以前に、すでに人類がさまざまな国家のうちに生きてきた現実を踏まえた言葉である。人類が初めて政治的結合を果たすことが想定されている社会契約理論の理念性より、ここでは現実の人間の歴史が前面に押し出されている。
(138) C. S., III, p. 383.（II—七、六五ページ。）
(139) C. S., III, p. 381.（II—七、六二ページ。）
(140) 第二章二参照。
(141) C. S., III, p. 367.（I—九、四〇ページ。）
(142)、(143) *E.*, IV, p. 841.（(下) 二三四ページ。）
(144)、(145) C. S., III, p. 392.（II—一一、七八ページ。）
(146) C. S., III, p. 367.（I—九、四一ページ。）
(147)、(148) C. S., III, p. 376.（II—五、五四ページ。）
(149) C. S., III, p. 373.（II—四、五〇ページ。）
(150) C. S., III, pp. 425-428.（III—一二—一四、一二七—一三一ページ。）
(151) C. S., III, p. 371.（II—三、四七ページ。）
(152) 祖国愛は人間愛に比して確かにその広がりの点では、限定的で、人間社会全体を包み込む愛ではなく、もっぱら自らの帰属する政治体に対する愛である。しかし、その対象の限定性は、限定された祖国という対象への愛情を、より緊密で強固なものにしていることも事実である。ルソーは人間愛と祖国愛との関係を次のように語っている。

「人間愛という感情に活力を与えるためには、利害や同情をなんらかの方法で限定し圧縮しなければならない。（中略）人間愛が同胞市民の間に集中されて、互いに交際するという習慣や彼らを結びつける共同の利益によって、彼らの間で新しい力を獲得するのは、よいことである。」*Discours sur l'économie politique*, III, pp. 254-255.（『政治経済論』二九ページ。）

(153) C. S., III, p. 380.（II—六、六一ページ。）

(154) すでに二において、人的行為の一般式が導出された。それゆえ、人格の直接性は、労働・教育・善行・立法の四つの人的行為にとどまらず、すべての人的行為に妥当するものといえよう。

第四章　ルソーの宗教論の構造
——自然宗教・福音書の宗教・市民宗教間にみられる発展とその革命性——

序

ルソーの宗教論は、宗教思想上、きわめて革命的な理論である。ルソーは、自らを真の有神論者、一八世紀における徹底したプロテスタンティズムの擁護派と自認していた。にもかかわらず、ルソーの主観に反して、彼の宗教論は、客観的にはカトリック、プロテスタントを問わず、それらの教義を否定し、既成宗教の存立を危うくする巨大な破壊力を内包していた。その意味で、ルソーの宗教論に対するカトリック側からの激烈な攻撃も、プロテスタント側からの徹底した拒絶も、彼の宗教論に内在する既成宗教への根底的否定性、破壊性を誤ることなく見抜いた反応であったといえるかもしれない。しかし、ルソーの宗教論の革命性は、単に宗教思想上の革命性にとどまるものではない。それは、「市民宗教」においては、宗教思想上の革命性のみならず、際立って政治思想上の革命性を有している。「市民宗教」は、社会契約によって設立される新しい政治体の宗教、つまり国家宗教である。「市民宗教」は、宗教であると同時に、政治体の法、もっといえば、法の神聖性を保証する、法のなかの法であるがゆえに、既成宗教への否定性のみならず、既成国家、すなわち人間を生存不能に陥らせるまでに至った専制国家を否定、打倒する破壊力を持つものである。以上の諸点は、本論考によって、彼の宗教論の構造、すなわち「自然宗教」「福音書の宗教」「市民宗教」間の構造的連関が解明されるにつれて、明らかにされる。それでは、以下に私の採った分析視角、分析方法について述べたい。

本章はルソーの宗教論を構造的に把握しようとする試みである。先の第二章、第三章で私は、ルソーの思想を理論的に解明する鍵として「人格（personne）」という有効な手がかりを見出した。[1] とりわけ第三章「ルソーの人格概念―労働概念を手がかりとして―」では、自己完成能力の働きによって発展する人格の動態を捉え、人間・社会的人間・市民という三つの段階を異にする人格を分析した。ところで、人格が発展するとすればそれと呼応したそれぞれの宗教が考えられないだろうか。先の論考では、人格論が行為における人格の視角から論ぜられ、行為論に力点が置かれていたので、ここで改めて人格それ自体の概念を明らかにしたい。

人格それ自体を見据えるためには、人間を最も根源的な出発点、人間のいわば初期条件――ルソーはそれを純粋な自然状態と呼んだ――に置いてみることが有効である。自然人は、自己保存に必要な能力と自己愛と憐れみの情という生得感情とを与えられているが、そればかりか第一に自由な行為者であること、第二に自己完成能力を有することという、他の動物と人間とを区別する二大特質を帯びている。ルソーは直接、人格そのものについて定義づけを行っていないが、こうした人間の初期条件を踏まえつつルソーの人格概念を捉えれば、ほぼ次のようにまとめることができよう。

「人格とは、自然から最初、自己保存に必要な能力と自己愛と憐れみの情という生得感情だけを与えられた人間が、自己完成能力を働かせて自由に自らの能力を啓発し、その啓発させた能力に見合った感情を発達させ、このようにしてある状態（段階）にある能力と感情の統一体としての個体を指すものである」と。

ところで人間が自由な行為を行うためには、その前提として自由な意志形成（決定）がなければならない。これまでは、いわば行為というアウトプットから人格を分析してきたが、今回は行為の前に形成される意志に溯って論考することになる。本章の重心は、したがって行為論から意志論へ移動する。人間の自由な意志形成（決定）のプロセスがまずは問題になるのである。

一　道　徳

(1)　道　徳

――では、第一に道徳のメカニズムを検討し、第二に道徳と宗教との関係を論ずる。そこでまず悪という最も基本的な概念を確認しておく。「人間は邪悪である。悲しい連続的な経験がその証拠を不要にしている。けれども、本来、人間は善良である」[2]という『人間不平等起源論』中に見出される言葉は、『エミール』の周知のフレーズ「万物をつくる者の手を離れる時すべてはよいものであるが、人間の手に移るとすべてが悪くなる」[3]と完全に符合する。一方における自然状態での悪の不在・欠如と、憐れみの情を根拠に持つ人間の「自然的善性（bonté naturelle）」の存在。他方における社会とともに始まる人間による悪の形成。悪とは、私有制の導入により社会的不平等が伸長・拡大するなかで、自らの生存や充足を他者に依存せざるをえない「社会人（homme civil）」[4]が、他者よりも少しでも優位な立場に立とうと画策する心の働き、つまり自尊心の働きによって生じさせるもの、人間界に混沌と無秩序とをもたらすものである、と捉えることができる。ところでルソーは、道徳の形成を「自分自身と自分の同類とに対するこの二重の関係によって形成される道徳体系から、良心の衝動が生まれる」(5)という一文に集約的に表現している。これを感情の発達の観点から整理すれば、自己が自己自身に対する関係のなかで持つ自己愛と自己が自らの同類に対する関係のなかで持つ憐れみの情という二つの生得感情の相互関係が、憐れみの情の拡大・深化を伴って変化してゆくなかから道徳体系が生まれ、こうした道徳体系から良心が発現する、と捉え直すことができる。また良心の発現は、理性の発達を待ってでなければありえないという意味で良心は理性に依存しているが、同時に良心は理性から独立した原理であって理性の導き手になること、つまり理性と良心とは相互補完的に作用し合って善を生むこと――以上の点にルソーの理性・良心論の特質を見出すことができる。(6)それでは悪しき行為を引き起こす悪しき意志の形成は、どのように捉えられるのか。(7)人間（社会人）の内面には、社会的不平等を前提とする社会のなかで自己の利益のみを優先しようとする感情（自尊心）と同類に対する利益を重んじ共同の利益のために尽くそうとする感情（良心）とが混在している。こうした混在状態のなかで、自尊心と良心とが少なからずせめぎ合った後、自尊心が良心を圧倒し、理性が自尊心に引きずられて意志形成をする。(8)この時理性は、良心の指し示す利益よりも自尊心によって個別的利害に片寄った方向に向けて用いられる。(9)こうして形成される意志が、悪しき意志、すなわち反道徳的な意志である、と考えられる。とすれば、道徳的な意志とはどのように表せるのか。良心が自尊心とのせめぎ合いのなかで勝利し、理性が良心に導かれて、良心の指し示す一般的秩序に合致した方向に活用されて形成される意志である、と捉えることができる。(10)それでは、人間の歴史の方向性についてルソーがどのように捉えていたかを自己完成能力の存在を中心に考えてみたい。「周囲の事情に助けられ、すべての他の能力を次々に発展させ、われわれの間では種にもまた個体にも存在する能力」(11)と規定される自己完成能力は、そのタームそのもののうちに完成という観念を含み、その観念は、ある一つの方向性、絶対的な価値（完成）へと近づこうとする方向性の存在を私たちに予告する。が、自己完成能力の働きが人間の種と個体の歴史に一義的な発展過程をつくり出してゆくことは、タームのなかにだけでなく、ルソーの理性・良心論の発展プロセスのなかにも確かに見出すことができると思う。あらゆる能力のなかで「最も困難な道を通って、そして最も遅く発達するもの」[12]とされる理性は、自己完成能力の引出しうる最大の能力といいうるものである。しかし理性は人間のどのような行為、人間のかかわるあらゆる場面にも用いることの可能な能力である。理性そのものが、ある一つの方向を指向し、ある方向性に向かってのみ作用するというわけではない。そのような意味で、人間の理性それ自体はニュートラルなものである。だがしかし、ルソーの体系において理性は、導き手たる良心（感情）という補完物を持っている。理性の発達が見られたエミールについて、ルソーは次のように語る。

「人間として完成させるには、人を愛する感じやすい存在にすること、つまり感情によって理性を完成することだけが残されている」[13]と。

さらにルソーは次のように断言する。

「理性は私たちをだますことが余りにも多い。私たちは理性の権威を拒否する権利は十二分に獲得することになっただけだ。しかし、良心は決してだますようなことはしない。良心こそ人間の本当の導き手だ」[14]と。

人間の理性は善をも悪をも生み出す可能性を持っているということ、両者の差異は理性を導く感情の差異によって生み出されるということこそを、ここから読み取らなければならない。「正義と美徳の生得的な原理」[15]である良心がそれ自体としてはニュートラルな理性に価値的な方向づけを施すことをルソーは「感情によって理性を完成すること」といい、そのことが人間を完成させることにつながる、と捉えたのである。[16]しかし理性は自尊心と結びついて反道徳的な意志を形成し続ける。理性と良心との相互補完的作用の機能不全はここでは明らかである。これが社会人の陥った疎外状況の現実である。とすれば自己完成能力の活動がこうした状況を生む理性の発達をもたらしたのであるから、自己完成能力が人類史に絶対的な方向性を与えているという考えを捨てなければならないのだろうか。[17] 人類史をある発展過程のある状態に限局して捉えず、大きな歴史の流れのなかに展望することにしよう。自己完成能力の活動は確かに疎外状況をつくりだす結果を生んだが、また自己完成能力のさらなる活動は諸能力（理性）の発達を促し、それが社会人を疎外の極限状況へと連れてゆき、そのことによって社会人を疎外の克服を不可避的なものと自覚させる革命期に至らせるだろう。そこでは人々はわれとわが社会の矛盾を見抜き、自尊心に生きることをやめ、理性と良心との相互補完的作用を意志形成に十分に発揮させうる存在に徐々に転化するであろう。このような人々は、もはや社会人とは呼べず、社会的人間に転化しつつある人々といえるのではなかろうか。このように理解しうるとすれば、人類史の一連の段階・過程をつくり出し、自尊心を克服して良心によって理性を導くことのできる段階に人間を誘ったのは自己完成能力であり、自己完成能力は、結局、自らの惹起させた悪を克服し、道徳性の発揚・発展を指向する一義的な方向性を有すると結論づけることができよう。[18] それゆえスタロバンスキーの歴史の両義性を強調する理解を私は採ることができないのである。[19] したがってルソーの捉える人間の歴史は、自然状態における自然的善性の遍在、悪の不在という第一段階、次いで社会への移行に伴う自然的善性の喪失、悪の発生・蔓延する第二段階、さらに悪の遍在する社会のなかで良心が自尊心を克服することによって道徳性を獲得する、目指されるべき第三段階という、いわば善の弁証法的な歴史として捉えることが可能である。こうした歴史の弁証法的構成を認識すれば、ルソーが人類の青年期――純粋な自然状態は脱したが、まだ社会状態へと完全には移行していない「新しく生まれたばかりの社会」にある人間の状態――を称揚することも、社会状態への移行をルソーが「なにかの忌まわしい偶然」[20] の連鎖によるものと捉え、社会状態における人間の歩みを「私たちの忌わしい進歩」[21] と呼ばざるをえなかったことも、さらにまた悪をも選ぶ自由さえ持っている人間があえて自由を正しく用いて、その意志と行為に道徳性を獲得することにルソーが人間の功績と褒賞とを見出すことも等しく理解できるのである。

(2) 道徳と宗教

宗教とは何か、また宗教と道徳との関係はどのようなものか、という問いに対して、ルソー自身の行った宗教についての以下の内的区分を参照することから始めたい。すなわち、宗教から①「儀式的なものにすぎない信仰形式」を除くと、②教義と③道徳の二つの部分が残る。そしてそのうち、②教義はさらに②a「われわれの義務の諸原則を設定し道徳の基礎として役立つ部分」と②b「純粋に信仰にかかわる思弁的な教義だけを含む部分」とに細分される、[22]と(番号は鳴子)。「私には正確と思える以上のような区分」とルソーが自負する宗教のこの内的区分から、彼が宗教は道徳を内包し、しかもその教義中に人間の義務の原則を設定し、道徳を基礎づける部分を持つとみなしていることを確認することができる。それでは、エミールの――ということは理念化された個体としての人間の――宗教への接近についてルソーはどう語っているのか。そして人間の個体の成長・発達に即せば、私たちは道徳と宗教との関係をどのように解することができるのだろうか。エミールが神秘の領域に接近し、全被造物を司る唯一神、人格神の観念を得る時期をルソーはきわめて遅く設定し、その時はエミールが道徳の世界に入った後も長らく訪れないとしている。道徳とは、社会のなかで人間と人間との関係を規定する原理であって、道徳体系から発現する良心の根源を問うこと、つまり良心はそもそも人間に対し、何者によって賦与されたのかを尋ねることは、なおエミールのなしうるところではないのである。しかし、遂にエミールは「彼の知識の自然の進歩がその方面に彼の探究を向けさせる」[23]時期を迎える。自己完成能力の活性化によって彼の理性が真の神観念を得るだけの認識能力を獲得したからである。[24]エミールは良心の根源を探究することによって神に到達し、神こそが良心を生得感情として人間に賦与するものであることを確信し、彼自身の信仰を獲得するに至る。彼はこのようにして神と人間との関係軸を得る。彼の信仰箇条には、彼の理性によって捉えられた神と人間との関係が記されている。この神―人関係は、まずは神と彼自身の関係として意識されるが、神は当然彼一人ではない万物の創造者であるから、神を中心において他の被造物である自分以外の人間をも含んだ神―人関係として捉えられなければならない。とすれば信仰とは、第一に、神―人関係を問題とする魂の領域といえるが、同時に、神という視座を得て、自己と他の人間との関係を問題とする領域でもあるといえよう。以上から、宗教は、道徳が問題とする人―人関係を、神―人関係を主軸に置いた上で捉え直すものである、とすることができる。(25) 社会的人間の形成期にあって道徳的完成の途上にあるエミールは、信仰の獲得によって道徳の完成を促される。人間関係の原理は、ひとまず魂の領域を視野に入れずとも、把握することは可能である。しかしルソーは、魂の領域にまで視野を拡大し、天賦のものである良心の根源にまで溯って初めて、その原理の真の意味を理解できると考えるのである。そのような意味でルソーにとって宗教はただ単に、良心を覚醒して人間の義務の自覚を強め、道徳的な意志の強化・持続に役立つといった道徳の補完機能を担うものではなく、むしろ道徳に対して人間の義務の原則を指し示し道徳を基礎づけるものであり、道徳の完成を促すものなのである。

二　自然宗教

「サヴォワの助任司祭の信仰告白」に表出されている信仰内容を解明することが、この**二**および次の**三**の課題である。まず**二**では信仰告白の前半部分に表出されている信仰内容を明らかにしたい。周知のように信仰告白は二つの部分に分かれているのだが、その前半に表されている信仰内容は、聞き手である「私」によって次のように捉えられている。

「あなたが今述べてくださった考えは、あなたが信じているといっていることによってよりも、あなたが自分にはわからないと認めていることによって、いっそう新しいことのように私には思われます、それは、多少ちがったところはあるにしても、有神論あるいは自然宗教だと思います[26]」と。

それゆえ、まず（信仰告白前半に展開され）「有神論あるいは自然宗教（le théisme ou la religion naturelle）」と呼ばれる信仰内容を明らかにしたい。三では第一に、信仰告白後半に表出される信仰内容を検討する。すなわち「私」が助任司祭に「啓示について、聖書について、あのよくわからない教理について[27]」語るように促した後で再開される信仰告白の内容についてである。第二に、信仰告白の前半および後半で考察されたそれぞれの信仰内容を比較・検討して両者の関係を解明する。

サヴォワの助任司祭の語る信仰とは、どのようにして得られたものなのだろうか。助任司祭が強調しているのは、信仰が決してなんらかの権威ある個人や団体から、つまり他者から与えられ教えられたものではない、という点である。彼は断言する。

「私には誰かがこういう信仰を教えてくれる必要はない[28]」と。信仰は他の誰でもない自己自身の神秘への接近・探究によって獲得される、これが大前提である。これは、助任司祭が若き日に自らの過ちによって「捕えられ、職務を停止され、追放された[29]」後に、過ごさざるをえなかった「混乱と不安の時代[30]」を克服して到達した立場なのである[31]。助任司祭は、いかなる他者の意見にも頼ることのできぬことを悟る。まずは「疑いを持つことを一切許さない教会[32]」の見解に対して、次に彼が危機の時代を脱出しようとして手に取ったあらゆる哲学者の見解に対して。教会は助任司祭にすべてを信じることを要求するがゆえに、彼を何一つ信じがたい状態に追いやったし、哲学者たちの理論の恐るべき多様性は、彼に「人間の精神の無力」と「傲慢」[33]とを教えたのであった。それでは他者の意見によることなく、自ら神秘への探究を開始した彼に、信仰を与えるものは何か。助任司祭はいう。

「私には誰かがこういう信仰を教えてくれる必要はない。それは自然そのものによって私に記されている。私たちを守ってくれる者を尊敬し、私たちの幸福を望んでいる者を愛するのは、自己愛の当然の結果ではなかろうか」[34]と。

この引用文の前半では、信仰は自然によって助任司祭の内面に記されている、といわれる。ここにいう自然とは、文意から神、すなわちここで「私たちを守ってくれる者」、「私たちの幸福を望んでいる者」と表現されている意志と愛を持った人格神に他ならないから、神そのものが助任司祭に信仰を与える、とされるのである。ここに神と各人との間に他者を媒介させない、信仰における神と人間との直接性が見出される。引用文の後半では、人は自己愛からこそ、神（自分たちを守り幸福にする者）を愛するといわれる。それでは、神は助任司祭にどのような神秘への接近を許すのだろうか。神と各人との間に無媒介的なルートが存すること――信仰における神と人間との直接性――は、神意による瞬時の信仰の獲得を結果するのであろうか。例えば、創世記において神がアダムに直接、戒律を授けたように。この問いの答えは否である。それは以下の引用文中に容易に見出せる。

「神についての最も重要な観念は理性によってのみ私たちに与えられる。自然の光景を見るがいい。内面の声に耳を傾けるがいい。神は、私たちの目に、良心に、判断力に、すべてのことを語っているではないか。人々はその上に何を私たちに語るつもりだろう」[35]（傍点は鳴子）と。

ここに神秘への接近方法、信仰獲得の方法が集中的に表現されている。「内面の声」とは、例えば「内面の光」[36]、「自然的な光」[37]、「滅びることなき天上の声」[38]などと表現されたものと同一物である。すなわちそれは、その賦与者である神と人とのルートが意識される局面において、より端的にいえば宗教の領域において、捉えられる良心のことである。[39] それゆえ、接近方法を要約すれば、自らの理性と良心とを相互補完的に働かせて、（神の被造物の集合体ともいうべき）宇宙、自然界を観察することを通して神の観念が得られ信仰が獲得される、ということなのである。[40] 接近方法の選び取りに続き、今度は助任司祭の探究の範囲が問題となる。やや長いが次のパラグラフに注目したい。

「そこで私は、真理に対する愛だけを哲学として、①わかりやすい単純な規則、むなしい微妙な議論などしなくてもすむ規則だけを方法として、この規則に基づいて、②自分の関心を引く知識の検討を再び取り上げ、③真剣に考えて承認しないわけにはいかないすべてのことを明瞭なことと認め、④それと必然的な関連を持つように見えるすべてのことを真実と認め、その他のものはすべて不確実なままにしておいて、それを否定することも、肯定することもせず、実践の面で何も有用なものをもたらさない場合には、骨を折ってそれを明らかにするようなことはしまい、と決心した。」[41]（番号と傍点は鳴子）

①方法は、理性と良心とによる信仰への接近方法に他ならないであろう。②探究領域は、神秘にかかわるあらゆることにわたるのではなく、むしろ「自分の関心を引く知識」に限定されている。ところで助任司祭は、自らが危機の時代にあった当時のことを「長い間考えても、私というものの存在の原因と私の義務の規則について、不確実と曖昧さと矛盾を感じるばかりだった」[42]と述べている。そして「どうしても知らなければならないことについて疑惑を感じているのは、人間の精神にとっては余りにも苦しい状態だ。人間はそれに長い間耐えることはできないのだ。人間はどうしても、何らかの方法で自分の考えを決定しなければならない」[43]（傍点は鳴子）とも語る。こうした助任司祭の言葉から、②とは、「私というものの存在の原因と私の義務の規則」という「どうしても知らなければならないこと」を範囲とする、と捉えることができる。さて、それではこのような知識の検討に取り組む助任司祭にとって③第一に問題となる事柄（「真剣に考えて承認しないわけにはいかないすべてのこと」）とは何を指すの

だろうか。助任司祭の探究は物体に、二種類の運動、すなわち外部から伝えられるそれと自発的あるいは意志的なそれとを認めることから進められる。前者の運動は外部的な原因によるものであり、後者の運動は生命を与えられた物体そのもののうちに動因があると考えられる。この二種類の運動の区別を前提に、宇宙、自然界を観察することによって、天体の運行、世界の運動とそれをつくり出している原因についての「内面的確信」(44)を得ることになる。すなわち「なんらかの意志が宇宙を動かし、自然に生命を与えているものと信じる」（第一の信仰箇条(45)）と。さらに助任司祭は、宇宙の運行と世界の運動のなかに一定の法則を見出し、世界が秩序と調和のうちにあることを認める。ただ意志のみならず、英知の存することが感得される。すなわち「動かされる物質が一つの意志を私に示すとすれば、一定の法則に従って動かされる物質は一つの英知を私に示す」（第二の信仰箇条(46)）と。ここから、遂に彼は、意志、英知、そして力の観念に善性の観念を結びつけて「宇宙を動かし万物に秩序を与えている存在者(47)」すなわち神の観念に到達する。このようにして神のいくつかの属性を見出し、神の存在の確信を得た助任司祭は、今度は自分自身に立ち戻り、神の全被造物のなかで自分がいかなる地位を占めているかを考察する。彼はその結果、人間が他のあらゆる被造物のなかで名誉ある「地上の王者(48)」としての地位を占めること、それにもかかわらず「地上の王者」の社会が悪で充満し、混沌を示すばかりであることを認めざるをえない。彼の目に映っているのは「調和と均衡」を示す「自然の光景」と「混乱と無秩序」を示す「人類の光景」との著しい対照である(49)。ひとり人類だけが混沌のなかにある原因はどこにあるのだろうか。助任司祭は、被造物中、人間のみに授けられた自由に原因があることを確信する。自由な存在者である人間が自由な意志を形成し、自由な行為を生む(50)。「人間はそれゆえ、その行為において自由なのであって、自由な者として非物質的な実体によって生命を与えられている」（第三の信仰箇条(51)）と。以上のように三つの箇条に集約された助任司祭の内的確信を私は、③すなわち「真剣に考えて承認しないわけにはいかないすべてのこと」であると理解する。このような理解が妥当であるとすれば、私は、④第二に問題となる事柄（「それと必然的な関連を持つように見えるすべてのこと」）とは、助任司祭の信仰の体系中に見出されるべき三つの箇条以外の、明文化されなかった信仰箇条を指すとみなす。というのは、助任司祭は上記三つの箇条が信仰箇条のすべてであるとはみなさず、後に続くべき箇条の導出を、いわば私たちに委ねているからである。すなわち「続いていちいち数え上げなくても、あなたは、これまでの三つの基本的な信条からその他の私の信条をすべて容易に導き出すことができるだろう」[52]と。特に第三箇条と後続の見出されるべき箇条との関連はより密接であろう。というのはそれらは、人間の義務の原則を設定する道徳の基礎となるべき部分[53]に当たると予測されるからである。そして助任司祭の（もっといえばルソーの）「自然宗教」を最も特徴づけるのは、第一、第二箇条ではなく[54]、それらの部分である、と考えられもするのである。ところで、自由な行為者としての属性が神与のものであるとの確信を表現した第三箇条は『不平等論』に述べられた人間の二特質のうち、まず第一の特質を想起させる。『不平等論』では、この特質は自然が人間に与えたものと表現されるが、その「自然」は神を指すと考えられるので、第三箇条は人間の特質を信仰箇条として結晶させ、信仰のなかに位置づけたもの、と捉えられよう。人間の第一の特質が想起されれば、もう一つの特質（自己完成能力）が信仰のなかにどのように位置づけられるのか（あるいは否か）に関心が向かうのは当然である。第三箇条には、自己完成能力の存在を認めることはできないので、後続の信仰告白のなかにそれを捜すことになろう。さて、信仰告白の内容に立ち戻って、その叙述の順に従うことにしよう。まず人間の自由と神の摂理との関係が語られる。彼は、人間界の無秩序・混沌は、人間の自由の濫用・悪用によってもたらされたものであり、人間のあらゆる行為の責はすべて人間自身に帰せられる、とする。助任司祭の言は明快である。

「人間が自由に行うことはすべて摂理によって決められた体系のなかには入らないし、摂理のせいにすることはできない」[55]と。

助任司祭の神義論は、死後の魂の救済論にまで進む。すなわち、現世において魂と肉体という、相反する傾向に従おうとする二実体は、耐えがたい結合状態にあるが、死後、肉体から分離して存続する魂が、自らの同一性を生前の記憶として保持することから、魂の喜びや苦しみがもたらされる、とされる。つまり、善人の魂は現世における「腹立たしい不調和」[56]を償う神の秩序の回復を味わうことができる、とされるのである。助任司祭はいう。

「私は、魂は肉体の後に生き残ることによって秩序が維持されるものと信じている」[57]と。

こうした言説中に、人間の魂の救済に関する信仰箇条を見出せぬことがあろうか。[58]しかし助任司祭の信仰は、摂理の正しさを、ただ死後の魂の感得する秩序の回復のなかに見出すだけの神義論にとどまるものではない。この信仰は、混沌・無秩序の極みから、人間が、神の秩序の回復を志向し、それに少しでも接近しようとする努力をこの世において果たす使命がある、と捉えてもいるのである。そこで次に「私を地上に置いた者の意図に沿ってこの世における私の使命を果たすためにはどういう規則を自分に課さなければならないか」[59]が検討される。そこに見出されることを信仰箇条としてまとめると、あるいは次のようになるだろうか。

信仰によって神の秩序に感応する力を強めた人間が、信仰において捉え直された（魂にこだまする）良心の導きの下に、肉体と結びついた情念（自尊心）の攻勢を抑えて理性を働かせること——これが神与の自由の正しい用い方であると。[60]

助任司祭は高らかに宣言する。

「人々の不正のために私の心からほとんど消え去っていた自然の法に基づくすべての義務は、永遠の正義の名において、再び私の心に記される」[61]（傍点は鳴子）と。

ところで次の言葉はどのように理解されるべきなのか。

「神は人間が自分で選択して、悪いことではなくよいことをするように、人間を自由な者にしたのだ。神は人間に色々な能力を与え、それを正しく用いることによってその選択ができるような状態に人間を置いている。」[62]

引用文の前半は、現世において選択する力としての人間の自由は、いずれは神の秩序に合致する方向へ用いられるようになる、との確信が述べられている。[63] では、その確信を現実のものとする手段はどこに見出されるのか。引用文後半に注意が向かう。「神は人間に色々な能力を与え」とあるが、これは説明を要する。自然の手から出て間もない未開人は、自己保存を果たす心身のわずかな能力の他は[64]、自己完成能力を潜在的に——というのは想像力の活動を待たなければ、その能力は活動を開始しないから——与えられているにすぎなかった。ところが、助任司祭が目にしている人間、つまり社会人は、すでに想像力の活動をうけて顕在化した自己完成能力の度重なる作用の結果、次々に他の諸能力を獲得しえた存在である。それゆえ「神は人間に色々な能力を与え」とは、社会人の状態・段階での人間の諸能力に照準を合わせた表現なのであり、もし人間の能力発展のプロセスの時間的隔たりを意識して表現し直すことが許されれば、それは次のようになるであろう。

「神は当初、自己保存に必要なわずかな能力と自己完成能力とを人間に与えたのだが、時の経過のなかで人間が完成能力を活発に働かせる局面がつくり出され、人間は最初は持っていなかったさまざまな能力を持つようになった。これは元を正せば、神が人間をさまざまな能力を獲得しうる可能性ある者と設定したこと——自己完成能力の賦与——に帰因するがゆえに、大きく捉えれば、人間の獲得しえたすべての能力は、神の与えた能力であるとみなすことができる」と。

以上のような意味において、神は人間に、理性を筆頭とした色々な能力を与え、人間はこうした理性その他の能力を（宗教に覚醒された良心に照らし合わせて、その良心の指し示す方向に）正しく用いることによって（神の秩序に合致した）よいことをすることが可能になるのだ、と考えることができよう。このように捉えるならば、信仰告白においては、すでにさまざまな能力を獲得した段階にある社会人を念頭に置いているために、自己完成能力というタームそのものは、直接、基本的な信仰箇条にも後続の信仰告白中にも見出せないのであるが、それにもかかわらず自己完成能力は、この段階に至る人間の形成プロセスのなかで展開されたはるかな能力の獲得にかかわり、というよりむしろ、その中核に常に存在していることが認められなければならない。自由と自己完成能力の両特質が相まって、人間の種としての歴史と人間の個体としての歴史をつくり出してゆくのであり、両特質の賦与者である神は、それらによって引き起こされる、さまざまな段階にあるあらゆる事態の責任を、あくまで人間の側に置いたのである。

三　福音書の宗教

(1)　福音書の宗教

二で信仰告白の前半に表された信仰の内容を検討したが、**三**では、すでに予告したように、まず信仰告白の後半に展開される信仰の内容を検討し、次に、上記二つの信仰の関係を論じることとする。まずは助任司祭の次の言葉に耳を傾けたい。

「あなたは私が述べたことに自然宗教を見るにすぎない。しかし、その他にも宗教が必要だというのは全く奇妙なことだ。どうしてその必要が認められよう。(65)」

助任司祭は、この発言によって、信仰告白前半で自ら語った信仰が、自然宗教と呼ばれることに異議を唱えず、というより、むしろもっと進んで自然宗教以外の宗教の必要さえ否定する。(66) 信仰告白の前半で述べられた「自然宗教」という信仰は「宇宙を調べることと、私の能力を正しく用いることとによって、私が自分の力で獲得できる神学のすべて(67)」なのである。しかし、助任司祭は、当初、このような「自然宗教」の地点に満足していたわけではなかった。彼はいう。

「私がたどり着いた地点を、信仰を持つすべての人がそこから出発してもっとはっきりした信仰に到達するための共通の地点と考え、私は自然宗教の教理のうちに、宗教というものの基礎を見出していたにすぎなかった(68)」と。

彼は自然宗教を脱し、「もっとはっきりした信仰」に到達するために神との間の「もっと直接的な交渉」を与えられ、「超自然の光」によって、他の者には許されず「自分だけに許される信仰」を与えられることを、心から願っていたのである。(69) では、そうした助任司祭の願いはかなえられたであろうか。答えは、否である。信仰告白の後半で繰り返されるのは、自らの理性の正しい利用、つまり各自の理性と良心との検討に神秘への探究をゆだねよという信仰告白の前半と同一の接近方法である。こうした信仰へのアプローチの主張は、あらゆる人間の権威、教会の権威、現実の教説を排することにつながる。助任司祭はいう。

「そこで、まじめに真理を求めるなら、生まれによる権利とか父親や牧師の権威とかいうものは一切認めないで、私たちの幼い時から彼らが教えてくれたあらゆることを思い出して良心と理性の検討にゆだねることにしよう(70)」と。

信仰は自らの能力を用いて得られるのであって、現実にある教説を受け入れることによってではない、という態度があくまでも貫かれる。

「神が私の精神に与える光によって神に仕えるのが、神が私の心に感じさせる感情によって神に仕えるのが、なぜ悪いのか。現実のある教説から私はどんな純粋な倫理、人間にとって有益な、そして人間をつくった者にふさわしいどんな教理を引き出せるのか。そんな教説によらなくても、私は、自分の能力を正しく用いることによって、それらを引き出せるのではないか。（中略）神についての最も重要な観念は理性によってのみ私たちに与えられる」[71]と。

それでは、以上から助任司祭の信仰は、信仰告白の後半に進んでも、信仰告白の前半の「自然宗教」と内容上、同一であると解してよいだろうか。この問題を解くために、二つの書物について考えてみなければならない。一つは「自然という書物」[72]であり、もう一つは聖書、とりわけ福音書である。まず、助任司祭は前者に対する全幅の信頼を表明する。

「そこで私は、すべての書物を閉じてしまった。すべての人の目の前に開かれている書物が一冊だけある。それは自然という書物だ。この偉大で崇高な書物を読むことによってこそ、私はその神聖な著者を崇拝することを学ぶのだ。何人もそれを読まずにいることは許されない。その著者はすべての精神に理解される言葉で、すべての人間に向かって語っているからだ」[73]と。

信仰告白後半においても、「自然という書物」の各自の理性と良心とによる検討が主張されていることは明らかであり、ここには信仰告白前半との差異は見出せない。ところで、後者についてはどうだろうか。信仰告白後半は「啓示について、聖書について、あのよくわからない教理について」[74]「私」が尋ねるという形で再開されている以上、聖書に対する助任司祭の態度が表明されないわけにはゆかないのである。そこには、聖書、とりわけ福音書に関して、二つの態度が同時に見出される。すなわち、聖書に開示された啓示への懐疑と福音書に対する賛美がそれである。第一に啓示への懐疑について。助任司祭は聖書中に開示された啓示に、神ならぬ人間の作為の跡を見て取る。奇跡の目撃者も人間なら、その目撃談を書き取ったのも人間、神との間に幾多の人間が入り込むことによって、真理は遠ざかってゆく。助任司祭の言は明快である。

「彼らの啓示は、神に人間的な情念を与えることによって、神を低級な者にしているだけだ。私の見るところでは、特殊な教理は、偉大な存在者についての観念を明らかにするどころか、それを混乱させているのだ。それを高貴な者にするどころか、卑俗な者にしているのだ。神を取り巻いている理解することのできない神秘に、不条理な矛盾を付け加えているのだ(75)」と。

助任司祭は、自然の不変的秩序こそ神の存在を何よりも示しているという確信――それはいうなれば「自然宗教」の第一、第二箇条への確信であろうが――を表明する。奇跡は自然の不変的秩序に対する例外的現象の発生を意味するから、それは彼にとって混乱や不条理な矛盾としか映らないのである(76)。啓示について「攻撃することのできない証拠」、「解決することのできない反論」といった賛否ともに強固な理由がある助任司祭は「啓示を認めることも、否認することもしない(77)」。つまり啓示を認める義務を、神の正義と両立せず、救いへの道の障害を大きくするものとして否認し、結局「尊敬の念にあふれた疑惑のうちにとどまっている(78)」のである。第二に福音書に対する賛美について。助任司祭が抱く福音書への賛美の念の源泉には、福音書の伝えているイエスの生涯と死への賛美があることは明らかである。「私はまた、聖書の崇高さは私を感嘆させ、福音書の尊さは私の心に訴える、といっておこう(79)」で始まるパラグラフのなかで、助任司祭はイエスの生涯と死をソクラテスのそれと対比している。ソクラテスが、イエスの倫理の教えとその実践の引き立て役とされていることは明白である。ここでの注目点は、第一に倫理の独自性、オリジナリティの問題であり、第二に両者の死の問題である。まず第一点に関して助任司祭は、ソクラテスがギリシャの倫理学の創始者とされることを否定しないが、ソクラテスに先立つ幾多のギリシャ人が、正義、祖国への愛、節制といった徳の実践を行っていたことを強調する。すなわち助任司祭は、ソクラテスを、ギリシャ世界でそれ以前に行為において認められた徳を体系化し、倫理学としてまとめた人物と位置づける。[80] それに対し、イエスの倫理の独自性、ユダヤの著作家との質的差異が強調される。山上の垂訓におけるモーセの倫理とイエスのそれとの質的差異は明らかである。助任司祭は高らかにいう。

「しかしイエスは、彼一人が教え、手本を示したあの高く清らかな倫理を同国人の誰から学んだのか。この上なく激しい狂信のなかからこの上なく高い知恵の声が聞こえてきたのだ。そして、最も英雄的な素朴な徳が、あらゆる国民のなかで最も卑しい国民の名誉になったのだ[81]」と。

次に第二点、両者の死について。両者の死が、自己犠牲としての死であることは間違いない。しかし、助任司祭は、ソクラテスの死を「この上なく望ましい、和やかな死[82]」とみなし、イエスの死を「私たちに考えられるこの上なく恐ろしい死[83]」と捉える。その違いはどこから来るのか。ソクラテスは「悪法も法なり」と言い切り、祖国愛という自らが説いた倫理、哲学のために殉じて死ぬことを決意する。彼の死は自らの倫理、哲学のための殉死なのである。そして祖国がいかに彼を不当に処したとはいえ、彼の眼前には、哲学をともに論じる友、毒杯を差し出して涙を流す者がいる。ソクラテスは、いわば彼の倫理学を自らの死によって完成させるのだという深い自己満足のなかに、安らかに死んでゆくことができたのである。それに比して、イエスの場合はどうであろうか。いうまでもなくイエスの死は、彼の倫理と実践がユダヤ教の指導者たちの反感を買ったための刑死である。人類を救わんとする倫理と実践が断罪されたのだから、イエスは人類のために死んだのである。誇り、嘲り、呪う人々と憎悪に燃えた処刑人に取り囲まれ、汚辱と苦痛のなかにありながら、イエスは自分を殺す人々の救いを祈りつつ死んでゆく。自らを殺す人々の救いを祈りながら死を迎えられる者とは、一体どのような存在だろうか。それゆえ助任司祭は、ソクラテスとイエスをこう総括しているのである。

「そうだ、ソクラテスの生涯とその死は賢者の生涯と死だが、イエスの生涯と死は神の生と死だ」[84]と。

助任司祭は「福音書が伝えている物語の主人公が単なる人間にすぎないということがありえようか」[85]と問い、イエスを神と呼ぶことを躊躇しない。ところでここで見出された神は、行いの優しみ、清らかさ、教えの美しさ、格率の高さ、言葉の知恵、答えにみられる才気、繊細さ、正確さ、自分の情念に対する支配力のそれぞれに秀で、[86]しかも「弱さも、見栄も示すことなく、行動し、悩み、死んでいくことを知っている」[87]存在である。しかし、これらの諸属性がイエスにおいてどんなに比類ない質の高さに達していても、それらはあくまで神の属性というより人間的な属性ではなかろうか。ここでイエスに見出される諸属性は、人―人関係、神―人関係の両面において、考えられうる、人間の最高のあり方、理想型、つまり完全な人のそれではないだろうか。助任司祭は道徳的、宗教的な側面から、完全な人、理念型を他のあらゆる人間のうちに見出しえず、ただ一人、イエスのなかにのみ見出し、そうした存在を神と呼んでいるのである。ところで助任司祭は「回転する天空」、「私たちを照らしている太陽」のなかに、あるいは「草をはむ羊、空を飛ぶ小鳥、落ちてくる石、風に吹かれていく木の葉」[88]のなかに神を見、神の意志および英知を見出す。自然界は調和と均衡のなかにあり、あらゆる被造物のうちに神の意志の具現を見ることができる。しかるに、人間界においては、あらゆる人間が自己の内部に神を感じうるにもかかわらず、現実には、その行為と言葉に、神の意志を具現させせない。それどころか人間は、自ら悪をつくり出し、人間界を混乱と無秩序のなかに陥らせている。「自然宗教」においては、人間は人間のあるべき明確なモデルを持たず、ただ人は自然界の調和・均衡と人間界の混乱・無秩序との対比を通して、人間界の悪を悟り、その是正を促されるのであった。しかし、福音書に記されるイエスの姿（行為と言葉）は、ちょうど自然界の草をはむ羊、空を飛ぶ小鳥らと同じように、しかし今度は、人間界のなかで、神の意志を具現化するのである。イエスは、われわれ人間にとって神の秩序を体現した唯一無二の人間のモデルとなる。それゆえ、助任司祭がイエスのなかに神を見るとした言説を私なりに捉え直すと、助任司祭はそこに、実はイエスの行為と言葉を通して神の意志と英知とを見出しているのであり、神の意志の具現化を一人なす完全な人＝イエスを見出している、ということができよう。そうであるならば、イエスの生と死が神の生と死であると言い切った助任司祭の感動の表現にもかかわらず、それは（神の意志と英知を体現した）完全な人の生と死である、と捉え直すこともできよう。一般に、改めて述べるまでもなく、イエスの十字架の死は、キリスト教の中心思想である原罪―贖罪論が集約的に論ぜられる場である。イエスの死は、人類の罪責（原罪）をイエス自身の上に置き、人類に代わってその罪を贖ったこと、しかも、神がイエス＝キリストを立て、キリストにおいて神の和解が人類に恩恵として与えられたこと――このような原罪論を前提とした贖罪論のなかで、キリスト教信仰固有の明確な意味を持つ。ところで、助任司祭は確かに、イエスの死を人類の救いのための死、人類に対する自己犠牲、と捉え賛美するものの、人類の罪過（原罪）の贖いのための死、と捉えることはできない。人間の自然的善性を強調するルソーの思想体系中に、人間の根源的な罪を位置づけることはできないから、キリスト教において切り離しがたい原罪―贖罪論の結合を助任司祭の信仰のなかに見出すことができないのはいわば当然である。また、イエスの死をめぐる助任司祭の言説のなかに、父なる神と子なる神＝イエスとの関係を明示する表現が見られないことも看過できない。「むごい処刑を受けつつも、イエスは憎悪に燃えた処刑人のために祈る[89]」と助任司祭はいう。しかしこの祈りが子なる神＝イエスから父なる神へ向けられたものであるとはいわれない。「父よ、彼らをお赦しください。彼らは何をしているのかを知らないからです」――ルカによる福音書（二三章三四節）のイエスの言葉のうち、「父よ」という呼びかけの言葉は、助任司祭の言説中には見出されないのである。しかし、キリスト教の通常の理解に従えば、処刑人のための祈りに限らず、神の一人子イエスは十字架の死を迎えるまでの苦悩の間、父なる神に向かって問いを発し、祈り、神のみ心への服従を誓ったのである。つまりイエスは死の瞬間まで神と向き合っていたのであり、そこにおいて両者の関係は、最も鮮明に捉えられる局面にあったといえるのである。にもかかわらず助任司祭は神を父とも呼ばず、イエスを子とも表現しないのである。要するに、ここにおいて、啓示と救いの働きにおける三一性、つまり三位一体説の片鱗をも見出すことができないのである。以上から、助任司祭の――そしてそれは少なからずルソーの――「イエスの死」理解は、キリスト教信仰の側から見れば、キリスト教の中心教義の欠落――原罪論の欠落、贖罪論の空洞化、三位一体説の欠如――を露呈させ、その死の意味を著しく不分明にするものとの謗りを免れないであろう[90]。

以上のような問題を孕みつつも、助任司祭がイエスの生涯と死、とりわけ死によって高められた福音書に対する尊崇の念を抱いていることは紛れもない事実である。助任司祭の内面において、聖書に対する二つの態度（啓示への懐疑と福音書への賛美）は、啓示への判断停止という独特のバランスの上に、分裂することなく共存しうるものと考えられている。というよりむしろ、この判断停止状態は、啓示は人間の義務の実践にかかわらぬとの確信をもって助任司祭に肯定される。彼はいう。

「こうした懐疑のうちに私は心ならずもとどまっている。しかし、この懐疑は私にとって決してつらいことではない。それは実践上の本質的な点に及ぶことではないし、私は自分のあらゆる義務の原則については十分に決定的な考えを持っているからだ[91]」と。

それゆえ「否認することも理解することもできないようなことには、何もいわずに、敬意を払うことだ。そして、ただ一人真理を知っている大いなる存在者の前に頭を垂れるのだ[92]」と述べられるのである。要するに、啓示に対する疑惑は、福音書の崇高さを賛美する立場から、あくまでも「尊敬の念にあふれた疑惑」[93]（傍点は鳴子）でなければならないのである。とはいえ、この信仰は聖書のなかで福音書が特に意義あるものとして取り出され、その福音書に開示された啓示を──「尊敬の念にあふれた」とはいいながら──事実上排除するものであることだけは押えておかねばならない。しかし、ともかくも助任司祭は、福音書に「真理のしるし」[94]を認め、「福音書の精神」[95]に従うことが表明されるのである。では「福音書の精神」とは何だろうか。助任司祭は次のように語っている。

「人々に教える時には、私は教会の精神よりもむしろ福音書の精神に沿って教えることにする。福音書には単純な教理、崇高な倫理が見られ、またそこには、宗教的な行事については余り記されず、慈悲深い行為について多くのことが記されている」[96]と。

対比されているのは「教会の精神」である。カトリックの聖職者である助任司祭は「教会の精神」ではなく、あえて「福音書の精神」を選び取ることを大胆に宣言しているのである。彼が福音書に見出すものは「単純な教理」、「崇高な倫理」そして「慈悲深い行為」の記述である。これらの言葉の裏に、ここに直接は語られていないカトリック教会への批判を読み取るべきだろう[97]。このような「教会の精神」との対照、暗に示された批判から、「福音書の精神」とは、イエスの行為と言葉によって示された「崇高な倫理」を尊び、イエス自身のなした「慈悲深い行為」を手本として、私たち人間が人間の義務にかかわる数は多くない「単純な教理」に従って生きようとする精神である、と考えることができる。このような「福音書の精神」に従う信仰こそが、助任司祭の持つに至った信仰なのである。まさにここで、『社会契約論』第四編第八章「市民宗教について」中の「人間の宗教」あるいは「福音書の宗教」と呼ばれる信仰に目を向けたい。ルソーは同章において、三種の宗教（「人間の宗教」「市民の宗教」「聖職者の宗教」）のおのおのを論じているが、その筆頭のものが「人間の宗教（la Religion de l'homme）」である。すなわちルソーいわく。

「前者（人間の宗教）は、寺院も祭壇も儀式も伴わず、もっぱら至高の神に対する純粋に内的な信仰と道徳の永久不滅の義務とに限られており、純粋で単純な福音書の宗教であり、真の有神論であり、自然的神法と呼びうるところのものである」[98]（（　）内は鳴子）と。

上記はルソー自身による「人間の宗教」の定義とみなすことができるが、この定義中にそれは「純粋で単純な福音書の宗教（la pure et simple Religion de l'Evangil）」と言い直されている。また「人間の宗教」は、同章の別の箇所で「福音書のキリスト教」[99]と言い換えられてもいる。ここに表された「人間の宗教」――「福音書の宗教」あるいは「福音書のキリスト教」――は、助任司祭の信仰告白後半に叙述された信仰と内容上の一致が見出せるのである[100]。というよりむしろ、「市民宗教について」中に定義を見出せる「人間の宗教」＝「福音書の宗教」の内容的展開を、信仰告白後半全部を使って行っているといった方が適切であるように思う。信仰告白後半を締め括るいわば総括部分に記される信仰の基本要素――外面的な儀式ではなく求められているものは内面的な信仰であること、宗教において道徳的な義務の真の意味が捉えられること――は、『社会契約論』（第四編第八章）中の「人間の宗教」の規定と完全に一致している。助任司祭は自分の信仰を総括しつつ「私」に助言する。

「さらにまた、あなたがどんな立場を採ることになるにしても、宗教の本当の義務は人間のつくった制度とはかかわりがないこと、正しい人の心こそ本当の神殿であること、どこの国、どんな宗派においても、何よりも神を愛し、自分の隣人を自分と同じように愛することが律法の要約であること、道徳的な義務を免れさせるような宗教は存在しないこと、そういう義務の他には本当に大切なことはないこと、内面的な信仰はそういう義務の最初に来ること、信仰なしには本当の徳は存在しないこと、こういうことを念頭に置くがいい」[101]（傍点は鳴子）と。

以上から「福音書の精神」に従う助任司祭の信仰とは、まさに「福音書の宗教」のことであると結論づけることができる。

(2) 自然宗教と福音書の宗教との関係

(2)の検討課題は、信仰告白前半に表された「自然宗教」と信仰告白後半に語られた「福音書の宗教」（＝「人間の宗教」）との関係についてである。そこで再び二つの宗教の聖典に注目したい。まず「自然宗教」の聖典は「自然という書物」のみである。[102] この万人に開かれた唯一の書物は、啓示というやっかいな存在を持たぬがゆえに、理性と良心によるアプローチに際して、私たちに大きな困惑を与えない。それに対して「福音書の宗教」は、「自然という書物」に加えて福音書を聖典として持っている。このことから、助任司祭は否定も肯定もできない理解困難な啓示の存在から逃れられなくなるのだが、しかしまた信仰者（助任司祭）は福音書から自然そのものからは獲得しえないもの、すなわち神への愛の回路や人間の義務の実践の手本、あるいは自己犠牲のメカニズムといったものを得るのである。それらはすべてイエスの生と死を通して信仰者に与えられる。「自然宗教」においても意志と英知とを示す神への崇高な感情、感動を人は抱くだろう。しかし「福音書の宗教」に見られるほどの神への愛の高まりを人はそこに見出せるであろうか。イエスの生は、福音書の倫理の要約ともいうべき「他人にしてもらいたいと思うように他人にもせよ」[103]という格率の生きた完璧な模範となる。人はイエスのなかにのみ、人間界において神の秩序に従うことのできる完全な人間を見出し、人間の義務の実践の手本を得るのである。またイエスの死を通して、人は、「自然宗教」においては見出せない自己犠牲のメカニズムを学ぶ。ルソーは人間の義務の実践、そしてその最も困難な事例である生命を犠牲にした義務の実践に関して次のようにいう。

「それは、みんなが自己愛をそれに優先させる、秩序への愛のためばかりではなく、彼の存在をつくった者への愛、自己愛そのものと溶け合う愛、のためでもあり、さらに安らかな良心とあの至高の存在者の観照が彼に約束している幸福、この世を立派に過ごした後にあの世で与えられる永遠の幸福を楽しむためだ」と。[104]

神への愛は、自己愛と矛盾することなく、それどころか自己愛のゆえに人は自分をつくり、幸福にする神への愛を抱く。それゆえ信仰者は自己愛の秩序への愛に対する優位状態を突破し、神への愛によって倍加された、神の秩序に従おうとする倫理感・義務感に促されて、生命を犠牲にすることすらいとわぬ人間の義務の実践を果たすことが可能になる、とされる。[105] ところで、この世における人間の義務の実践は、死後の魂の救済にかかわる問題である。神への愛に目覚め、神への愛を経由して良心を覚醒させられた人間が、この世で人間の義務をどれだけ果たしえたか（人がどれだけ隣人愛、人間愛の発露としての行為をなしえたか）が死後の審判で問われるであろう。「福音書の宗教」においての審判は、人間の死後の運命を神にゆだねる場と捉えられる。信仰者に期待されるのは、慈愛に満ちた神の裁きである。もちろん、神の秩序に従わなかった不信心の徒は審判におびえなければならないだろう。しかしあくまでも、人は神の審判にすべてをゆだねればよいのである。これに対して「自然宗教」においては、「福音書の宗教」におけるほど明確な死後の審判の観念は見出せない。[106] 魂の救済は、いうまでもなく神と神の秩序なくしては考えられないが、しかし「自然宗教」においては、死後の魂（「私」）が自己の生前の記憶によって、生前の「私」を裁くという趣が強いように思われる。一方で「善人の喜び」すなわち「自分に対する満足感から生まれる純粋な楽しみ」があり、他方で「悪人の苦しみ」すなわち「卑しいことをしたという苦い後悔の念」がある。そして死後、魂の保持する記憶によってもたらされるこうした感情によって「各人が自分が自分でつくり上げた運命を区別することになる」とされるからである。[107] 要するに「自然宗教」においては神は背後にあり、人間の自己褒賞・自己処罰による死後の運命の決定という色彩が強い。善人の幸福は疑われていないものの、「福音書の宗教」におけるほどの確信――「安らかな良心とあの至高の存在者の観照が彼に約束している幸福、この世を立派に過ごした後にあの世で与えられる永遠の幸福[108]」と語られるほどの確信――と比較する時、多分に曖昧さを残している。[109]「自然宗教」の教理の曖昧さについて助任司祭は次のように語る。

「教理についていえば、それは明瞭で、その明証によって心に訴えるものでなければならない、と理性は私に語っている。もし自然宗教が不十分であるとすれば、それは、私たちに教えている重大な真理について曖昧な点を残しているからだ[110]」と。

そして「あらゆる宗教のなかで最も優れた宗教は最も明快な宗教であることは間違いない[111]」と明言する時、「福音書の宗教」が念頭に置かれていることは疑いない。神への愛の回路や人間の義務の実践の手本や自己犠牲の観念を人々に与え、さらに死後の神の審判という魂の救済に関する観念を有している「福音書の宗教」は、それゆえ重大な真理について「自然宗教」よりも明確な観念を信仰者に与える、より明快な宗教と位置づけることができる。ルソーが「人間の宗教」すなわち「福音書の宗教」を「真の有神論（le vrai Théisme）」と呼び、また同時に「人々が自然的神法（le droit divin naturel）と呼びうるもの」としていたことを想起すべきである。[112]それは信仰告白前半の信仰が「有神論あるいは自然宗教」と呼ばれていた事実と対照されなければならない。「福音書の宗教」（=「福音書のキリスト教」）は、理性と良心によるアプローチの徹底、啓示の事実上の排除、人間=イエスへの賛美を経由した神への愛の獲得を特徴とする、ルソー流に純化されたキリスト教である、と捉えられよう。ルソーはあくまでも「福音書の宗教」はキリスト教であると自認していた。「しかしそれは今日のキリスト教ではなく、福音書のキリスト教であり、それは今日のとは全く異なったものである[113]」との自覚の下に。あえてさらにいうならば「福音書の宗教」は、ルソーの主観においてはカルヴァン主義的なプロテスタンティズムの展開とみなされていた。[114]こうした自負の支えとして、ルソーの「宗教改革」理解があるように思う。彼は①「聖書を自分の信仰の規範として承認すること」、②「自分の他には聖書の意味の解釈者を認めないこと」の二点を、宗教改革の基本点と解している。[115] なかでも②は、各人の個別的理性が教理の判定をなすとする聖書の自由解釈の主張である。ところでこうした二つの基本点を、終始、力説する宗教こそ「福音書の宗教」である、とルソーはみなしているのである。いわばルソーは「聖なる福音主義改革宗教」[116] の精神に忠実に、あるいはそれをさらに徹底させた、プロテスタンティズム擁護派、一八世紀における純粋なプロテスタンティズムの提唱者、との自負を隠そうとしないのである。[117] しかし、これはあくまでもルソーの主観においていえることであった。[118]「福音書の宗教」に見出されるキリスト教の純化は、客観的には、キリスト教の自然宗教化と捉えられるように思う。しかし、それは決して(あらゆる宗教の基礎たる)「自然宗教」への退行を意味しない。「福音書の宗教」は、「自然宗教」を基礎に持ちつつ、人間の地上における義務にかかわる教理を明確化した宗教、「自然宗教」をさらに発展させた宗教として位置づけられる。[119] 自己を犠牲にしてまで義務を果たそうとする強固な倫理感──これこそ「福音書の精神」の核心にある──は「福音書の宗教」において真に養われる。人格が段階的に発展するのに対応して、人間はその理性と良心の段階に呼応した高さの信仰を獲得しうる、と捉えることができよう。[120]

四　市民宗教

(1)　福音書の宗教の功罪

ルソーは周知のように『社会契約論』第四編第八章「市民宗教について」において三種の宗教(「人間の宗教」「市民の宗教」「聖職者の宗教」)をそれぞれ考察し、政治的観点からその功罪を論じている。三種の宗教のなかでも、

「人間の宗教」すなわち「福音書の宗教」に対する検討が中心となるが、こうした検討は「市民宗教（la religion civile）」の創出の必然性を導出する、いわば前提作業である。「聖職者の宗教（la Religion du Prêtre）」および「市民の宗教（la Religion du Citoyen）」への批判は簡潔に行われる。まず「聖職者の宗教」について。この宗教の最たるものがローマのキリスト教（ローマ・カトリック）である。「二つの法体系、二人の首長、二つの祖国(121)」の存在が批判される。ローマ・カトリックにおいて「二つの法体系」とは国家の実定法とカトリック教会の法を指し、「二人の首長」とは国王とローマ教皇を、「二つの祖国」とは世俗国家と教会（彼岸の魂の王国）とを指すものと考えられる。ルソーが「聖職者の宗教」の法を「名前のつけようもない、混合した非社会的な一種の法(122)」と呼ぶのは、国家の実定法と教会の法とが相違しており、二つの法に同時に服そうとする人々を矛盾した状態に追いやるからである。これはまさに、聖俗間の二重権力批判である。聖俗両権力の「果てしのない管轄争い(123)」は、人間を良き市民にも良き信者にもすることが困難であり、それゆえこの宗教は否定されざるをえないのである。次に「市民の宗教(124)」について。この宗教は聖俗の統合された一元的支配を実現させ、法への愛、祖国愛を喚起する点では評価されるが、人々を軽信的、迷信的にする点、さらに人民を排他的、圧制的にし、特に他国民と敵対する状況をつくり出す危険性を多分に持つ点に著しい欠陥がある。ゆえにこの宗教も否定される。最後にルソーは「人間の宗教」の分析に移る。上記二つの宗教が現実の宗教であるのに対し、「人間の宗教」すなわち「福音書の宗教」は助任司祭の信仰告白の形で提示された理念的な宗教である。「この神聖、至高にして真なる宗教によって、同一の神の子である人間たちは、すべて互いに兄弟と認め合うのであり、人間たちを結合する社会は死に至っても解消しないのである(125)」とルソーはいう。「福音書の宗教」は境界を持たず、その領域は人間愛を紐帯として「人間たちを結合する社会」に広がり、その社会は「死に至っても解消しない」とされる。個々の信仰者の純粋に内面的な信仰としては、この宗教が肯定されていることはいうまでもなかろう。問題となるのは、次のパラグラフである。

「しかし、この宗教は、政治体となんら特別の関係を持っていないので、法に対しては、法がそれ自体から引き出す力のみを認めておき、法になんら他の力をつけ加えるようなことはしない。それで、そのような事情によって、特殊社会の偉大な絆の一つが効果を生まぬままに放置される。それだけではない。市民たちの心を国家に結びつけるどころか、この宗教は、彼らの心を地上のすべての事柄からと同じように、国家からも切り離す。これ以上、社会的精神に反するものを、私は知らない。(126)」

この密度の濃いテクストのなかでルソーが最初に明示するのは、この宗教が国家（特殊社会）となんら特別の関係を持たないという前提的な事実である。「福音書の宗教」が境界を持たない一般社会を領域とするのに対し、国家は国境を有する特殊社会である。「福音書の宗教」の普遍性は、国家の特殊性とは相容れない。それゆえまず、この宗教は、国家の実定法に対してなんら他の力を与えないとされる。すなわち、神の法と実定法とはその方向性を異にし、両法の内容的不一致は明らかであって、この宗教は実定法そのものの有する力は認めはするものの、神法が実定法の遵守を促進はしない、ということである。まさに「特殊社会（国家）の偉大な絆の一つ（法）が効果を生まぬままに放置される」（（ ）内は鳴子）という事態が発生する。次に主張されるのは、この宗教が市民の心を「地上のすべての事柄から」と同様、「国家から」切り離しさえするということである。このうち、市民が実定法の遵守を促進されないばかりか、「国家から」切り離されるとさえいわれるのはなぜなのか、まず考察しよう。現実の国家は、治者の被治者に対する抑圧装置であり、あらゆる虚飾を剝ぎ取れば、その実定法は被治者に対する抑圧を固定、存続化させるための法に他ならない、と考えられる。それゆえ、「福音書の宗教」の信仰者が、神法の求める人間の義務を自らの内面に問う時、単に両法の妥当領域の差異を意識するにとどまらず、信仰者が神の法の命ずる義務に忠実であろうとすればするほど、実定法の課す義務との差異を矛盾として強く意識することになる。そうして国家との心理的距離は拡大してゆき、心理的な溝は埋めがたくなるであろう。ところで、『不平等論』中の以下の叙述は、このような事態を描出しているように思われる。それは、ルソーが自然状態にある未開人は果たして惨めであろうかと問うて、逆に現実の社会――ここでは法が問題となるので、現実の国家としてよいと思う――に生きる人の惨めさを告発する箇所である。すなわち「われわれは身の回りにほとんど自分の生存を嘆く人たちばかりしか見ないし、幾人かの人たちは、実に自分に可能な限り自分の生活を棄てることにかかっているのだ」とした上で、ルソーは「そして神の法と人間の法とを一緒にしてみても、この無秩序を食い止めるにはほとんど十分とはいえない」（傍点は鳴子）と断言する。[127] これを私たちの問題に即して理解すれば、次のようになろう。

「現実の社会矛盾を固定、存続化する国家に生きる人々は、真に惨めな状態にあるため自らの生存を嘆き、その生活を棄てようとさえしている。しかしそうだからといって、神法と実定法とを混合させてみても、人々のこのような無秩序を、食い止めることはできないのだ」と。

再び『社会契約論』に戻って問題を先に進めよう。それでは彼らの心を「地上のすべての事柄から」切り離すとは、一体どのように考えればよいのだろうか。「地上の事柄」は明らかに「天上の事柄」との対比があって使われる言葉であるが、「福音書の宗教」は、地上における人間の義務の実践を強調する宗教ではなかったか。確かに助任司祭の信仰告白後半には、繰り返し、この世での、人間つまり兄弟たる他者に対する義務の実践が促されている。しかしそれは、現実の国家＝特殊社会のなかに積極的に生きることを促すものと解してはならない。人間の義務の実践は、あくまでも人間愛を紐帯として人々が兄弟とみなされる一般社会に向けられた行為なのである。この義務の実践は、それが信仰者が神法にかなう行為か否かを常に自らの理性と良心との検討に付して、遂行されるものである。信仰者は、神法への服従を通して天上に至るルートをつくり上げようとする。信仰者はこの義務の行為を限りない熱心さで果たすだろう。しかし地上における義務の遂行は、突き詰めてみれば、神法に従うことによって信仰者が、自らの死後の魂の救済を願い、その願いの実現を神にゆだねんがためのものである。[128] このように地上での義務の実践も、究極的には天上での魂の救済のためのものなのである。こうした視点を得れば、「福音書の宗教」における地上と天上との比重は、地上での人間の義務の強調にもかかわらず、明らかに天上に傾かざるをえないのである。それゆえ私たちは、彼らの心は、究極的には「地上のすべての事柄から」切り離されている、とルソーとともに考えることができるのである。最後に、このパラグラフの締め括りとして「福音書の宗教」が「社会的精神」に反する最たるものと結論づけられていることの真意を捉えることが残されている。ここにいう「社会的精神」とは何を意味するのだろうか。それは、現実の国家（特殊社会）と現実の社会とを支配する精神、言い換えるならば「社会人」の精神のことである、と捉えられる。ルソーは、こうした「社会的精神」に「福音書の宗教」が全く反していると明言しているのである。この「社会的精神」の対極にあるものが、「福音書の宗教」が鼓舞する人間愛を紐帯として広がる一般社会――天上への連続性を有する地上＝天上社会――の精神、すなわち「社会的人間」の精神であることは、もはや明らかであろう。

結局、以上の論考から、「福音書の宗教」は、国家との無関係という癒しがたい欠陥を克服すべく止揚されなければならないことは自明であろう。国家の法に新たな力を加えること、市民としての義務を愛させる力、促進力を持つことこそが、新たな宗教には求められているのである。ルソーはいう。

「ところで、それぞれの市民をして、自分の義務を愛さしめるような宗教を市民が持つということは、国家にとって、実に重大なことである」[129]と。

国家の要請する義務と宗教の求める義務との矛盾を一挙に解消し、信仰を有する市民が、神法と調和・連続した——つまり地上と天上との連続性を獲得した——立法下に生きることができるために、「福音書の宗教」は止揚され、新たな宗教がつくり出されねばならない。市民が政治体の法の課す義務を果たすことが、同時に神の法の命ずる義務に従うことでもあるような宗教、こうしたものこそが「市民宗教」と呼ばれるのである。

(2) 宗教の譲渡

周知のように『不平等論』では、人間の歴史への凝視から、自然状態を起点として現実国家の疎外が最終段階に達した専制国家を終点とする歴史過程を、抽出、理論化して描き出している。また『社会契約論』では、歴史過程が単純化、二段階化され、自然状態から社会状態への移行が、社会契約＝全面譲渡によるドラスティックな転換として捉えられており、新しい政治体＝公的人格への転換に至る現実の歴史過程を描くことはしていない。というわけで、よく知られているように、この両著作の間——前者の論考の終わりと後者の論考の始まりの間——には、ルソーによって書かれなかった〝問題の空間〟が存在する。(130) 私たちは、この書かれなかった〝空間〟を埋める、というよりむしろ、ルソーの思想の体系性、統一性が明確になるように、一方から他方への積極的な架橋を試みなければならない。

『社会契約論』は転換点を次のように捉える。

「私は想定する——人々は、自然状態において生存することを妨げるもろもろの障害が、その抵抗力によって、各個人が自然状態にとどまろうとして用いうる力に打ち勝つに至る点にまで到達した」(131) と。

そして、「統一」、「共同の自我」、「生命」、「意志」とを持った公的人格＝新しい政治体をつくる社会契約＝全面譲渡は、次のように定式化されている。

「われわれの各々は自分の人格と自分のあらゆる力を共同のものとして一般意志の最高の指揮の下に置く。そして、われわれは各構成員を、全体の不可分の一部として、一団となって受け取るのだ」[132]と。

〝問題の空間〟は、想定された転換点と定式化された社会契約＝全面譲渡との間に広がっている。というのはこの想定は、『不平等論』を踏まえれば、次のように捉え直せると考えられるからである。

「私は想定する――人々は、疎外の終極点＝専制国家において生存することを妨げるもろもろの障害が、その抵抗力によって、各個人が疎外の終極点＝専制国家にとどまろうとして用いうる力に打ち勝つに至る点にまで到達した」と。

『社会契約論』で想定された人々の生存の臨界点が『不平等論』で捉えられた「不平等の到達点」、「円環を閉じ、われわれが出発した起点に触れる終極点」[133]であるとするならば、私たちは新しい政治体の創出の前に、旧権力の打倒＝革命を置かざるをえないのであり、つまり書かれなかった空間には、人々を生存困難に陥らせるほどの極限的な疎外状況をつくり出した専制国家の打倒＝革命が隠されている、と考えざるをえないのである。『社会契約論』を「始りから、すなわち虚無から ex nihilo 再出発する」もの、あるいは「抽象的なユートピア」と捉えない限りは[134]。では、ルソーによって書かれなかった革命論とはどのようなものでありうるのか。ルソーは、周知のように、国家の設立以降の不平等の必然的な進行を三段階に分けて捉えているが[135]、その最終段階にある人々（「社会人」たち）は、専制君主の恣意を「正義」として強制され、この主人―奴隷関係を存続させていては、自らの生存が危ういほどの危機的な状況に陥っている。「社会人」たちは、生存の危機に直面するに至って、この体制は専制君主（主人）の特殊な意志が「正義」とされ、最強者の暴力にすぎない権力によってそれが強行されるシステムに他ならないことに気づき始め、奴隷である自分たちが主人の権力保持のシステムの歯車として組み込まれ、活用されてきたことに気づき始める。すなわち、ここに至って「社会人」はこのシステムの下で自らの利益を追求することが、自らを潤すより、実は主人の支配の維持に役立っていることに覚醒してゆく。このような覚醒は、初めは少数の「社会人」にしか見られないだろうが、徐々にその数を増してゆくことだろう。体制の本質的矛盾に気づき始めた「社会人」を私たちは、もはや純粋な(!)「社会人」と呼ぶことはできないだろう。というのは「社会人」は、もはや「社会的人間」への転化の過程を歩み始めていると考えられるからである。そして専制国家の疎外の度合が、「社会人」の覚醒を促し、さらに「社会的人間」に転化しつつある人々の数を多数化するほど強まった時、権力の打倒は秒読み段階に入り、もはやこのような人々を担い手とする革命は不可避となる。彼らの持つに至った理性と良心は、腐敗の極に達した権力の構造的矛盾を――その洞察の深さに個体差はあるものの――おおむね見出しうるだけの水準に達しており、それゆえ、彼らの力を権力の打倒という一つの目的に結集することが可能となるだろう。彼らは自らの判断によって革命を遂行するだろう。[136] しかし古い権力の打倒と新しい政治体の設立とは異なる二つのことである。というのは、古い権力の悪に気づくことのできる人々が、治者と被治者の同一化を実現させる止揚された国家＝新しい政治体を自力で案出できる人々であるとはとうてい考えられないからである。むしろ、専制国家が打倒された後に一時的に出現する権力の真空状態において、一人の人間、一握りの集団の利益を優先した国家建設への策動にさらされる危険を、人々は多分に持つだろう。だからこそ、ルソーは彼らだけでは「市民」となりえない人々の理性の限界を打破し、人格の質的転化を図るために、立法者と呼ばれる自己完成能力の促進者を国家の建設時に必要不可欠な存在として位置づけるのだ、と考えることができる。それゆえ立法者の理論化は、ある意味で、ルソーのリアリズムが要請したものである、といいうるかもしれない。

以上のように私たちは〝問題の空間〟に革命を置いた。ところでスタロバンスキーが一方で不平等の到達点に「否定の否定」を見出したエンゲルスの解釈（「マルクス主義的」な解釈）を置き、他方にカントーカッシラーの教育論による架橋（「観念的」な解釈）とを対置した——あの「革命か教育か」という——二項対立をどう考えるべきだろうか。[137] 繰り返すまでもなく、私たちは〝問題の空間〟に革命論を置いた。しかし私たちは教育論を捨てて革命論を選んだのではない。スタロバンスキーの二項対立の妥当性を私たちは疑う。教育論——私たちは、それを人格の動態的発展論と呼び直したいが——は当然、革命論と結びつけられるべきであると考える。それゆえ、私たちが選び取るものは、人格の動態的発展論とリンクした革命論であり、私たちが捨てるものは革命論を欠落させた教育論なのである。

ところで私たちは、革命期に人々が「社会人」から「社会的人間」に転化しつつあることを推論したが、宗教の側面から疎外の極限状況を捉えるとどうだろうか。既成宗教は「社会人」の疎外された人格に対してどのように働くのだろうか。そしてそれは「社会人」の疎外状況に、そして現実の国家にどのように対するのであろうか。まず、信仰を持つ個々の「社会人」の内面への働きかけについて。隣人愛、人間愛の教えは、神への愛を媒介にした他者への愛の喚起である。それは個々人の良心の喚起であり、悪しき情念である自尊心の拡大の抑制として機能する。ルソーが見て取った宗教と道徳との一般的関係——宗教は道徳を基礎づけるものであり、道徳に諸原則を提供する——は、ここにも妥当する。しかしすでに明らかなように、「社会人」の内面に自尊心の蔓延、憐れみの情の窒息という感情の変質が進行している以上、「社会人」は自己愛と憐れみの情との関係から形成される道徳体系とそこから発露する良心の活動領域を著しく部分化、矮小化されている。それゆえ、既成宗教が良心の覚醒を説いても、「社会人」の多くは、自らの自尊心の動きをいくらか減少させたり、さらなる自尊心の増大を阻止したりといった程度にしか、その微弱な良心の活動を機能させえない。次に、既成宗教が「社会人」の陥っている疎外された状況に、そして現実の国家に、どう対するかについて。人々が自己保存さえ危うい極限状況に陥っているのに、既成宗教は、人々に現実の国家の秩序の受け入れを教える。元来、キリスト教は、国家、社会の悪の是正を人々に積極的に促すことをしない。キリスト教は、個々人が神の前に正しくあることは求めるが、個人の外部にあるもの――つまり他人や国家、社会――の悪・不正を、個人が正すことを押し止める。それは「人を裁くな」と説く宗教である。自己の外部にある悪を裁き、断罪するのは、神のなすところであって、人間が現世において、それらの悪・不正を裁くことは、神が人間に求める謙虚さに反することなのである。結局、既成宗教は、国家の秩序への服従・忍従を促すがゆえに、国家の秩序維持機能の一端を、現実には担っているのである。[138]ところで、生存の危機に直面して、遂に現実の国家の矛盾に気づき始めた人々（「社会的人間」へ転化しつつある人々）は、その矛盾に気づかず、そのシステムに従っている「社会人」の理性より発達したより高い理性を獲得しえた人々である、と捉えられる。こうしたより高いレベルへの理性の発達が見られると、この理性の発達を待って、曇らされていた良心が本来の働きを取り戻し、理性と良心との相互補完的作用の機能不全が徐々に解消されてゆく。こうして高まった理性と回復した良心とをともに働かせて、人々が既成宗教の上述のごときあり方を考え始めると、そこに不信や疑問が生じるのはむしろ自然である。既成宗教はなぜこのようなあり方を採り続けるのか。その根本的原因は、既成教団が神と個々の人間（信仰者）との間に介在して神と人間との直接性を阻み、教会の説く教理を人々に無批判的に受け入れさせてきたことにある。それゆえ、革命期の人々には助任司祭と同様の内面的なプロセスが開始される。サヴォワの助任司祭は、個人的事件から、教会の教説を信じることのできない混沌に陥ったが、革命期の人々は、極限的状況下での教会のあり方への不信から、教説を信じることのできない混沌に投げ込まれる。助任司祭と同様に人々は、ただ自らの理性と良心とによって、この精神の混沌から這い出さなければならない。信仰は自分自身（の理性と良心と）で獲得するものである――これがこの内面的プロセスの要約である。国家が破滅の前夜にある時、既成宗教だけが無傷であることができるだろうか。自らの理性と良心とに基づく信仰の模索――「社会的人間」化のプロセスを歩みつつある少なからぬ人々は、「福音書の宗教」への道の途上にある、と捉えることができよう。以上の推論を前提として、全面譲渡を宗教の側面から捉えることにしたい。人格は全面譲渡時に政治体に譲渡される重要な項目であるが、人格が譲渡される時、仮に信仰が譲渡されず個々人のうちにとどまっているとすれば、どうして人格が完全に譲渡されうるだろうか。それゆえ、人格と密接不可分な関係を持つ信仰もまた同時に譲渡される、と考えられなければならない。政治体の構成員となろうとする人々は、その時、持っている自らの信仰を譲渡することを要請される。したがって個々人の抱いている信仰――「福音書の宗教」やまだ完全に払拭されていない既成宗教――が譲渡され、一般意志の指揮の下に置かれる、と考えられなければならない。全面譲渡後、政治体は「市民宗教」を創り出すことになる。「市民宗教」の成立は、政治体における既成宗教の破棄を前提とする。「市民宗教」は、「福音書の宗教」を土台にしつつも、それを乗り越え、質的に転化した新しい宗教なのである。

(3) 市民宗教

(3)は「市民宗教」がいかなる宗教であるかを論考することを目的とするが、ルソー自身が「市民宗教」の教理について語っている箇所から、「市民宗教」の教理に関する要件として以下の三点を取り上げ、論考を進めることにする。すなわち「市民宗教」の教理は、まず①「主権者がその項目を決めるべき」ものであり、次に②「厳密に宗教の教理としてではなく、それなくしては良き市民、忠実な臣民たりえぬ、社会性の感情として」定められるものであり、さらに③「単純で（項目の）数が少なく、説明や注釈なしできちんと言い表せるものでなければならない」とされる(139)

（番号は鳴子）。以上の三点に沿って順次検討するが、その前に「市民宗教」の教理そのものを掲げる。「市民宗教」の積極的教理とは「全知全能で慈愛に満ち、すべてを予見し配慮する神の存在、来世の存在、正しい者の幸福、悪しき者への懲罰、社会契約と法律の神聖性」であり、消極的教理とは、不寛容であってはならないということである[140]。まず①（「市民宗教」の教理は「主権者がその項目を決めるべき」ものである）とは、「市民宗教」は、政治体の主権者たる人民の一般意志による立法としてつくり出されることを意味する。つまり、政治体の「立法の一部分」として、政治体にただ一つの「市民宗教」がつくり出されるということである[141]。「市民宗教」の形成過程については、『社会契約論』（第四編第八章）はもちろん、他の著作中にも、残念ながらまとまった記述を見出すことはできないが、私たちの問題関心からは重要である。以下に推論を織り交ぜながら、形成過程を追ってゆくことにする。新しい政治体の構成員が全面譲渡前に持っていた宗教は「福音書の宗教」であることが、論理整合的には求められている。しかし、これはあくまでも理念的な想定である。より現実に即した想定は、**四**(2)ですでに述べたように、「福音書の宗教」を持つに至った少なからぬ人々がいる一方で、「福音書の宗教」を獲得するには至っていない人々が他方にあり、既成宗教がなお残存している、というものであろう。しかしルソーが、純粋な内面的信仰としては「福音書の宗教」を肯定していることは確かであり、新しい宗教をつくり出す際に、それ以外の宗教を前提とすることは困難である。それゆえ「福音書の宗教」を前提としつつ、政治体との関係を持ちえないというこの宗教の欠陥を克服することが求められる。いかにして「福音書の宗教」の信仰者の心を、来世から現世の政治体に重心移動させるか。「市民」が政治体のなかに生き、市民的義務を真に愛することを可能にする信仰はどのように生み出されるのか。繰り返すまでもなく「福音書の宗教」は政治体との関係を持たない宗教であるから、この信仰に基づいて各人が政治体全体の問題を考えることは困難である。したがって各人がそれぞれの信仰箇条を表明したとしても、それはあくまでも個人の信仰告白にすぎぬものであり、決して政治体全体の問題――この場合は政治体の宗教をつくり出すという問題――に対して「市民」が（宗教的な）個別意志を表明したことにはならない。政治体の信仰箇条をつくり出すための個別意志が得られないのであるから、個別意志の表明に基づく一般意志の形成という単純なプロセスによっては、「市民宗教」をつくり出せないことになる。すなわち、政治体の設立時において、人々は直ちに自力では「市民宗教」をつくり出すことができない、のである。それでは、「市民宗教」の教理はいかにして生み出されるのか。そこに立法者の介在、政治体の構成員への働きかけの理論的必然性が存するのである。すなわち、他の政治の領域と等しく、宗教の領域においても、立法者によって法が編まれることが必然的に要請されるのである。つまり「市民宗教」の教理は（自力では教理を見出しえない）人々に代わって立法者が案出し、提示する法なのである。立法者の「市民宗教」の教理の提示は、彼らに、政治体と宗教との結節を学ばせ、その信仰箇条によって各人の市民化を促す行為である、と捉えることができる。それは、構造的視点からいえば、立法者による各人に対する（「市民宗教」の信仰箇条を通しての）市民性の付加である、と捉えられよう。[142] そして最後に、「市民宗教」（の教理）は、他の立法がそうであるように、立法権者である「市民」によって受け入れられ、名実ともに新しい政治体の唯一の宗教＝法として成立するのである。

「市民宗教」の成立に続いて、今度は「市民」への宗教の与え返しが行われる。宗教の譲渡によって白紙となっていた「市民」一人ひとりの内面に、「市民宗教」が与え返されるのである。ところで「市民宗教」は人一人のすべてをカバーし切る宗教ではない。ルソーは「この宗教の教理は、その宗教を信じている市民が、他人に対して果たすべき道徳と義務に、この教理が関係する限りにおいてしか、国家ならびにその構成員の関心を引かない」[143]と明言する。つまり「市民宗教」の問題とするのは市民的道徳、市民的義務に関してのみであると、その妥当領域の限界を付しているのである。「公共的有用性の限界」は、「市民宗教」にも当然、妥当する。[144] それゆえ人々は市民の道徳・義務にかかわらぬ領域では、個人的な内面的信仰の世界を持つことが、再び許され取り戻されるのである。[145] しかし忘れてはならぬのは、この内面的信仰は、あくまで各人の理性と良心とによって得られる信仰であること、すなわち各人の「福音書の宗教」でなければならないことである。全面譲渡時に、譲渡された既成宗教は、政治体によって破棄されるのであり、各人に許される内面的信仰のなかにその残滓が混入していてはならない。それは実現させたはずの宗教の止揚を、自らの手で覆すことに等しいからである。人々は「市民」であると同時に「福音書の宗教」を信じる「社会的人間」であることを、政治体によって改めて求められているともいえよう。

次に②(「市民宗教」の教理は「厳密に宗教の教理としてではなく、それなくしては良き市民、忠実な臣民たりえぬ、社会性の感情として」定められる、という点)について。「市民宗教」が彼岸を志向する純然たる宗教とはいえないのは、それが政治体の宗教として「立法の一部分」を構成するという一事からすでに明らかである。ルソーはここで、追放と死罪とを問題とする。まず追放についてであるが、これは主権者は「市民宗教」を信じない者を政治体から排除する権限を持つということである。つまり「市民宗教」への信奉は、人が「市民」の資格を有するための要件とされているのである。ルソーは追放の理由として、該当者の「市民」としての不適格性を次の三点に集約する。一つは「非社会的な人間」であること、二つは「法と正義を誠実に愛することのできぬ者」であること、三つは「必要に際してその生命を自己の義務に捧げることのできぬ者」であること、である。[146] ここから逆に「市民宗教」が「市民」を社会的な人間にし、法と正義を誠実に愛することのできる者にし、必要に際してその生命を市民の義務に捧げることのできる者にする機能を担うものとされていることがわかるのである。ところで、ここでルソーが用いている「社会性」あるいは「非社会的な」というタームについてであるが、ここで問題とされているのは、政治体の「市民」としての適格性であることから、それらはそれぞれ「市民性」、「非市民的な」という言葉に置き換えた方が、その意味するところを明確に理解しうると思う。次に死罪であるが、ルソーはこれについて「もし、これらの教理（「市民宗教」の教理）を公に受け入れた後で、これを信ぜぬかのように行動する者があれば、死をもって罰せられるべきである。彼は、最大の罪を犯したのだ、法の前に偽ったのである」と述べている[147]（（ ）内は鳴子）。ルソーは「市民宗教」の受容後の侵犯をなぜ最大の罪と位置づけ、死罪という最も重い量刑に値するものとしたのだろうか。この死罪の主張は、多くの論者に困惑の念や非難の感情を呼び起こしてきた[148]。例えば『社会契約論』の岩波文庫版の訳者は訳注において、この主張を「この残忍な理論」と呼び、「ルソーが非難されるのはもっともだ」とした上で、『新エロイーズ』V―五の手紙の原注(1)に見出されるルソーの見解を、むしろルソーの真意の表れであるとして、引用している[149]。私は、この訳者の見解を支持することができない。第一の理由――より本質的な理由――は、「社会契約と法律の神聖性」という教理が「市民宗教」に含まれていることとかかわっている。「市民宗教」が立法の一部であることとは繰り返すまでもないが、「市民宗教」は「社会契約と法律の神聖性」という教理を持つことから、それは社会契約と法律に神聖性を付加する法と捉えられると思う。「市民」が「市民宗教」を受け入れるとは、この市民的な信仰箇条を自身の信仰箇条とすると宣言すること、つまり社会契約と法律――それはすなわち政治体――への忠誠、服従を宣誓することなのである。いうまでもなく、社会契約と法律への服従は、政治体存立の根本条件である[150]。「市民宗教」は、社会契約と法への服従が、政治体存立の根本条件であるから遵守しなければならないというより、もっと進んで社会契約と法律とが、政治体と「市民」とにとって神聖なものであるからこそ、死守しなければならないと説いているのである。それゆえ「市民」がいったん、この市民的な信仰箇条をわがものにすると誓ったのにそれを破ったなら、それは社会契約と法律に神聖性を付加する法――いわば法のなかの法――への侵犯であり、自らなした政治体への忠誠・服従の宣誓を自ら覆す行為ということになる。このように捉えることが許されるならば、ルソーが「市民宗教」の受容後の侵犯を政治体に対する最大の罪とし、それに最も重い量刑を当てたことを困惑も非難も伴わずに受け止めることができるように思う。第二の理由は、『社会契約論』における「市民宗教」の侵犯者への死罪の主張と『新エロイーズ』V―五の手紙の原注(1)における無神論者への態度、対応との間にある設定および論点のずれを、訳者が看過しているように思える点にある。原注(1)でルソーが最も訴えたかったのは、真の信仰者は不寛容たりえず、無神論者を告発する迫害者にもなりえない、ということである。[151]またV―五の手紙本文中においては、無神論者＝ヴォルマールは、無神論的言動を公然と繰り返すどころか、家族とともに教会に行き、「国家が市民に要求しうるすべてのことを、法によって定められた信仰にのっとって行う」人物とされている。[152]もちろん原注(1)で問題となっている無神論者一般がすべてヴォルマールのような、言動を控えた無神論者であると断定することはできない。しかし、無神論者がその言動によって国法に違反しているとしても、少なくとも彼らは、『社会契約論』で死罪となるべきとされた人のように、自ら「市民宗教」を受容した――すなわち、その市民的な信仰箇条をわがものにすると誓った――後で、その宗教＝法への侵犯を公然とやってのけたわけではないのである。以上の追放と死罪をめぐる論考から、「市民宗教」が法の神聖性を付加する法――いわば法のなかの法――であり、その市民的な信仰箇条を自身の信仰箇条とすることが、どうあっても免れない「市民」の資格要件とされる所以が明らかになったと思う。「市民宗教」の教理は、まさに「それなくしては良き市民、忠実な臣民たりえぬ」政治体の根本精神＝市民性の感情の集約的表現に他ならないのである。

さらに③（「市民宗教」の教理は「単純で（項目の）数が少なく、説明や注釈なしできちんと言い表せるものでなければならない」こと）について。「市民宗教」の教理は、③が宣せられた直後に、前掲の、あの積極的教理と消極的教理とが明示される。これらの明示された教理は、確かに、単純で項目の数がきわめて限定的である。宗教の教理が「単純で（項目の）数が少なく」といわれるのは、すでに「自然宗教」においても「福音書の宗教」においても同様であった。ルソーの宗教が、理性と良心との検討によって獲得される信仰であることは、あらゆる段階を貫いた信仰の最大の特徴である。したがって教理の単純性と項目の少数性は、「市民宗教」に至っても、ルソーの宗教が示す理性（―良心）信仰の証であると捉えられよう。ところで、ルソーによる宗教の教理の明示ということに注意を向けてみたい。「市民宗教」の教理は明示されているが、「自然宗教」や「福音書の宗教」の教理はどうであったか。まず「自然宗教」については、最も基本的な三箇条が明示されている。ただし「自然宗教」の教理は、それにとどまるものではなく、この基本三箇条から、他の教理は容易に引き出せるとされているのである。あらゆる宗教の基礎とされる「自然宗教」は、あらゆる宗教を基礎づける最も根本的な教理を持っていなければならず、その教理は、あらゆる信仰者の共有事項として把握されうるものでなければなるまい。これに対し、「福音書の宗教」の教理は「市民宗教」における教理の列挙も、「自然宗教」におけるがごとき基本教理の提示もなされていない。「福音書の宗教」の教理がまとまった形で明示されず、示されているのは教理というより根本精神（「福音書の精神」）であるのは、なんらかの理由があるのか、それとも単なる偶然にすぎないのか。私は、教理の明示の欠如には必然的な理由があると考える。「福音書の宗教」は、「自然宗教」をその基底に持ち、その上に福音書という聖典を、各人が各人の理性と良心とによって捉えることを通して成立する信仰である。聖典たる福音書の解釈権者が信仰者個人であることから、理論的にいえば、一〇〇人の信仰者には一〇〇通りの信仰箇条がありうることになり、ただ一通りの信仰箇条を「福音書の宗教」の教理として明示することは、ルソーが力説する「福音書の宗教」の基本枠組を自ら裏切るものとなるだろう。ただし私は一〇〇人の信仰者には一〇〇通りの信仰箇条がありうると書いたが、それはもちろん理論上の可能性としてであって、教理が多岐にわたったり、煩雑なものになったりすることが想定されていると考えてはならない。

ルソーはそれどころか、人間の義務の実践にかかわらない神学上の論争の種となっている多くの複雑、難解な教理を排除しようとしている。要するに、「福音書の宗教」の教理は、このような神学的な教理とは無縁の、人間の義務をめぐっての単純・明快な少数の教理を中心としたものであることが求められるのだが、と同時に、信仰者の個体差に起因して、各人が獲得する信仰箇条は、なんらかの差異を伴っているとも考えられる。したがって「福音書の宗教」の教理がまとまった形で提示されないのは偶然なのではなく、各信仰者の内面的な信仰としてのみ成立する「福音書の宗教」の基本性格に由来する必然的帰結と考えられるのである。ここで改めて「市民宗教」に戻ると、その教理が「説明や注釈なしできちんと言い表せるものでなければならない」とされるのは、「市民宗教」が「福音書の宗教」と異なって政治体の唯一の信仰として創出されることの必然的な帰結である。先に見たように「市民宗教」の創出において「市民」は、立法者の教理の提示がなければ、それを政治体に唯一の統一的な信仰として受け入れることができない。教理の明示は、宗教創出の必要条件なのである。しかも、この教理は、「市民」による受け入れが確認されるや、政治体の法となる。政治体の法であるものが「説明や注釈なしできちんと言い表せるものでなければならない」とされるのは当然である。「市民宗教」の形成過程において宗教＝法の編纂に立法者の助けを借りるとはいえ、「市民」が受け入れることによって成立する宗教＝法が、「市民」の理解を阻むほど難解なものであってはならないだろう。自力で編むことはできずとも、少なくともそれが提示された時、自らの宗教＝法として理解されなければならないのだから。また、宗教＝法の成立後を考えても、その意味するところがいかなる「市民」にとっても明瞭に把握されなければならないのは当然といえよう。「市民宗教」の教理が十分に把握しえないものにとどまっていて、どうしてそれは「市民」に対し、義務の実践を促し、義務の遵守を強制することができようか。ゆえに「市民宗教」の教理が、信仰・法の両面から、説明や注釈なしで明示されるものでなければならないのは、論理上、必然的であると考えられるのである。

「市民宗教」は、社会契約と法律に神聖性を付加する法であった。ところでそれらはなぜ神聖視されなければならないのだろうか。それはルソーの「人間の正義（la justice de l'homme）」、「神の正義（la justice de Dieu）」の両概念にかかわる問題である。この二つの概念はそれぞれ、ルソーによって次のように捉えられている。

「人間の正義は各人に属するものを各人に返すことにあるが、神の正義は神が各人に与えたものについて各人の責任を問うことにある」(153)と。

ところで各人に属するものを各人に返すという「人間の正義」は、現実の国家のなかで実現されてきたであろうか。私たちは、国家の歴史のなかに――進行する不平等の三つの段階にそれぞれ対応して――①富者の正義、②強者の正義、③主人（専制君主）の正義を見出すにすぎない。それでは「福音書の宗教」においては、「人間の正義」は見出されるのであろうか。「福音書の宗教」は、人間の義務の原則を示し、道徳を基礎づける機能を持つ。それゆえ各信仰者は、この宗教に指し示され、基礎づけられて各人の道徳体系を確固たるものとし、この道徳体系から発現する良心と自身の理性とをともに働かせることによって、自らの正義の規準を獲得する。このように信仰者一人ひとりのうちに、個々人の正義の規準が見出されるのであり、個々人の正義の規準を集約するメカニズムはここでは見出されない。こうして各々の信仰者の正義の規準は、各人が自身のあり方を正し、悪を除き善をなす自身の行為にそれぞれ適用されるだろう。しかし、個々人の正義の適用は、それぞれ信仰者本人に対して行われうるのであって、自己の外部にある他者や、社会・国家に対して行われうるものではない。自己の外部にある悪や不正は、したがって正されえず、制裁を加えられることなく存続するだろう。それゆえ問題は、個々人の正義の規準を集約するメカニズムの不在と正義を社会全体に実現させる実行力の不在なのである。そこでまず「各人に属するもの」とは何かを決すること、つまり誰もが納得する統一的な正義の規準がつくり出されなければならない。社会契約＝全面譲渡によってつくり出された新しい政治体において、一般意志が「各人に属するもの」の唯一の規準を決定し、法がその規準を明文化、定式化する。そして政治体は、この法を執行することによって政治体全体に「各人に属するもの」を「各人に返す」こと――つまり「人間の正義」――を実現させる。すなわち政治体の意志が「人間の正義」の規準をつくり、その力が「人間の正義」を実現させるのである。私たちは「人間の正義」を、神から各人に与えられたものであるにもかかわらず、各人から奪われていたものを各人に返すことである、と捉え直すことができるだろう。「人間の正義」の実現は、各人に属するものであるにもかかわらず奪われていたあらゆるもの、すなわち人格・生命・あらゆる力・財産の返還をもたらす。それは決して物質的なものにとどまらず、私たちは、非物質的なもの（とりわけ人格）に着目しなければならないと思う。[154] それゆえ、社会契約と法律とに神聖性を付加する「市民宗教」は、政治体において、神によって与えられたにもかかわらず各人から奪われてしまったものを各人に返す「人間の正義」を神聖視し、その実現を促すものである。一人あるいは一部の人の意志によってではなく、「市民」の統合された意志＝一般意志によって現実の国家・社会の悪を裁きにかけ、「人間の正義」を地上で実現させるシステム――それこそ「市民宗教」を有する新しい政治体のシステムなのである。ところで地上における「人間の正義」の実現は、人間の自由の領域に属する事柄である。神はその実現を人間になんら保証しない。しかし神は、人間に自由と自己完成能力とを与えたのであり、それらを活用して人格を高め、この地上に「人間の正義」を実現させることは、まさに人間に託された責務といえよう。ルソーは「人間の正義」をあえて「神の正義」と並置させた。ルソーは「神の正義」の最終的で絶対的な裁きを前提にしつつも、「神の正義」の領域からの「人間の正義」の領域の自立化を宣言しているのではなかろうか。神はいずれにしても、この世における人間の責務の成否を、あの世での「神の審判」によって問い、「神の正義」

を顕現し、人間に対して最終的で絶対的な裁きを与えるであろう。しかし、ルソーは、神にあらゆる現世の悪の裁きを全面的にゆだね切ってしまうのではなく、人間は、人間の地上における責務として、一般意志に基づいた「人間の正義」の実現を、すなわち、政治体における悪の裁き＝悪の是正を果たさなければならないと考えたのである。そして「人間の正義」を実現させる新しい政治体においてこそ、人間の法（国家の実定法）と神の法との矛盾が止揚され、人間の法（新しい政治体の法）を神の法に接近させることができると考えたのであった。(155)

結びにかえて

本章は、宗教は人格と密接不可分の関係にあるものであるから、人格が動態的・発展段階的な変化を遂げれば、それに対応して、発展したそれまでと異質の宗教が見出されるのではないか、という予測から出発した。ところでこれまでの研究史においては、ルソーの宗教論が、人格の発展との関係から構造的に捉えられてきたとは言い難かった。多くの研究者は、「サヴォワの助任司祭の信仰告白」に見出される宗教の前半部分と後半部分の内容を分けることなく、それらを「自然宗教」と一括して捉えるか、あるいは、その差異を見出しても、それらを二つの異なった宗教として十分に理論化し、位置づけるまでには至っていない。本章では、「サヴォワの助任司祭の信仰告白」に見出される宗教は、信仰告白の前半部分と後半部分とでは質的に異なっており、後者＝「福音書の宗教」は、前者＝「自然宗教」を土台に持ちつつも、前者の持たない新しい重要な要素を持つ、より発達した宗教であると捉えた。この「自然宗教」から「福音書の宗教」への発展は、人格の第二の発展過程（「社会的人間」の形成過程）に対応する、大きく捉えれば同一の発展過程内での発展・変化であるが、二つの宗教の質的な差異の把握やそれらの位置づけは重要であると考えた。次に「市民宗教」とサヴォワの助任司祭の宗教とについてであるが、両者の間に発展段階的な質的転化を見ずに、そこに断絶を見て取る論者が多い。私は「福音書の宗教」から「市民宗教」への発展段階的な質的転化を、「社会的人間」から「市民」への人格の質的転化との密接な関連のなかで捉えようと努めた。ルソーの宗教論の革命性は、既成宗教の教義に敵対し、その存立を根底から揺るがし、否定するという宗教思想における革命性にとどまらない。その宗教論は、同時に政治思想上の革命性を有するのである。確かにルソーは『社会契約論』における人類の生存の臨界点、すなわち、かの〃想定〃を抽象的に記すことによって『不平等論』における人類史の円環の終極点＝疎外の極点と社会契約＝全面譲渡との間に〃問題の空間〃を残した。彼は新しい政治体の創出のための専制国家の打倒論、革命論を直接、書くことはなかった。しかし、私は〃問題の空間〃に革命論が置かれざるをえないとの認識から、推論によってその空間の架橋を試みたのであった。ルソーの宗教論は、人格の発展に伴う宗教の必然的な発展の帰結として、「福音書の宗教」を止揚した「市民宗教」を持つことによって、既成宗教のみならず、既成国家をも根底から否定、破壊する政治思想上の革命性を有することになる。なぜなら、「市民宗教」は社会契約に基づく新しい政治体の立法の一部をなすもの、もっといえば、その立法中の法のなかの法――法の神聖性を保証する法――だからである。「市民宗教」は、「福音書の宗教」――自然宗教化したキリスト教――を政治化した宗教であって、革命的な政治理論の体系の中核に位置する宗教＝法、すなわち革命的な国家宗教だからである。「市民宗教」は、政治体において「人間の正義」を実現すること――神から与えられているにもかかわらず、各人から奪われているものを各人に返すこと――を人間に可能にする宗教なのであった。

（1）　人格概念は、第二章「ルソーの労働概念」において析出され、かつ第三章「ルソーの人格概念―労働概念を手がかりとして

―」において、労働のみならず教育・善行・立法といったさまざまな人的行為において検出された。

（2） *D. I.*, III, p. 202. (Note IV) （一四七ページ。）

（3） *E.*, IV, p. 245. （(上) 二三ページ。）

（4） 「社会人（homme civil）」は「社会的人間（homme sociable）」とは異なる概念である。前者は疎外状況にある矛盾に満ちた現実の人間を指し、後者は発達する人格の第二段階の表象であり、社会性を有する理念的な人間を指している。両概念の自覚的な区分、対照性の獲得は、『エミール』において見出される。『不平等論』においては、「社会人（homme civil）」のタームが多用されるが、同書の末尾近くで、矛盾した現実の人間をhomme sociableと表記する箇所が一箇所、見られる。これは『不平等論』から『エミール』への思想の成熟過程を考える上で、一つの手がかりとなるものである。*D. I.*, III, p. 193.（一二九ページ。）

（5） *E.*, IV, p. 600. （(中) 一七一―一七二ページ。）

（6） 詳しくは、第三章三(2)を参照されたい。

（7） 「あらゆる行動の根源は自由な存在者の意志にある。」助任司祭はいう。「そこで、人間の意志を決定する原因は何か。それは彼の判断だ。では、判断を決定する原因は何か。それは彼の知的能力だ、判断する力だ。決定する原因は人間自身のうちにある」と。また同時に「人間は真実を判断した時に善いことを選び、判断を誤れば選択を誤るのだ」と述べられるが、私はまず、人が判断を誤る場合の意志形成のメカニズムを捉えたい。*E.*, IV, p. 586. （(中) 一五〇―一五一ページ。）

（8） ルソーは、この状態にある人間を受動的であるとする。*E.*, IV, p. 588. （(中) 一四七ページ。）社会人が現実にどこまで邪悪な感情を増大させるかという問いに対して「同胞の損害のなかに自分の利益を見出し、また一方の破滅はほとんど常に他方の繁栄となる」ことを通り越して「公共の災害が多数の個人の期待となり希望となる」場合が例示されている。ルソーはその一例として「豊年の兆しを見て泣き悲しむ恐ろしい人々」を挙げている。*D. I.*, III, pp. 202-203. (Note IX)（一四八ページ。）

（9） ルソーは理性の無謬性という神話から自由である。注(14)参照。

（10） この状態にある人間の能動性をルソーは明示している。*E.*, IV, p. 583. （(中) 一四七ページ。）

（11） *D. I.*, III, p. 142. （五三ページ。）、第二章Ⅰ参照。

（12） *E.*, IV, p. 317. （(上) 一二三―一二四ページ。）

（13） *E.*, IV, p. 481. （(上) 三六五ページ。）

（14） *E.*, IV, pp. 594-595. （(中) 一六四ページ。）

(15) *E.*, IV, p. 598.（（中）一六九ページ。）

(16) 注(13)参照。

(17) 「この特異なほとんど無制限な能力が人間のあらゆる不幸の源泉であり、平穏で無辜な日々が過ぎてゆくはずのあの原初的な状態から、時の経過とともに人間を引き出すものがこの能力であり、また、人間の知識と誤謬、悪徳と美徳を、幾世紀の流れのうちに孵化させて、遂には人間を彼自身と自然とに対する暴君にしているものこそ、この能力であることは、われわれにとって悲しいことながら認めないわけにはいかないだろう。」（傍点は鳴子）。*D. I.*, III, p. 142.（五三ページ。）

(18) R・ドラテは、ルソーが彼の思想のなかに二つの異なる理性概念を並置させることで満足したと述べている。二つの理性概念とは、一方がコンディヤック流の心理学的平面におけるそれであり、他方がマルブランシュ流の形而上学の領域におけるそれである。ところでドラテの主張するように、果たしてルソーは二つの理性概念の並置で満足していたのであろうか。ルソーは一方で、それ自体としてはニュートラルな能力である理性の非道徳領域での発展を論じる。しかし彼は、人間の各期における理性の完成は、感情（良心）の作用を受けて初めて果たされると明言する。つまり、道徳領域における理性と感情との相互補完的作用があってこそ、理性は完成するものとされる。私は、ルソーが理性を非道徳・道徳の両領域で捉えつつも、最終的には、道徳領域における理性の完成のなかに、理性を統合的に捉え直していると考える。R. Derathé, *Le rationalisme de J.-J. Rousseau*, Paris, Presses Universitaires de France, 1948, pp. 177-178.（田中治男訳『ルソーの合理主義』木鐸社、一九七九年、二四七—二四八ページ。）

(19) Jean Starobinski, *Jean-Jacques Rousseau La transparence et l'obstacle*, Paris, Gallimard, 1971, pp. 32-35.（山路昭訳『透明と障害—ルソーの世界』みすず書房、一九七三年、三〇—三三ページ。＊旧版（Plon, Paris, 1957）からの訳出。）他にプレイヤード版中のスタロバンスキーによる以下の注も参照。*D. I.*, III, p. 1340.

(20) *D. I.*, III, p. 171.（九五—九六ページ。）

(21) *E.*, IV, p. 588.（（中）一五四ページ。）

(22) *L. M.*, III, p. 694.（『全集』（VIII）二〇三ページ。）

(23) *E.*, IV, p. 557.（（中）一〇八ページ。）

(24) 人間を個体として捉える場合と同様、種として捉える場合にも、人間の認識能力の発達が宗教の獲得の条件とされているのは明らかである。真の宗教と区別される未開人の原始「宗教」については*E.*, IV, pp. 552-553.（（中）一〇〇—一〇一ページ。）参照。

(25) 道徳は精神—肉体の領域に属し、宗教は魂—肉体の領域に属するものである。

(26) *E.*, IV, p. 606.（(中) 一八一ページ。）

(27) *E.*, IV, p. 606.（(中) 一八二ページ。）

(28) *E.*, IV, p. 583.（(中) 一四六ページ。）

(29) *E.*, IV, p. 567.（(中) 一二二ページ。）

(30) *E.*, IV, p. 567.（(中) 一二三ページ。）

(31) このことは、エミールが神への探究へと向かうのが、人々の教えによってではなく「彼の知識の自然の進歩がその方面に彼の探究を向けさせる時だ」とされていることと当然一致している。*E.*, IV, p. 557.（(中) 一〇八ページ。）

(32) *E.*, IV, p. 568.（(中) 一二四ページ。）

(33) *E.*, IV, p. 568.（(中) 一二五ページ。）

(34) *E.*, IV, p. 583.（(中) 一四六ページ。）

(35) *E.*, IV, p. 607.（(中) 一八四ページ。）

(36) *E.*, IV, p. 569.（(中) 一二七ページ。）

(37) *E.*, IV, p. 594.（(中) 一六三ページ。）

(38) *E.*, IV, p. 600.（(中) 一七二ページ。）

(39) 良心の根源に接近しようとする局面で語られる良心は、「感情」より「光」、「声」などと表現されることが多い。神に対する人間の魂の感応・呼応をより感じさせる表現である。

(40) このようなアプローチを続けて得られた信仰（箇条）には、それゆえ「理性に反することや観察と食い違うことはそこには一つもない」とされるのである。*E.*, IV, pp. 576-577.（(中) 一三七ページ。）

(41) ①—④はそれぞれ、①方法、②探究領域、③第一に問題となる事柄、④第二に問題となる事柄、という内容である。*E.*, IV, p. 570.（(中) 一二八ページ。）

(42) *E.*, IV, p. 567.（(中) 一二四ページ。）

(43) *E.*, IV, p. 568.（(中) 一二四ページ。）ここにいう「なんらかの方法」が、先に述べた理性と良心とによる接近方法であることは繰り返すまでもなかろう。
(44) *E.*, IV, p. 575.（(中) 一三五ページ。）
(45) *E.*, IV, p. 576.（(中) 一三六ページ。）
(46) *E.*, IV, p. 578.（(中) 一三九ページ。）
(47) *E.*, IV, p. 581.（(中) 一四三ページ。）
(48) *E.*, IV, p. 582.（(中) 一四五ページ。）
(49) *E.*, IV, p. 583.（(中) 一四六ページ。）
(50) 注(18)参照。
(51) *E.*, IV, pp. 586-587.（(中) 一五一ページ。）第一、第二の信仰箇条が神と全被造物との関係を記しているのに対し、第三箇条には、自由な行為者としての属性の賦与によって、他の被造物から区別された人間と神との関係が記されている。
(52) *E.*, IV, p. 587.（(中) 一五一ページ。）ある事柄を論ずる時、その最も基本的な要素は明示するが、その全体は語らず、読者自身が明示された基本要素から導出して全体を把握すべしとする態度は、ルソーのしばしば採るところである。『不平等論』で自然法について、その定義など一切与えず、理性に先立つ二つの原理（自己愛と憐れみの情とを指す）を示唆するだけにとどめ、両原理を協力させたり、組み合わせることから「自然法のすべての規則が生じてくる」としているのがその例である。*D. I.*, III, p. 126.（三一ページ。）
(53) 注(22)参照。
(54) 第一、第二箇条は、ルソーによる宗教の内的区分に従えば、②b、つまり「純粋に信仰にかかわる思弁的な教義だけを含む部分」とみなされよう。
(55) *E.*, IV, p. 587.（(中) 一五一ページ。）
(56) *E.*, IV, pp. 589-590.（(中) 一五六ページ。）
(57) *E.*, IV, p. 590.（(中) 一五七ページ。）
(58) 死後の世界における神の秩序の全的回復を語ることによって、神の摂理の正しさがさらに力強く主張されているのはもちろんだが、ここに、この世において苦しんでおり、かつ、この世では十分な償いを受けることのかなわぬ善人ルソーの魂の叫びをも聞く思いがする。

(59) *E.*, IV, p. 594. ((中) 一六三ページ。)

(60) 「そこで、その自由を正しく用いることは、功績になり、報賞になるのであって、魂は地上の情念と戦い、初志を貫徹することによって、変わることのない幸福への道を準備するのだ。」*E.*, IV, p. 603. ((中) 一七七ページ。)

(61) *E.*, IV, p. 603. ((中) 一七六ページ。)

(62) *E.*, IV, p. 587. ((中) 一五二ページ。)

(63) ルソーにとって、人間の自由とは「人間の魂の霊性」の現れる場であり、「力学の法則によっては何も説明されない」、「意志する力、というより選択する力」のうちにある。*D. I.*, III, p. 142. (五二ページ。)

(64) *D. I.*, III, pp. 134-135. (四二ページ。)

(65) *E.*, IV, p. 607. ((中) 一八三ページ。)

(66) *E.*, IV, p. 607. ((中) 一八四ページ。)

(67) *E.*, IV, p. 610. ((中) 一八七ページ。)

(68) *E.*, IV, pp. 608-609. ((中) 一八六ページ。)

(69) *E.*, IV, p. 608. ((中) 一八五ページ。)

(70) *E.*, IV, p. 610. ((中) 一八七ページ。)

(71) *E.*, IV, p. 607. ((中) 一八三―一八四ページ。)

(72) *E.*, IV, p. 624. ((中) 二〇七ページ。)

(73) *E.*, IV, pp. 624-625. ((中) 二〇七―二〇八ページ。)

(74) *E.*, IV, p. 606. ((中) 一八二ページ。)

(75) *E.*, IV, p. 607. ((中) 一八四ページ。)

(76) *E.*, IV, p. 612. ((中) 一九〇ページ。)

(77)、(78) *E.*, IV, p. 625. ((中) 二〇八ページ。)

(79) *E.*, IV, p. 625. ((中) 二〇九ページ。)

(80)、(81)、(82)、(83)、(84) *E.*, IV, p. 626. ((中) 二一〇ページ。)

(85) *E.*, IV, p. 625. ((中) 二〇九ページ。)

(86)　ここで列挙されるイエスの属性は『山からの手紙』（第三の手紙）においてルソーが語るイエスの魅力的な人柄の特質と符合している。*L. M.*, III, pp. 753-754.（『全集』（Ⅷ）二七二ページ。）
(87)　*E.*, IV, p. 626.（(中) 二〇九ページ。）
(88)　*E.*, IV, p. 578.（(中) 一三九ページ。）
(89)　*E.*, IV, p. 626.（(中) 二一〇ページ。）
(90)　原罪の教義を認めないとの批判に対するルソーの直接的反論は『ボーモンへの手紙』中に見出される。彼の基本的な主張は、聖書のなかに明確かつ厳格な形で原罪の教義が含まれているとはいえず、それは後世のアウグスチヌスや神学者が打ち立てた教義でしかない、というものである。「アダムが背いた命令は私には真の禁止であるよりは父の忠告であるように思われる」というルソーにとって、なぜ、アダムのごく軽微な過ちにかくも恐ろしい罰が科されねばならないのか理解しえないのであり、原罪の教義は苛酷な神学者たちのつくり出した憎むべき教義としか考えられないのである。*L. B.*, IV, pp. 937-940.（『全集』（Ⅶ）四五二―四五六ページ。）
　また、原罪の教義や三位一体の玄義に対する否定的見解については、*L. M.*, III, p. 705.（『全集』（Ⅷ）二一七ページ。）参照。そこでは純粋な市民宗教の確立の見地から、二つの教義が国家の紐帯の強化にとって無効あるいはマイナスであり、市民宗教の教義から除かれるべきことが主張されている。しかし、国家と宗教の関係においてのみならず、両教義はもっと根底から否定的に捉えられている。すなわち、それらは無数の解釈や決定によって人々に争いをもたらす「教条的あるいは神学的キリスト教」の教義とされ、ルソーのいう真の信仰にとって無用なものと考えられていることは間違いなかろう。
(91)、(92)　*E.*, IV, p. 627.（(中) 二一一ページ。）
(93)　*E.*, IV, p. 625.（(中) 二〇八ページ。）
(94)　*E.*, IV, p. 627.（(中) 二一一ページ。）
(95)、(96)　*E.*, IV, p. 629.（(中) 二一四ページ。）
(97)　例えば「単純な教理」という言葉の裏には、煩雑で難解な教理、さらにいえば「行動にも道徳にも影響しないのに、多くの人を悩ましている教理」への批判が込められているだろうし、あるいはまた「慈悲深い行為」という言葉の裏には、カトリック教会が慈悲深い行為よりも「宗教的行事」に重きを置いている事実があろうことも容易に想像される。*E.*, IV, p. 627.（(中) 二一一ページ。）

(98) C. S., III, p. 464.（一八四―一八五ページ。）

(99) C. S., III, p. 465.（一八六ページ。）

(100) 信仰告白後半に見出せないものは、ただ「人間の宗教」、「福音書の宗教」、「福音書のキリスト教」といった名称だけである、としても過言ではなかろう。

(101) *E.*, IV, pp. 631-632.（(中) 二一八ページ。）

(102) 「この偉大で崇高な書物を読むことによってこそ、私はその神聖な著者を崇拝することを学ぶのだ。何人もそれを読まずにいることは許されない。その著者はすべての精神に理解される言葉で、すべての人間に向かって語っているからだ。」*E.*, IV, p. 625.（(中) 二〇七ページ。）

(103) *D. I.*, III, p. 156.（七五ページ。）

(104) *E.*, IV, p. 636.（(中) 二二二ページ。）

(105) 自己犠牲の死（殉教）は、視野をこの世に限定すれば、自己保存を否定する行為であるから、自己愛の圧殺を意味するように思える。しかし、あの世にまで視野を広げ、死後の魂の救済を確信する信仰者の目から見れば、その死は自己否定どころか永遠の生命を獲得するための行為であり、自己愛はなんら神への愛、秩序への愛と矛盾しないことになろう。

(106) 「自然宗教」における死後の魂の救済については**二**（注(58)の前後）ですでに述べた。

(107) *E.*, IV, p. 591.（(中) 一五八ページ。）

(108) 注(104)参照。

(109) 人間の自己褒賞・自己処罰による死後の運命の区別を述べた後の、助任司祭の以下の発言、参照。「ああ、よき友よ、その他にも幸福や苦しみの源があることになるのかどうか、と聞かないでほしい。それは私にはわからないのだ。（後略）」*E.*, IV, p. 591.（(中) 一五八―一五九ページ。）

(110) *E.*, IV, p. 614.（(中) 一九二―一九三ページ。）

(111) *E.*, IV, p. 614.（(中) 一九三ページ。）

(112) C. S., III, p. 464.（一八四―一八五ページ。）

(113) C. S., III, p. 465.（一八六ページ。）

(114) 助任司祭によってカルヴァン派の宗教は次のように捉えられていた。「それは非常に単純で、神聖な宗教だ。それは地上に見られるあらゆる宗教のなかでこの上なく純粋な倫理を含み、最もよく理性にかなった宗教だと私は信じている」と。*E.*, Ⅳ, p. 631.（（中）二二七ページ。）ここに述べられた諸特徴が「福音書の宗教」の有する諸特徴と一致していることを改めて述べる必要はなかろう。

(115) *L. M.*, Ⅲ, pp. 712-713.（『全集』（Ⅷ）二二七ページ。）

(116) *L. M.*, Ⅲ, p. 712.（『全集』（Ⅷ）二二六ページ。）

(117) cf. *L. M.* (Seconde Lettre), surtout Ⅲ, p. 719.（『全集』（Ⅷ）二三四—二三五ページ。）

(118) 各人を聖書の自由解釈権者とする主張を徹底化したためにルソーは、教会の基礎をなす教理の正統性を確定、固守するカルヴァン派の立場から大きく逸脱してしまっている。ルソーにおいては、教会もなく、したがって統一的な教理の確定、固定化もない個別的な内面的信仰の獲得が問題とされるのである。もとより、聖書を規範として承認する立場と、聖書のうち、福音書だけが取り出され、しかも啓示の事実上の排除を伴っているルソーの立場との乖離は覆いがたいものである。

ところで、吉岡知哉氏は「宗教改革の原理は、十八世紀後半のルソーによってその最も徹底した主張にまでいきついているのである」と述べた上で、「だが福音書解釈に関して完全な自由を主張することは、いうまでもなく、完全な宗教的アナーキーの主張となるであろう。問題はすでにカトリックかプロテスタントかというような次元ではありえない。宗教という概念の定義が問われているのである」と主張する。確かに確定した正統な教理を固守しようとするあらゆる既成宗教、教団に対して、ルソーの主張は並外れた破壊力を持っている。しかし、彼の主張を「完全な宗教的アナーキーの主張」と言い切ってしまうのは果たして妥当であろうか。後に論述するように、個別的な内面的信仰である「福音書の宗教」の持ちえなかった教理の統一・集約のメカニズムを「市民」は、「福音書の宗教」を止揚して創り出された「市民宗教」において獲得するのである。吉岡知哉『ジャン＝ジャック・ルソー論』東京大学出版会、一九八八年、二二一ページ。

(119) ドラテは「助任司祭の信仰告白」に表示される宗教を次のように総括している。「福音書に対する尊敬、宗教的心情の熱烈さにもかかわらず、ルソーは、自然宗教の限界から逸脱することのない宗教を信奉している。というのは、彼は恩寵について語ることなく（というのは彼はこれにいわば全然捉われたことがないのである）、奇蹟を拒否しているからである。『サヴォワの助任司祭の信仰告白』は、実際上、クリスト教徒の信仰よりは、ヴォルテールの理神論により近いところに位置している。」R. Derathé, *op. cit.*, p. 61.（前掲訳書　七九ページ。さらに第二章注(65)も参照。）このように、ドラテは助任司祭の宗教を「自然宗教の限界から逸脱することのない宗教」と捉えている。この総括から、ドラテにおいては、「助任司祭の信仰告白」のなかに二つの異質な宗教を見て、両宗教の間に宗教の発展を見出すような視角は存在しないことがわかる。

(120) 人格の発達と宗教の発展との関係は、エミールのなかでどう捉えられるだろうか。二〇歳のエミールは「自然宗教」の段階にとどまっているとルソーは明言する。「人間の権威も生まれた国の偏見も一切認めない限り、理性の光りだけでは、自然の教育において、私たちが自然宗教よりもさらに遠いところへ導かれていくことはありえない。だから、そこに私はエミールとともにとどまっているのだ」と。そして続けて次のようにいう。「もし、彼がそれとは別の宗教を持つべきだとするなら、この点においては、私はもう彼の導き手になる権利を持たない。それを選ぶのは彼が一人ですべきことだ」と。*E.*, IV, pp. 635-636.（(中)二二〇ページ。）「自然宗教」を越えてさらに確固たる信仰を獲得するための道が歩まれるだろう。しかし、信仰の選び取りはエミールが一人でなすべきこととされる。エミールの世間への旅とヨーロッパ諸国への旅は、風俗と人間、統治と人間の現実を観察する旅である。こうした観察と経験の積み重ねがエミールの自己完成能力の活動を一段と活性化させ、この完成能力の働きかけによって、彼の理性は、自らが生きるべき国、地方を選び取ることが可能な段階にまで高まる。こうした高められた理性とそれに対応する良心とによって信仰へのアプローチを続けるエミールは、「自然宗教」を基底に持ちつつ、さらに明快な自らの信仰を獲得しうる状態にすでに達しているだろう。『エミール』において宗教論の展開を「サヴォワの助任司祭の信仰告白」に集中・限定したルソーは、エミール自身の「福音書の宗教」の選び取りを直接語ってはいない。しかし、私は、社会的人間としての人格の一応の完成をみたエミールが「福音書の宗教」を自ら選び取っているという想定を疑うことはできないのである。

(121)、(122) *C. S.*, III, p. 464.（一八五ページ。）

(123) *C. S.*, III, p. 462.（一八二ページ。）

(124) 「市民の宗教 (la Religion du Citoyen)」は「市民宗教 (la religion civile)」とは、明確に区別されなければならない。前者は、神政政治下の宗教を指し、その例は多く古代国家に見出されるものである。

(125) *C. S.*, III, p. 465.（一八六ページ。）

(126) *C. S.*, III, p. 465.（一八六—一八七ページ。）

(127) *D. I.*, III, p. 152.（六八ページ。）

(128) 地上における義務の天上との連続性は、それがただ「道徳の義務」と呼ばれるのではなく「道徳の永遠の義務」と呼ばれていることのうちにも表現されている。

(129) *C. S.*, III, p. 468.（一九〇ページ。）

(130) スタロバンスキーは次のようにいう。「このようにルソーはひとつのすでにある社会から完全に公正な社会への移行についての実践的な問題を避けている」と。J. Starobinski, *op. cit.*, p. 45.（前掲訳書、四九ページ。）
(131) C. S., Ⅲ, p. 360.（二八―二九ページ。）
(132) C. S., Ⅲ, p. 361.（三一ページ。）人格の原語は personne である。これまで身体と訳されることのほとんどであった personne を人格とした理由については、第三章三(3)を参照されたい。
(133) *D. I.*, Ⅲ, p. 191.（二二六―二二七ページ。）
(134) J. Starobinski, *op. cit.*, p. 45.（前掲訳書、四九―五〇ページ。）
(135) それは以下の三段階である。①法律と所有権との設立（富者と貧者との状態）②為政者の職の設定（強者と弱者との状態）③合法的な権力から専制的権力への変化（主人と奴隷との状態）*D. I.*, Ⅲ, p. 187.（二二一ページ。）
(136) 『不平等論』に語られる、専制国家の本質的矛盾の覚醒なしに、力を力によって打倒する「暴動（émeute）」あるいは「こうした短い、頻繁な革命（ces courtes et fréquentes révolutions）」と、私たちが論じている、人々の覚醒を伴った真の革命とは、区別されなければならない。なぜなら前者は、古い専制国家に代わる新たな専制国家を生む行為にすぎないからである。*D. I.*, Ⅲ, p. 187.（二二一ページ。）
(137) J. Starobinski, *op. cit.*, pp. 46-47.（前掲訳書、五〇―五一ページ。）
(138) ルソーは断言する。「キリスト教は、服従と依存とだけしか説かぬ。その精神は圧制にとても好都合なので、圧制は常に、これを利用せずには済ませない」と。C. S., Ⅲ, p. 467.（一八九ページ。）
(139) C. S., Ⅲ, p. 468.（一九一―一九二ページ。）
(140) C. S., Ⅲ, pp. 468-469.（一九二ページ。）
(141) *L. M.*, Ⅲ, p. 703.（『全集』（Ⅷ）二一五ページ。）
(142) 人々は政治体の創設時に、立法者という外在的な自己完成能力の促進者に働きかけられることによって、理性の質的転化を遂げた新しい人格＝「市民」となることができるのである。
(143) C. S., Ⅲ, p. 468.（一九〇ページ。）
(144) C.S.,Ⅲ, p. 467.（一九〇ページ。）
(145) 「その上、めいめいは、好むままの意見を持ってよいのであり、それは主権者の関知すべきところでない。なぜならば、主権者は彼岸の世界についてはなんの権限をも持たぬため、臣民がこの世においてよき市民であるならば、来世においていかなる巡り合わせに遭おうとも、それは主権者のあずかり知らぬことなのである」と。C. S., III, p. 468.（一九〇―一九一ページ。）

(146) C. S., III, p. 468.（一九一ページ。）

(147) C. S., III, p. 468.（一九一―一九二ページ。）

(148) J・L・ルセルクルは次のようにいう。「世界でもっとも寛容的な人間、さらには自分の世紀の中で唯一寛容な人間と公言していた作家にあっては、少なくとも驚きを感じさせる決定である。啓蒙の時代にありながら、彼は無神論的な宣伝に死罪を言いわたすのだ」と。Jean-Louis Lecercle, *Jean—Jacques Rousseau—modernité d'un classique*, Librairie Larousse, 1973, p. 143.（小林浩訳『ルソーの世界　あるいは近代の誕生』法政大学出版局、一九九三年、一七三ページ。）

(149) 「この点についての私の本当の気持ちをはっきりさせておこう。それは、真の信仰者で不寛容や迫害者でもありうるものは一人もないということだ。もし、私が役人であり、また無神論者を死刑にする法があるとすれば、私はまず他人を無神論者だと知らせてくる奴を誰でも無神論者として火刑にさせることから始めるであろう。」桑原武夫・前川貞次郎訳『社会契約論』岩波文庫、一九五四年、第四編第八章、訳注(11)。（二二〇―二二一ページ。）

(150) 周知のように社会契約は、その前提として一般意志への服従という約束を含む。一般意志への服従は、一般意志が定式化され表明された法への服従を当然もたらす。C. S., III, p. 364.（三五ページ。）

(151) *N. H.*, II, p. 589.（『全集』(X) 二四五ページ。）

(152) *N.H.*, II, pp. 592-593.（『全集』(X) 二四〇ページ。）

(153) *E.*, IV, pp. 593-594.（(中) 一六二ページ。）このフレーズ中の「人間の正義」の規定は、岩波文庫においても『ルソー全集』においても「各人に属するものを各人に与えること」と訳されている。（『全集』(Ⅶ) 四九ページ参照。）ここでの問題のタームは rendre である。私は「各人に属するものを各人に返すこと」とした方が、ルソーの真意を的確に表すことができると考えた。（傍点は鳴子）

(154) 社会契約による「人間の正義」創出の、ルソーの思想のなかでの位置づけについてはR・ポランの所論を参照。Raymond Polin, *La politique de la solitude*, Paris, Editions Sirey, 1971, chap. 3.（水波朗他訳『孤独の政治学』九州大学出版会、一九八二年。）

ところで非物質的なもの、とりわけ人格に着目して「人間の正義」論を検討することを私の次の課題としたい。

(155)　「市民宗教」の創出によって私たちの眼前に市民道徳の領域が広がり始める。「市民宗教」は、市民の義務の規準を指し示し、市民道徳の基礎を与えるからである。「市民道徳の体系は、自己愛と祖国愛（憐れみの情の発展形態）との関係のなかから生まれ、市民的良心を発現させる。この市民的良心が市民的理性と相互補完的に機能することによって、市民的な道徳的意志が形成される。」以上は、ルソー自身の手によって提示されたものではない。しかしこの「市民宗教」—市民道徳の基本枠組は、「福音書の宗教」—道徳関係とのアナロジーから導き出せるのである。市民道徳の領域の検討は、今後の課題として残されている。

第五章　ルソーの正義論
——人類と国家の円環史的展開の視点から——

人間が社会的であることを望んだ存在が、地球の軸に指を触れ、それを少し傾けて宇宙の軸に合わせたのである。そのわずかなずれで、地球の表面に変化が起こり、人類の使命が決まってくる様子が見えてくる。遠くで無分別な多数の人々が、喜びの叫びを上げているのが聞こえてくる。宮殿や都市が建設されるのが見える。芸術や法律や商業が現れてくるのが見える。海の波のように相次いで諸民族が形成され、拡がり、消滅していく様が見える。人々が自分の住居から出て、いくつかの地点に集まり、そこで互いに食い合い、世界のそれ以外の土地を恐ろしい荒野と化してしまうのが見える。その荒野こそ人間が社会的に結びつき、技術を役立ててきた記念としてふさわしい。

——『言語起源論』——

序

ルソーの正義論の核心にあるのは、「各人に属するものを各人に返す」という「人間の正義」概念である。周知のごとく、その原初的なフレーズはキケロに見出され、表現から見る限り、ルソーの「人間の正義」概念は、アリストテレス以来の「配分的正義」観念の系譜上にある、伝統的用法の踏襲とさえ、みなされるかもしれない。しかし私は、この「人間の正義」概念が、革命と建国時の全面譲渡を前提とした国家において、初めて実現の条件を得る、驚くべき革命性を内包する概念であることを明らかにしたい。

正義論の分析視角として「人格（personne）」概念が活用される。ルソーの理論体系中に、人間が自己完成能力の働きによって、諸能力を発現させ、発現させた諸能力の増大に伴って、感情を変質、転化させるプロセスが検出される。すなわち、人格は自己完成能力の活動に連動して、動態的に転化、発展するのである。人格が動態的に発展するとすれば、それと呼応した各段階、状況下における正義観念が見出されるのではなかろうか。このような視点から、本章では、人格――そしてそれと呼応する正義(法)――の弁証法的展開、両者の動態的な転化のプロセスの解明が試みられる。

『不平等論』に、種の人格の発展史としての人類史の展開と正義観念の転化が見出される。自己完成能力の本格的活動期以前の人類は、自然法の範囲内にあったが、人類の幼年期、ルソーの称揚する世界の青年期を経て、冶金・農業の発見、定着という「大きな革命」を画期として、人類は私的所有を始め、社会状態に移行する。社会的分業の始まった社会を単純化した「一〇人の社会」モデルのなかに、ルソーは、はっきりと生産力の上昇と疎外の起点を見出している。ルソーは自己完成能力の活性化に伴う生活技術の発展を叙述してゆくが、私たちは「生産力」の発展が人類の歴史過程をつくり出してゆく関係を、ある意味で、マルクスにはるかに先立って、彼の体系中に見出すことができる。

程なく出現する現実国家において、欲望の増大した人類は、自己完成能力の活動によって、諸能力を肥大化させ、この肥大化した諸能力によって、すでに感情の自然的調和を喪失している。このような人格の疎外の進行に呼応して、現実国家の正義観念は自然法からの逸脱の度を深める。疎外の極限状態に達した人類は、ここで円環を閉じるとされる。しかしルソーは、厳密に捉えるなら、円環の最後の一点を書かなかった。この最後の一点にこそ、私は「革命」が置かれなければならないと考える。理性は感情（良心）によって完成されるという人格の（各期における）完成論を有する『エミール』を媒介として、『不平等論』、『社会契約論』は結合されることになる。

革命後、今度は新しい国家の建設に際して、各人は各人の所有する、精神、物質両面にわたるあらゆるものの全面譲渡を果たす。精神的なもののなかには、例えば、人格と密接不離な信仰さえ含まれるであろう。徹底した全面譲渡こそが、「各人に属するもの」の規準をどこまで徹底して合意し合えるかを左右する、一般意志形成の前提条件となる。一般意志は、その公的人格＝国家の質的段階に対応した「人間の正義」の規準の顕在化である。「人間の正義」の規準は、それゆえ、固定的、絶対的なものではない。疎外を革命によって止揚して誕生した国家も、自己完成能力の活動に伴う新たな疎外の発生を阻止することはできず、「部分社会」の形成、拡大が見られる。そのために結局、契約国家もまた、成熟、衰退、死滅のプロセスをたどらざるをえない。すなわち一回の革命によって疎外は克服されるものではなく、国家の円環は永続する循環と捉えられるべきである。個々の国家の歴史は、人類史と同様に、円環史的展開を遂げるのである。というよりむしろ、個々の国家の円環史（小さならせん）が集まって、人類の円環史（大きならせん）が形づくられているのである。国家の「人間の正義」の動態的発展は、「神の正義」への接近を図る、人間の側の不断の運動なのである。

その他、本章では「あるがままの人間」論への反論も行いたい。

一　人類史の円環を閉じる点をめぐって

(1)『不平等論』――人類史の円環の終極点

まず第一点は、人類史の円環を閉じる点についてである。ルソーは『人間不平等起源論』で人類の歴史過程を円環で捉え、叙述しているが、円環を閉じる点を専制国家の末期、つまり人々の人格が無に等しいものになり、自己保存さえ困難になった疎外の極限状態、としている。通説的見解によれば、人類史の円環は『不平等論』で切断されており、人類史と『社会契約論』で展開される国家の歴史とは連続して捉えられていない。しかし私はあえて、切断されているという問題の空間に革命を置くことによって、「切断」論に対する反論を行いたい。

さて改めていえば、ルソーは、専制国家の末期の疎外の極み、つまり最強者の法の支配する戦争状態を、人類史の円環の終極点であるとした。彼はこの状態を「これがすなわち不平等の到達点であり、円環を閉じ、われわれが出発した起点に触れる終極の点である」[1]（不 一二六—七）と述べている。しかし、このような戦争状態と円環の起点にある純粋な自然状態とは、本当に重なり合う点なのだろうか、果たして円環はこの一点において閉ざされているのか、という疑問が生じるのは当然のことである。純粋な自然状態における人々の独立と平等を、このような戦争状態（疎外状態）のなかに見出すことが可能なのか、という疑問が直ちに浮上してくるからである。ルソーは、この二つの状態を、一方が「純粋な形で自然状態であった」とし、他方を「過度の腐敗の結果だ」として差異を認めつつも、後者においては「政府の契約」が破棄され、最強者（つまり専制君主）の「法」しか見出せない「一つの新しい自然状態」であるとして、このような疎外の極点を円環の終極点であると断言するのである（不 一二七）。この問題に関して、西川長夫氏は、「ルソーは二つの自然状態にちがいを認めており、したがって円は厳密には閉ざされていない」といわれる。あるいはさらに進んで、前者はルソー的自然状態であるが、後者がホッブズ的自然状態（戦争状態）であることを踏まえて、「二つの自然状態がルソー的、ホッブズ的という限りにおいて、円は開かれているが、新しい自然状態において純粋な自然状態におけると類似の関係（無政府、無契約）があらわれるという限りにおいて円は閉ざされている」(2)とも述べられている。明らかに内容の異なる二つの状態を一致点とするためには、困難な解釈を強いられることになる。私は、これら二点を重なり合う点とするルソーの説明には無理があり、不自然であるという点に戻って、改めて考えることにしたい。人類史がこの疎外の極限状態までしか捉えられておらず、この点で円環が閉ざされるというルソーの説明を字句通り取るならば、円環が閉ざされているとはみなしえない。ルソーに「ここですべての個人が再び平等となる」(不 一二七)といわれても、専制主義(最強者の法の支配する戦争状態)下の平等と純粋な自然状態における平等との限りない隔たりが強く意識されるばかりであり、彼のここでの説明の不自然性が際立ってくるのである。円環が真に閉ざされるためには、権力の非合法化ではなく、権力の真空状態が出現することが、そうした真空状態のなかで、独立した個々人が個々人でしかありえないことが必要ではないだろうか。疎外の極限状態の先に、ルソーによって書かれなかった最後の一点、つまり革命を置くことによって、円環のこの終極点と起点とは重なり合い、円環は閉じるとみなしうる。革命によって専制国家の打倒が行われると、権力の一時的真空状態が出現する。こうした状態においてこそ、ルソーのいうすべての個人の平等が見出されるからである。それゆえ、ルソーの説明にもかかわらず、革命こそが、円環の真の終極点であると考えられなければならない。ただし、革命は、もちろん純粋な自然状態への回帰ではありえない。重なり合う点とは、完全な一致点を意味しない。この点については後に明らかとなる。

ところでルソーは『不平等論』に対する反論である『フィロポリスの手紙』への返事――それは生前未発表であった――のなかで、次のようにいう。

「社会状態は、人間が到達を早めることも遅らすことも自由にできる極限の終点を持っているのだから、人々に、余りに速く進む危険と、彼らが種の完成と取り違えているある状態の悲惨とを示してやることは無益ではないのです」（不 二一〇）と。

このようにルソーが「種の完成」という観念を明示し、かつ人々が「種の完成と取り違えているある状態」を告発し、その悲惨を訴えることの意義を強調していることに注目すべきである。人々が「種の完成と取り違えているある状態」こそ、ルソーが『不平等論』で人類史の円環の終極点とした点なのではなかろうか。ルソーはそうした終極点とは異なる真の終極点のことを『フィロポリスへの返事』で語っているのではなかろうか。しかし、「種の完成」観念が明らかにされないと、問題のすべてを解きえないし、この引用文の前後には、ルソーの歴史観の重要な特徴が示されてもいるので、これらの問題をめぐっては後に改めて論じることにする。

(2)『社会契約論』冒頭の革命肯定論

それでは、多数の論者が『不平等論』と断絶しているとする『社会契約論』に目を移すことにしよう。ルソーは『社会契約論』冒頭（第一編第一章＝第一編の主題）において、次のようにいう。

「もし、私が力しか、またそこから出てくる結果しか、考えに入れないとすれば、私は次のようにいうだろう——ある人民が服従を強いられ、また服従している間は、それもよろしい。人民がクビキを振りほどくことができ、またそれを振りほどくことが早ければ早いほど、なおよろしい。なぜなら、その時人民は、（支配者が）人民の自由を奪ったその同じ権利によって、自分の自由を回復するのであって、人民は自由を取り戻す資格を与えられるか、それとも人民から自由を奪う資格は元々なかったということになるか、どちらかだから。」（契 I—一）

「ある人民が服従を強いられ、また服従している間は、それもよろしい」といわれるのは、支配者の支配が不当なものであっても、その支配がまだ存続する力を持っている時は、人民が服従することはよしとされるということである。仮に、このような状況下であえて人民の一部が、この支配の破壊をもくろんでも無益な血が流れるだけで、この一時的な騒擾は直ちに鎮圧されるであろう。ルソーの真意を見誤らぬために、これは力とその結果の問題であって、人民の服従は、決して義務ではないということに注意しなければならない。支配が正当であるから服従義務があるというのとは一八〇度違って、彼はこの段階での騒擾の無益さのゆえに、騒擾を嫌い、服従をよりましな選択として評価しているのである。したがって、このことをもって、ルソーをどこまでも秩序の破壊を拒否する現状肯定論者、あるいは平和的改良主義者と断定するのは早計である。このセンテンスの直後に「人民がクビキを振りほどくことができ、またそれを振りほどくことが早ければ早いほど、なおよろしい」と続けているのだから。支配者の力を上回る力を、人民が結集することが可能になった時、力にしか根拠を持たない不当な権力の打倒は、力強く肯定される。この行為の時期が早ければ早いほどよく、また、先の人民が支配者の服従下にある状態より、さらによしとされているのである。ルソーは明らかに、大胆にも『社会契約論』冒頭において、革命肯定論を展開しているのである。だがしかし、ルソーは革命肯定論者であるが、革命の扇動者ではないことも同じように事実である。先に取り上げた服従肯定の言葉からもわかるように、彼はいたずらに革命をけしかけるのではなく、革命の機を見ることを重要視する。それでは、革命の機が熟しているかどうか、革命の気運が近づきつつあるか否かについて、ルソーはどのような判断を下しているのか。もし彼が当時の時代状況を革命から遠いものと認識していたのだとしたら、たとえ上記のような革命の肯定論があったとしても、それは原理的可能性のレヴェルの議論にとどまるものといえるのかもしれないからである。

⑶『エミール』における時代認識

しかし、ルソーの時代認識は、『エミール』の以下の箇所（第三編）に明示されている。やや長いが引用する。

「あなたがたは社会の現在の秩序に信頼して、それが避けがたい革命に脅かされていることを考えない。そしてあなたがたの子供が直面することになるかもしれない革命を予見することも、防止することも不可能であることを考えない。高貴の人は卑小な者になり、富める者は貧しい者になり、君主は臣下になる。そういう運命の打撃は稀にしか起こらないから、あなたがたはそういうことを免れられると考えているのだろうか。私たちは危機の状態と革命の時代に近づきつつある。その時あなたがたはどうなるのか、誰があなたがたに責任を持つことができよう。人間がつくったものはすべて人間がぶち壊すことができる。自然が押したしるしの他には消すことのできないしるしはない。そして自然は王侯も金持ちも貴族もつくらないのだ。」（エ上三四六）

ここに明言されているのは、革命は、本来、頻発するものではなく、稀なものであるのだが、時代が不可避的に革命に接近しつつあるという状況認識であり、しかもここに予見されている未来は決して遠い未来ではなく、子供が直面するかもしれない、つまり二〇—三〇年程度しか先でない、きわめて近い未来のことなのである。ところで、実は、革命近しというこの予見に注目する論者は多いのである。しかし、『エミール』の帰着点を、結局、矛盾した現実国家下に妻と畑を得るエミール、と捉える解釈者たちは、『エミール』を観念的著作とみなし、革命近しの予見すらも、観念的著作中の一言説として解するにとどめてしまうのである。私は、『エミール』のこの革命の予見も、問題の空間をめぐるルソーの他の言説と突き合わせてみなければならないと思う。先の『社会契約論』冒頭の革命の肯定論と『エミール』の革命の予見とを考え合わせると、ルソーの捉える人類と国家の歴史過程のなかに、革命が置かれないことの不自然さがさらに際立ってくるのである。

(4) 社会契約の締結論

ところでここで改めて、『社会契約論』第一編の第六章までの構成を考えると、第一章から第六章の間に、第二章から第五章という、不当な政治権力の支配を正当づけることに寄与する諸理論（家父長権説、最強者の権利、服従契約説）への反論が展開されている。こうした構成は、主題を提示した後に、まずは、既成の、権力を正当化する諸理論を反駁して、新しい正当な権力の構築理論の展開の地ならしをするという準備作業であり、それ自体は、論理的で熟慮された構成である。しかし、第一章と社会契約の締結論である第六章との間が長いことが、ルソーの故意にしろ、故意でないにしろ、第一章で大胆にも主張された革命肯定論が、第六章の国家の設立論と連続して把握されない状況をつくり出す一因となっているように思われる。それでは『不平等論』の人類の円環の終極点の記述や『社会契約論』（第一編第六章）の社会契約の締結論に、直接、革命が論じられていないことについて、どのように理解すればよいのだろうか。『不平等論』における円環の終極点に関する議論と『社会契約論』における自然状態から社会状態へという極度に単純化され二段階化された歴史過程の記述とは、同じような不自然さを感じさせる。前者の奇妙さは、明らかに異質なもの、つまり純粋な自然状態と専制国家下の疎外の極みにある最強者の法の支配する戦争状態とを同一視して、その戦争状態をもって円環の終極点であるとする点にある。また後者の奇妙さは、『不平等論』であれほど見事に人類の経てきた歴史過程の本質を洞察したルソーが、そうした歴史過程の分析の存在を隠そうとするかのように、性急に読者の意識を社会契約後の社会状態に振り向けているところにある。人類史のそれ以前の歴史過程を捨象して、「自然状態」から、いきなり全面譲渡＝社会契約を行うという社会契約の締結論の字句通りの理解は、抽象的、観念的解釈を生んだ。(3) 確かにルソーの叙述そのものが、こうした解釈を許す原因をなしている。しかし、なぜ『社会契約論』冒頭には革命肯定論が読み取れるのに、ルソーは社会契約の締結論部分では、全くその痕跡を消して、「自然状態」から、いきなり国家状態に入るといった不自然な叙述をなしたのか、彼の真意を洞察することこそ、必要ではなかろうか。エミールが成人になるはるか以前の『エミール』第三編で革命の予見を述べ、五編まである同書の帰結部分で革命の痕跡を消していることと、『社会契約論』冒頭で革命肯定論を展開し、同書の社会契約締結論でその痕跡を消していることとは、ルソーの矛盾であるどころか、彼の周到さを示す、同一の態度の表れであるように私には思えてならない。

結局、『不平等論』の円環の終極点の記述も、『社会契約論』の極端に単純化された歴史過程の記述も、同じように不自然な記述であり、同じような奇妙さを持っていると断ぜざるをえない。そして、両著に符合する不自然さ、奇妙さこそが、ルソーの直接書かなかった一点、つまり、革命の存在を示していると思うのである。ルソーは、革命論を直接、書かなかったが、ルソーの置かれていた当時の時代状況を考えてみるならば、彼は書けなかったのであり、直接書かなかったことは、彼の意図的な不作為であるとしか考えられない。ルソーの不自然な記述を文字通り取ることは、余りにも当時の時代状況とルソーの真意を理解しないものではないだろうか。またそのために、ルソーの思想の壮大な体系の理解が阻まれてはいないだろうか。円環の終極点や社会契約締結論をめぐる不自然な記述を字句通り解釈したからこそ、多数の解釈者は、人類史と契約国家の歴史の切断、つまり両著の間にある問題の空間の切断を主張することになったのである。そして『エミール』や『社会契約論』をユートピア的著作と位置づける研究者をさえ少なからず生んだのである。以上の論考から、私はこのような切断論に対して、結節論、接合論を採用する。『不平等論』の人類史の円環と『社会契約論』の国家の歴史の円環とは連続化して捉えられなければならない。結節論、接合論の妥当性は本章**二**、**三**でさらに追究される。

ところで、革命を媒介にした契約国家の設立、歴史の展開を主張する本章に対する反論が予想される。それは『社会契約論』中に、革命を経ることなく立法が施される、小国の建国の可能性が示唆されているのではないか、という反論である。この国家建設の可能性は後に『コルシカ憲法草案』として結実し、それが一つの建国モデルを提示することになる、と。しかし、「コルシカ・モデル」も、私たちの理解するルソーの歴史体系中の例外ではないことを、後に論述する。

二　正義と一般意志

(1)　革命・全面譲渡・立法

契約国家の一般意志が「人間の正義(la justice de l'homme)」の規準をつくり出し、その正義は契約国家において初めて実現の条件を得るのである。それにもかかわらず、「人間の正義」というタームが『エミール』にしか見出されず、『社会契約論』に用いられていないために、それは、政治論に明確な位置づけを与えられてこなかったように思われる。『エミール』のサヴォワの助任司祭の信仰告白のなかに、ルソーの正義論を理解するために最も中核的なそのセンテンスは見出される。それは「人間の正義」と「神の正義(la justice de Dieu)」との次のような定義である。

「人間の正義は各人に属するものを各人に返すことにあるが、神の正義は神が各人に与えたものについて各人の責任を問うことにある。」(エ中一六二)

一般意志とは、神から与えられたにもかかわらず、他人によって不当にも奪われてきた「各人に属するものを各人に返す」「人間の正義」の規準に他ならない――これはすでに私が第四章「ルソーの宗教論の構造――自然宗教・福音書の宗教・市民宗教間にみられる発展とその革命性――」で到達した結論である。第四章の該当箇所を以下に転記する。

そこでまず「各人に属するもの」とは何かを決すること、つまり誰もが納得する統一的な正義の規準がつくり出されなければならない。社会契約＝全面譲渡によってつくり出された新しい政治体において、一般意志が「各人に属するもの」の唯一の規準を決定し、法がその規準を明文化、定式化する。そして政治体は、この法を執行することによって政治体全体に「各人に属するもの」を「各人に返す」こと――つまり「人間の正義」――を実現させる。すなわち政治体の意志が「人間の正義」の規準をつくり、その力が「人間の正義」を実現させるのである。(4)

この結論を受けて、なぜ革命と全面譲渡とが「人間の正義」をつくり出すための不可欠の条件とならなければならないのかを、以下に論証してゆく。革命直前と直後の人々の状況、とりわけ、人々の正義観の状態を考えてみなければならない。そして革命前後の状況の把握のためには、それ以前の人類史を順にたどる必要がある。そこで人類史を遡って、どのような正義の観念が国家を支配してきたのか、『不平等論』に即して概観する。

ルソーは、現実国家の歴史過程を三期に分けている。まず、第一期は、富者の「協約」によって国家が誕生した時期で、この国家では、国家に集うすべての人々の利益が集約されることなどない。取り決めは、一握りの富者の利益のみを追求したものであり、この国家を支配するのは、いうなれば、富者の正義でしかない。第二期は、政府を構成する為政者たちが国政を掌握する時期で、この国家を支配するのは、いわば強者の正義に他ならない。そして第三期は、専制君主の非合法的な支配が確立する時期で、専制君主の意志が正義とされ、人々は奴隷状態に陥る。人々を蹂躙するこの国家における正義は、ひとり、専制君主の正義、すなわち、主人の正義でしかない。富者の正義、強者の正義、主人の正義というターム自体は、ルソー自身が用いているわけではないが、――ルソー自身は各期の状態をそれぞれ、富者―貧者、強者―弱者、主人―奴隷の状態と捉えている――このような疎外の進行のプロセスのなかでの正義観念の変遷は、以上のタームによって端的に表現されうる。そして遂に、専制国家の疎外が極限状態に達した時、先に論証したように、専制国家を打倒する革命が起こる。まず、革命直前の状況を推論しよう。その時、少なからぬ人々は専制国家の政治、経済、社会システムの下で、個々に私的利益を追い求めることが、実は自らの生存を危うくしているという自己矛盾に気づき始める。現秩序の矛盾や悪から自らを解放しようとする、目覚めつつある新しい正義観が、専制国家を動かしてきた主人の正義を上回る状況こそが、革命を現実のものとするのである。それでは、革命勃発直後の人々の状況はどうだろうか。少なからぬ人々は、目覚めつつある正義観念を持ちつつも、しかし、他方でまだ、旧秩序下の主人の正義の残滓を引きずってもいる。というのは、確かに革命によって専制国家は瓦解し、その古い権力構造に組み込まれていた古いタイプの私的権益の基盤は失いつつも、人々は、専制国家において各人が位置づけられていた身分や地位や財産状態の名残りを引きずっているからである。したがって個々人は、なお、目覚めつつある正義観と古い主人の正義の痕跡をとどめた「正義」観とを混在させた状態にある。革命を経た、こうした状態を、ルソーは大変危険な状態と考えたはずである。なぜなら、こうした混在した正義観念の持ち主である個々人が、誰の助けも借りず、自分たちだけで国家の設立のために集合したとしたら、現実国家において、そこに集うすべての人々の正義をつくり出すどころか、一握りの富者の正義が国家を支配することになった、あの歴史を繰り返すことになってしまうからである。この点で、ルソーは、きわめてリアルに現実を認識していたと思う。結論からいえば、ルソーは人々を再び鉄鎖に向かわせないために、建国時の全面譲渡と第三者である立法者の介在による立法とを、正当な国家形成の真の前提条件としたのである。なぜ、人々は国家を設立するに際して、自らの外部にある所有物を、あるいは自らの人格に宿された精神的なものをも含めた、心身のすべてを、国家に全面的に譲渡しなければならないのだろうか。その点を考えるに当たって、『不平等論』で、「協約」によって成立したばかりの現実国家の出発点についてルソーが語っている言葉に、もう一度立ち戻ってみよう。彼は、現実国家の国家状態の不完全さを指摘した後に次のようにいう。

「それは国家状態がほとんど偶然の所産であり、そもそもの始まりが悪かったため、時がその欠点を発見してその対策を示唆しながらも、組織の欠陥を償うことは、決してできなかったからである。すなわち、後で立派な建物を建てるためには、リュクルゴスがスパルタでしたように、まず敷地を掃き清めて一切の古い建築材料を遠ざけなければならなかったはずなのに、人は絶えず繕ってばかりいたのである。」（不一〇九―一一〇）

ルソーはここで「後で立派な建物を建てるためには」「まず敷地を掃き清めて一切の古い建築材料を遠ざけなければならなかったはずなのに」、そのような敷地を更地にする作業がなされなかったことに、現実国家の不幸の源泉を見ているのである。現実国家の出発点で、人々は「自分の自由を確保するつもりで、自分の鉄鎖へ向かって駆けつけた」（不一〇六）だけに終わった。一握りの富者の詭弁は巧みである。

「弱い者たちを抑圧から守り、野心家を抑え、そして各人に属するものの所有を各人に保証するために団結しよう。正義と平和の規則を設定しよう」（不一〇五）と。

「政治制度の利益を感ずるだけの理性は持っていたけれども、その危険を見通すだけの経験を積んでいなかった」（不一〇六）多数の人々は、国家という鉄鎖に自ら進んでつながれた。ルソーは社会と法律の本質を実に見事に看破している。

「この社会と法律が弱い者には新たなクビキを、富める者には新たな力を与え、自然の自由を永久に破壊してしまい、私有と不平等の法律を永久に固定し、巧妙な簒奪をもって取り消すことのできない権利としてしまい、若干の野心家の利益のために、以後全人類を労働と隷属と貧困に屈服させたのである」(不一〇六)と。

このように「協約」は、実は、すべての人々の自由を確保するものであるどころか、一握りの富者の利益にのみかなった取り決めであり、他者に自己の人格を徐々に奪われてゆき、いずれは人々が他人の手足となり、心まで奪われる奴隷状態に陥るクビキとなるものであったのである。ルソーがリュクルゴスのスパルタと現実国家の出発点とを対比したこの『不平等論』中のテクストには、『社会契約論』での全面譲渡論の萌芽を見出すことができる。人々が、富者の協約で始まった、現実国家形成のこうした陥穽に繰り返し陥らないために、再び鉄鎖に向かわないために、一体どうすべきか。人が自らの人格を奪われた歴史にピリオドを打ち、自らを解放するための方策とは何か。これらの問いに答え、奴隷状態からの解放、人格の解放を果たすためにこそ、全面譲渡は考え出された。それゆえ全面譲渡は、新しい国家の設立にとって、欠くべからざる要件、正当な国家形成の真の前提条件なのである。

革命直後、一方で、一握りの者が、他人の人格を奪って得た不当な富に埋もれ、他方で、多数の者が、本来、自らに属するものを他人に奪われて、生存の危機に直面しているといった危機的状況を、人々はなお、脱していない。人々は無秩序状態に投げ出されているのだ。このような誰の目にも不当な、あらゆるものの不自然な帰属関係を断ち切り、各人にそれまで属していたあらゆるものを、(信仰でさえ例外とならず、あらゆる精神的なものも含めて)一人の例外もなく、なんの留保もなしに国家に譲渡すること、それが全面譲渡である。それゆえ生命や自由を始めとする留保物の存在を認めるR・ポランの「全面」譲渡理解は、譲渡の全面性を受け入れぬ、いわば「部分」譲渡論である。(5) 全面譲渡によって、あらゆるものの一時的「国有」状態が出現する。しかし、この一種の「国有」状態は、権力を奪取した、国家の上からの強制によるものではなく、各人の自発的同意に基づいて、いわば下からつくり出されるのであり、かつ、この状態は、立法者が立法する(そして厳密には、人民によってその法が承認される)時までという限定的、一時的な「国有」状態なのである。

革命が前提とされてこそ、全面譲渡は、建国時の立法者の法を受け入れる個々人の宣誓として、正しく位置づけられる。革命が前提とされないなら、全面譲渡論は、ユートピア理論と捉えられても無理からぬ理論かもしれない。なぜ自己の利益に引きずられる社会人が、自分自身と自らのすべての権利とを国家に譲渡するなどという恐ろしい行為をなしうるであろうか。ここで恐ろしいといったのは、社会人にとって自らの利益の実現こそが最も大切であるのに、立法者がこれから立てる法が、社会人の利益に合致したものとなるという保証はどこにも存在しないからである。全面譲渡は、専制国家下には、自己保存すら果たせないことを悟り、自ら、専制国家の打倒＝革命に従った人々が、自己の生存の実現を新しい国家に賭けた時、初めて実行可能な行為なのである。

ところで、ルソーは階級対立を捉えられなかった、しかし現実には階級対立があるから一般意志は形成できないとする解釈が存在する。だがルソーは、階級対立を捉えられなかったのではなく、「階級」(身分)対立の実在を、むしろリアルに認識していたのである。全面譲渡はルソーがユートピアンであるからではなく、むしろ逆にリアリストであるからこそ、一般意志の創出のための不可欠の条件とされたのである。その証拠に、ルソーはローマ共和国には、貴族と平民の二身分が存在し、それは一つの国家内に二つの国家があることと同じであり、その点がローマの国家としての内在的欠陥であったことを明言している。彼は要するに、敵対する身分（階級）が存在していては、国家の統一的な意志はつくり出せないといっているのである（契Ⅳ—二）。ローマ共和国からルソーが学び取った教訓に照らし合わせて全面譲渡論を捉え直せば、全面譲渡とは、専制国家において各人が位置づけられていた身分・地位・財産状態から各人を白紙状態に置き、あらゆる個人が、貴族や平民、金持ちや貧乏人ではなく、ただ「人間」となることなのである（エ上二四七）。そして正義観念の変遷という視点から見れば、全面譲渡は各人の混在した正義観の白紙化ということができる。自尊心を払拭できず、目覚めつつある正義観と古い正義観との間に揺れるさまざまな個々人の正義観念をいくら集めてみても、彼らは残念ながら自力では、誰もが納得する国家の統一的な正義の規準をつくり出すことはできない。そこでまず、人々は正義観を白紙化し、立法者から示される「人間の正義」の規準を受け入れなければならないとされるのである。それでは立法者とはどのような存在でなければならないのだろうか。もし、建国時に、集い来る人々のなかから、立法者が選ばれるとしたらどうなるだろうか。あるいはまた、立法者が外国人（第三者）であっても、立法後も国家内部になんらかの位置を占めるとしたらどうだろうか。そうだとすれば、立法者の情念が、一人の人間、一握りの集団の利益を優先した「正義」を国家の正義とする危険に人々はさらされることになるのである。そうならないためには、立法者は何者でなければならないのか。ルソーはいう。

「立法者は、施政者でも主権者でもなく、その職責は国家を組織することにあり、国家の構成のなかには位置を占めない」（契II—七）と。

立法者は建国時の立法においてのみ、新国家に関与するのであり、そうした一時的介在を除いては、国家内部になんら位置を占めない第三者でなければならないのである。第三者性そして時限的介在こそが、情念からの自由を可能にする。

「もしそうでなければ（立法者が国家の構成のなかに位置を占めないという条件が満たされなければ—鳴子）、彼の法は、彼の情念のしもべとなって、多くの場合彼の不正を永続化させるだけにすぎないだろう。」（契II—七）

立法者は神ではなく人間だからこそ、それらの条件（第三者性・時限的介在）が満たされねばならないのである。そしてまた、立法者は、人々を取り巻くさまざまな諸条件を勘案し、人々に極端な無理を強いることなく、その状態を前進させるという意味で、彼らに適合的な正義観念を提示するために、彼らのなお、到達しえない高い知見を有す

る卓越した「人間」でなければならないのである。(6)

契約国家は、神から人間に与えられたにもかかわらず、各人から不当にも奪われてきたものを返還する「人間の正義」の実現を目的とする。立法者が当事者である人々に代わって法のなかに提示する正義の規準こそが、建国時の「人間の正義」の規準（＝一般意志）に他ならない。立法権者である人々は、その「人間の正義」の規準を受容することによって、実質を伴った市民となるのである。

(2)　人格の動態的発展と「人間の正義」

ところでここで重要な点は、建国時の立法者の法は、したがってそこに提示された「人間の正義」の規準は、(3)で論じるように、唯一絶対の普遍的な理想ではないという点である。なぜなら、法は、確かに、人民に人格を引き上げるように促す、より高い理念の提示であるとはいえても、法は、人々のその段階での人格の質に制約されるということも見落としてはならないからである。法が人民に受け入れがたいほど高いものであっては、その国家はスタート時から、その解体の早いことを暗示しているようなものだろう。そこで建国時の立法は、ある空間の、ある時間のなかにある、ある人民の人格の質がどうであり、立法者がそれをいかに考慮、判断するかによって、大きな幅、大きな質的な差異が生じる。ルソーはいう。

「建築家が、大建築を建てる前には、土地を観察したり、探りを入れてみたりして、それが重みに耐えられるかどうかを見るように、賢明な立法者は、それ自体としては申し分のない法律を編むことからは始めずに、あらかじめ、彼が法律を与えようとする人民が、その法律を支持するにふさわしいかどうかを吟味する」（契II—八）と。あるいはまた、次のようにもいう。

「しかし、あらゆる良い制度の一般的な目的である、これら二つのもの（自由と平等—鳴子）は、それぞれの国において、地理的な状況と住民たちの気質とから生じる諸関係によって、修正されねばならない。そして、まさにこれらの関係に基づいて、各国民に、それ自体としては、恐らく最良のものではなくとも、それが用いられるよう予定されている国家にとっては最良であるような、制度の特殊な体系をあてがわねばならない」（契II—一一）と。

各人の持ち分を返すことを建国時にあくまでもラディカルに実行して、徹底した再配分がなされるのか、それとも建国時に一気に再配分することは避けて、かなり緩やかな不平等所有の是正が図られるのか、これらを両端にして、さまざまなバリエーションが存在しうることになるだろう。後者の漸次的な改良が、爾後の国家の諸過程のなかで実現しうる可能性があるかどうかは、とりあえず問わないことにして。建国時の立法は、例外なくすべての市民の人格の解放と自己保存を保証するという最低条件をどんな場合でも反故にすることは許されない。しかし、立法には大きな幅があるために、ある場合には、「人間の正義」の規準を質的に高く提示することができ、徹底した再配分が直ちになされることがある一方、他の場合には、「人間の正義」の規準をそれほど高く設定することができず、全面譲渡前後の各人の持ち物が外見上、最小限の変動にとどまっていることもあるだろう。(7)「人間の正義」の規準、つまり一般意志＝法は、国家の歴史過程のなかで転化するものである。そしてその正義や法は、人格の動態的発展を視野に入れて捉えられなければならない。法は人間を規定するものだが、その時点での人格に制約されて成立する。建国時の立法に関してのみ、立法者がその任に当たるが、市民はその後、自らの手で、一般意志とその記録されたものとしての法、つまり「人間の正義」の規準をつくり出さなければならないのである。

(3) 「あるがままの人間」論をめぐって

「私は、人間をあるがままのものとして、また、法律をありうべきものとして、取り上げた場合、市民の世界に、正当で確実ななんらかの政治上の法則がありうるかどうか、を調べてみたい。」（契Ⅰ）

この余りにも有名な『社会契約論』冒頭の文章は、スタロバンスキーを始めとして、ルソーの思想の読解者たちを、法＝理念と対照される人間＝現実という「明快な」図式に誘った。すなわち「ありうべき法」は、普遍的で至高の理想を示すものであるのに対して、「あるがままの人間」は、矛盾した社会的諸関係のなかに生きる、自己の利益に従った人間である、と。例えば、吉岡知哉氏は、次のようにいう。

「『あるがままの人間 les hommes tels qu'ils sont』とは、『社会契約論』の読者をも含む現実に生活している現実の人間たちである。彼らは歴史的に累積された諸関係の網の中におり、相互に依存しあい、その中で何よりも自己の利害を優先して考える社会人である」(8)と。

ルソーのテクストを一読する限り、法と人間とを理念と現実との対照と捉え、「あるがままの人間」を私的利益を優先する社会人と考える、スタロバンスキーに代表される通説的な捉え方には、なんの疑いも差し挟む余地がないと思われるかもしれない。しかし私は、ここにいう人間と社会人とを同視する捉え方に対して、異なった立場を採る。「あるがままの人間」論に対する批判は、実は『社会契約論』における社会契約＝全面譲渡を、人類の歴史過程のどこに位置づけるのか、という先の大問題と密接につながっている。革命を、社会契約＝全面譲渡の前に置き、あるがままのものとしての人間が、人格の動態的な発展過程のなかに位置づけられる時、それはただ単に私的利益を追求するばかりの純粋な（！）社会人ではありえないこと、言い換えれば、人間（人格）と法とが、より精緻な弁証法的展開のなかに捉えられるべきであることを主張できるように思う。ルソーのいう「あるがままのものとして」の人間は、疎外の極点にあった専制国家を打倒する革命を経た人間、そして社会契約＝全面譲渡直前の人間のことである。

彼は、立法者による法を受け入れる時点までは、内実としての市民性をまだ付加されていないとはいえ、新しい国家の「市民」となる人間である。こうした人間の人格を、ただ単に私的利害に引きずられるだけの社会人と捉えることはできないと思う。「社会人(homme civil)」という概念は、疎外状況下の社会、国家システムが悪いために、感情が変質し、他人を犠牲にしてまで自己保存や自己充足を果たそうとする現実の人間を意味するのだが、彼ら社会人は「社会的人間(homme sociable)」へと転化する道を歩み始めたのではなかろうか。すなわち、発達する人格の第二段階の表象であり、社会性を有する理念的な人間(自らの労働によって、自己保存を果たすと同時に、社会に生きる他者の生存に寄与しようとする人間)へである。(9) すでに革命によって「歴史的に累積された諸関係」は断ち切られ、個々人は、なお、その人格内部に、社会人性の残滓を引きずっているとはいえ、もはや、ただ単に私的利益を優先するにすぎぬ存在ではない。たとえ、未来永劫、私的利益への指向性を免れないのが人間の本性であるとしても。そして立法者は、覚醒し、社会的人間に転化しつつある社会人に対して、これら「社会人→社会的人間」の人格状況、人格の質に制約された立法を行う、と考えられる。というのは、法は、それを受け入れる人々の立っている地点より高い理念を内包するとはいえ、「社会人→社会的人間」のその時点で示している人格の質に制約され、彼らに受け入れ可能な理念であることが求められるからである。それゆえ、このような視点からは、法は一回限りの、普遍的にして至高の、絶対的な理念などではないことが導き出される。

「確かに、理性だけから発する一種の普遍的正義(une justice universelle)というものがある。」(契II—六)

ルソーは(「立法者について」の前章である)「法について」のなかで「普遍的正義」という観念を語っている。「すべての正義は神から来たり、神のみがその源である」(契II—六)としても、「神の正義」そのものは人知の及ぶところではない。「普遍的正義」とは、理性を(ルソーの体系からすると)良心とともに働かせうる賢者には到達可能な普遍的な理想の規準であろう。しかしそれは「自然が制裁を加えてはくれないのだから、正義のおきては人間たちの間ではききめがない」（契Ⅱ—六）とされ、相互性に欠けるのである。つまり「普遍的正義」は自然法に対応する正義観念に他ならない。したがって、立法者が法のなかで示す契約国家の起点の「人間の正義」が、「普遍的正義」と異なるものであることは改めていうまでもなかろう。「人間の正義」は、動態的な正義の規準であり、決して普遍性も固定性も持たないのである。

人格（人間）と法とは、人格の動態的発展を視野に収めれば、法は人間を規定するものではあるが、その時点での人格の質に制約されて成立し、そのようにして成立した法が、人格を発達、成熟させ、そうして発達、成熟した人格の持ち主たちが、今度は、そのように転化した人格に照応した新たな法をつくり出すという、人格——そしてそれと呼応する法——の弁証法的展開が捉えられるのである。結局、「あるがままのものとして」の人間は、以上のような人格の動態的発展過程のなかで捉えられる人間、そして、法、言い換えれば正義とともに弁証法的な展開を遂げる人間なのである。さらに視野を先に広げれば、市民の人格は、契約国家のなかで直線的な発展、成長期しか持たぬのではなく、退廃、衰退期も持ち、このような国家の衰退期における法は、市民の人格の退廃、衰退に照応した内容を持つだろう。国家の歴史過程がなぜ、このような軌跡を描くことになるかは、次の**三**の論点なので改めてそこで論じたいと思う。

三　国家と人類のらせんモデルと正義

(1)　**ルソーの円環論に対する理解**

最後に第三点、人類と国家の歴史はらせんを描いてゆくことをめぐって。私は人類史はらせんを描くと捉えているが、国家の歴史も、それと同様のらせんの軌跡を描くものと考える。急に、らせんといっても、奇異に感じられるかもしれないので、ルソーの円環論が、代表的な論者によって、どのように捉えられているか、まず簡単に説明しよう。ここでは二人の理論を紹介するにとどめる。まず、R・ポランは、人類史の円環が『不平等論』から『社会契約論』へ結節されていないと考える。そして人類は専制国家末期の、疎外の極点まで達すると、再びあの現実国家がつくられる以前の戦争状態に戻って、不毛な循環過程を果てしなく繰り返しているのだとしている。私の本章末尾の図に当てはめていえば、④→⑤→⑥→④→⑤→⑥の循環ということになる。[10] しかし、ポランの循環過程は、高さを伴った三次元的ならせんとは考えられていないので、正確にいえば、平面的な円循環である。そしてポランによれば『社会契約論』における国家の設立理論は、単に、新たな人類史への展望の可能性を示したもの、ということになる。[11] もう一人、ルセルクルの円環論について。ルセルクルは『不平等論』における生産力の上昇を認めている。しかし、彼の円環論には曖昧な点が多く、一方でらせんとして円環を捉えているようだが、結局、ルソーを不徹底な弁証法論者だとしている。つまり、ルソーは、ヘーゲル的、マルクス主義的らせん？とヴィーコ的循環のどちらも選択しなかったのだというのである。そして彼の円環論も切断的である。[12]

(2) 著者のらせんモデル

ところで、ルソーの円環論は、マルクス主義的ならせんモデルとも、ヴィーコ的周流モデルとも同視できない。人類史の循環過程は、確かに、誕生→成熟→衰退→死滅という有機体説的な理解を拒むものではない。しかし『不平等論』『エミール』『社会契約論』の三著を革命を媒介として結節、接合し、人類と国家の歴史を捉えると、ルソーの独創的で巨大な体系が現れる。三著を統一して捉える立場に立つ論者は少なからず存在するが、先の歴史過程の大問題を抜きにして議論しても、抽象論に終始して、統一的に理解しえないとする反論者に対して、説得力のある主張とはなりえていないのではなかろうか。彼の円環論は、単なる有機体的モデルに解消されない、独自のらせんモデルとして捉えられる。なぜ、上昇しつつ回転するらせんとして、歴史の軌跡は捉えられるのだろうか。順次明らかにしてゆきたい。

さて、他の論者と著者のらせんモデルとの大きな違いは、第一点には、『不平等論』と『社会契約論』とを革命によって結節した点にある。さらに第二点には、ただ「生産力」の上昇を捉えるだけでなく、らせんの意味づけをはっきりさせたこと、つまり、なぜ回転するのかについて、道徳平面というものを考えることによって、各期各期の人格の完成を捉えた点にある。私は自己完成能力と感情とが、人類の歴史をらせん的に展開させていると考える。自己完成能力と感情とを、もう少し私たちのなじみの、後の言葉で言い換えると、それは生産力の増大と疎外の進行としてもよいと思う。なぜなら、自己完成能力によって引き出される諸能力の主要なものこそ、生産力であるし、生産力の増大に伴って、感情が転化して、疎外が発生、進行するからである。

①　生産力の上昇と疎外の起点

ところで、生産力の上昇と疎外の出発点について、ルソーがはっきりと論じている箇所が『エミール』の「一〇人の社会」モデルとその前後にある。私が「一〇人の社会」モデルと呼ぶのは、ルソーが社会的分業の始まる出発点にある社会を単純化し、モデル化したものである。

「一〇人の人がいて、それぞれの人が一〇種類の必要を持つとしよう。（中略）この一〇人の人で一つの社会をつくることにしよう。そして各人が自分一人のために、そして他の九人のために、自分に最も適した種類の仕事をすることにしよう。各人は他の人々の才能から利益を得て、自分一人ですべての才能を持っているのと同じことになる。各人は自分の才能を絶えず磨くことによって、それを完全なものにすることになる。そこで一〇人とも完全に必要な物を手に入れ、さらに他人のための過剰分まで持つことができるようになるだろう。」（エ上三四三）

一〇人の人が一〇種の仕事に従事するこの社会で、ルソーは「一〇人とも完全に必要な物を手に入れ、さらに他人のための過剰分まで持つことができるようになるだろう」と述べている。必要生産物とともに余剰生産物まで獲得できる、この社会全体の生産力の上昇は明らかである。ルソーはまた、分業・協業する一〇〇人の労働は、二〇〇人分の生活資料を生産しうると述べ、分業・協業が二倍の生産力をもたらすことも語っている。しかし、生産力の上昇によって増大した富が社会の出発点ですでに、労働に従事した人々の手に正当に帰属しない事態が現れることをルソーは見抜いている。

「一部の人間が休むようになると、働く人々の協力によって、何もしない人々の労働の埋め合わせをしなければならない」（エ上三二八）と。

つまり「他人のための過剰分」といわれた時の他人とは、一握りの働かざる人々を指しているのである。ルソーの体系においては、このように生産力の上昇は富の偏在を当初から不可避的に伴う。したがって疎外は社会の出発点から進行する。そして、自己完成能力の絶えざる活動がある以上、生産力の上昇は止めることはできないし、それゆえ、疎外も不可避的に深まってゆかざるをえない。

②　自己完成能力によって引き出される諸能力

生産力の上昇が、疎外の発生とともに社会の出発点で見出されることを、①で確認したが、ルソーの表現に従えば、この自己保存を第一義に目的とする「生活技術（industrie）」にかかわる能力は、ルソーの体系中、どのように位置づけられるのだろうか。より端的にいえば、この能力は他のさまざまな能力とどのような関係にあるのだろうか。ルソーは、自己保存をようやく果たすに足るだけの原初的な状態にある人間の能力を超えて、それまで潜在的であった他のさまざまな諸能力を引き出す人間固有の能力を、自己完成能力と呼ぶが、この自己完成能力こそが、彼の思想体系にあって、歴史をつくり出してゆく、まさに原動力である。この歴史展開の原動力、自己完成能力の活性化のメルクマールとして、ルソーは想像力に注目する。自己完成能力の不活性な、人類のまどろみの時代――人々が恒常的な交わりを持たず、原初的な能力の状態に甘んじていた時代――の後に、人類はようやく自己完成能力の活性期を迎えるのだが、その活性化の指標が想像力なのである。ルソーはいう。

「潜在的な能力が活動し始めると、あらゆる能力のなかでも最も活発な想像力が目覚め、他のものに先行することになる」（エ上一〇五）と。

想像力とは、自己完成能力によって引き出される能力の一つであって、まだ現に存在していないもののイメージをつくり出し、膨らませてゆく能力であり、人間を先へ先へ、外へ外へと向かわせるものである。ルソーはまた次のようにいう。

「想像力こそ、よいことであれ、悪いことであれ、私たちにとって可能なことの限界を広げ、したがって、欲望を満足させることができるという期待によって欲望を刺激し、大きくしていくのだ」（エ上一〇五）と。

要するに、想像力は、欲望の充足可能性への期待を抱かせることによって、人間を自らの存在の外部へ連れ出し、人間の諸活動の活性化に大きく貢献する能力なのである。そうであるならば、自己完成能力によって引き出される諸能力の活動の領域、換言すれば、想像力の対象領域はどのように捉えられるのか。想像力の対象領域、人間の諸活動の領域は、自己保存にかかわる生活技術の展開領域、つまり、純経済的領域に限られるのだろうか。自己完成能力の引き出す能力が、定義中に「次々に発展させ」られる「すべての他の能力」(不五三)とされていることからも明らかなように、想像力の対象領域が、純経済的領域に限定されないことは疑いえない。それでは純経済的領域以外の能力の発現領域について、ルソーは何を語っていただろうか。『学問芸術論』(第一論文)で語られていることが、そして特に第一論文をルソーの体系のなかに位置づけてみることが重要となる。

第一論文は、物質的、精神的なあらゆる能力のうち、精神文化的な諸能力の発現の場を問題とする。精神文化的な諸能力が、学問、芸術を発達させる。ルソーは第一論文において、眼前にある学問、芸術の発達が、いかに習俗の腐敗、堕落を、つまり人格の堕落をもたらしたかを糾弾する。同時に徳の称揚がなされるが、この徳の称揚と学問、芸術の展開に伴う習俗の堕落の告発とは、いわばメダルの両面をなしている。ルソーはここではまだ、人格の堕落から免れ、道徳的な発達を真に遂げた稀有にして高潔なる人格の持ち主を、多分にヒロイズムへの心酔を吐露しつつ、賛美するにとどまっている。多数の人々が、人格の堕落から、いかにして救済されるのかという、救済のルートはなお示されていない。ところで第一論文では、学問、芸術の展開に伴う習俗の堕落の告発、徳の称揚とともに、奢侈批判がなされている。しかし富の消費の現象形態である奢侈を、奢侈という現象のレヴェルでいかに激しく非難しても、奢侈は、何によって、そして、いかにしてつくり出されたのかが、根源的に探究されなければ、他のモラリストの徳論とルソーの立論との差異はなお決定的なものとはいえない。この段階で人格の堕落からの救済のルートが示されていないことと、奢侈批判が展開されていることとは、ルソーの思想体系の構築が、なお、緒に就いたばかりであることを示すものといえよう。それに対して、『不平等論』(第二論文)は、奢侈論の枠を突破して、奢侈が発生、拡大する根源的な条件――新しい生活技術(冶金、農業)の発見、定着、すなわちルソーのいう「大きな革命」を画期とする「生産力」の増大と、社会の出発点から検出できる富の分配の偏向＝疎外の発生――を探究したのである。第二論文は、このように、物質的な諸能力（生産力）の展開を主軸に、理念的であるとはいえ、その本質としての人類の歴史過程を捉えたものなのである。ここでは、精神文化的な諸能力の展開（学問、芸術の進展）が、主たる対象とはなっていないが、人格の堕落の告発は、堕落の根源的原因を探り当てたがゆえに、より説得力を増している。このように見てゆくと、私たちは第一論文をモラリストの徳論の列に加えて満足すべきなのではなく、それは思想構築の第一歩であるとはいえ、彼の巨大な思想体系を構成する重要な環として改めて位置づけるべきであろう。

ルソーは、第一論文発表後、激しい論争のなかにあって、自らの思想の真実性への確信を深め、かつ、自らの論理のおのずと赴かざるをえない必然性に押し出される形で、思想体系の構築（第二論文への思想形成）に向かうことになる。第一論文を始めとする、それ以降のすべての著作を生む出発点となった、あの有名な「ヴァンセンヌの霊感」によって、自己の思想体系の全体像を直観的に、イマージュとして捉えたルソーは、その体系の現実の理論的構築を、まずは各著作の構想、執筆における自己との格闘によって進めたのであり、加えて、彼の反論者との論争を通じて、彼の思想は鍛えられ固められていったのである。ルソーは第一論文をめぐる論争のなかで、生前未発表ではあったが、すでに『不平等論』の構想が進められていた段階で書かれた手紙の序文において、自身の主張した体系を「真理と徳の体系」と述べ、かつ、次のように語っていたのである。

「もし、私が最初から、真実でありながら悲痛でもあるような、ある体系の全体——あの論文で扱われている問題はその派生的なものにすぎません——を展開していたとすれば、いったいどんなことになっていたでしょうか。」（ボルド氏への第二の手紙の序文、全四—一五四）

確かに、生活技術の展開領域と学問、芸術の展開領域は、ルソーの自己完成能力の体系においては、彼が明示的に分類、区分していないという意味では未分化である。しかし自己完成能力の活性化に伴う自己保存にかかわる生活技術の発展、「生産力」の発展が、人類の歴史過程をつくり出してゆく関係は、彼の体系中に見出すことができるのである。そして、ルソーの思想の到達点から、改めて第一論文を捉え直すと、学問、芸術は、——後のタームを使うことが許されれば——「生産力」に規定されているとはいえ、それと完全には分離しえないもう一つの活動領域のなかに、位置づけられるのである。すなわち、自己完成能力の活動、そしてその活性化の指標である想像力の羽ばたきが、生活技術の展開領域、「生産力」の領域において見出されるのはもちろんなのだが、とりわけ「生産力」が新しい生産段階をつくり出す時点に注目すれば、生産力の発展は、精神文化的発展として捉えられ、学問とりわけ新しい科学技術をその構成要素とする。「生産力」は、精神文化的諸力をもうちに含み、経済的領域と精神文化的領域は、それゆえ、完全に分離されうるものではなく、「生産力」が学問、芸術を規定するとはいえ、経済的領域が精神文化的領域から成果を得るという関係もまた捉えられなければならない。以上のように、自己完成能力の活動によって展開される想像力の領域、人間の諸活動の領域は、物質的領域、つまり生活技術の展開領域とともに、学問、芸術といった精神文化的領域をも含んでいるのである。

しかし、この自己完成能力の体系は、これら能力の展開領域だけにとどまらず、道徳領域とも連動しているのである。というのは、道徳領域は、能力の一形態である理性と良心や自尊心といった感情とが作用し合って形づくられる領域だからである。理性（能力）の発展がなければ、良心の発現もないし、自尊心（自己を他者よりも優位な立場に立たせようとして、私的利益を優先する感情）の蔓延もない。それゆえ、諸能力の進展に規定されて、感情が発達、変質するが、その発達、変質した感情に導かれ、引きずられて、人間の諸能力は、したがって諸活動は、良くも悪くもなるのである。[13] したがって、ルソーの自己完成能力の体系は、まずは物質的、精神的諸能力の体系であるが、それだけにとどまらず、能力と感情の二つの領域にまたがる道徳領域とも密接に連動する体系である。彼の体系は、能力のみならず、感情をも体系中に取り込んだ、独自で巨大な体系なのである。

③　らせんの回転と道徳平面

自己完成能力の体系が、能力と感情を取り込んだ体系であることを受けて、③では自己完成能力というタームに刻印されてもいる「完成」について考える。ルソーの体系には、各期ごとに、人格がその段階での完成をみるという人格の完成理論がある。例えば、それは個体のレヴェルでいえば、子供には子供としての完成が、青年には青年としての完成があるということである。ところで、彼は理性（能力）が発達するだけでは、決して理性の完成、人格の完成はもたらされないと考える。人格の完成は、感情、すなわち良心によって理性を完成させることができなければ、もたらされないのである。ルソーは、個別的人格、個体の完成について、こういっている。

「人間として完成させるには、人を愛する感じやすい存在にすること、つまり感情（良心―鳴子）によって理性を完成することだけが残されている。」（エ上三六五）

理性とは、ルソーによれば、「人間のあらゆる能力のなかで、いわば他のあらゆる能力を複合したものに他ならない」最も遅く発達する能力であり、あらゆる人間活動の場で発揮される、推論し、判断する能力である（エ上一二三―四）。しかも、彼は、理性それ自体は、あくまでもニュートラルなものであるとした。ニュートラルな理性は、自尊心に引きずられる時、悪いものとなり、良心に導かれる時、良いものとなる。それゆえ、ただ理性を発達させるだけでなく、人間は人間活動の場で、自尊心を抑え込んで良心を発揮することができ、良心に導かれて理性を活用してこそ、人格の完成が認められるのである。これは『エミール』で見出される理性・良心論、人格の完成論の核心である。しかし、人格の完成は、個体のみならず、人類（種）のレヴェルでも捉えられる。確かに理性・良心論、人格の完成論の本格的な探究は、『エミール』において初めてなされるのだが、この理論の本質的な構造は『エミール』に先立つ『不平等論』中の種と個体の歴史過程に当てはめて捉え直すことができるのである。以下に見てゆこう。自己完成能力は、種にも個体にも存在する能力である。ルソーは、自己完成能力の定義中に明言している。

「周囲の事情に助けられて、すべての他の能力を次々に発展させ、われわれの間では種にもまた個体にも存在するあの能力」（不 五三）と。

ルソーは『不平等論』で、個体の完成と種の完成という両観念を意識しつつ、人類史を叙述していたことは明らかである。彼は世界の青年期——家族を単位とする人々が群れ、緩やかで一時的な関係を持つ「新しく生まれたばかりの社会」の時期——以後の人類の進歩について「表面上は、それだけ個体の完成への歩みとなりながら、実際はそれだけ種の老衰への歩みであった」（不 九六）と述べている。それは「種を損なうことによって人間の理性を完成し」（不 八三）との彼の表現とも一致している。ルソーはここで、冶金や農業といった生活技術の質的転化＝大きな革命を画期とする社会状態への移行は、個体としての人間の理性の一応の（各期の）完成を意味するとしつつも、同時に、その個体の完成への歩みに、表面上という限定を付すことを忘れていない。表面上の個体の完成とは何だろうか。社会状態への移行は、人間の理性の一応の（各期の）完成の結果として生じるのだが、この完成された理性は、良心によって完成される方向へとは、直ちに向かわないこと、それどころか、増殖する自尊心によって良心が窒息し、自尊心に引きずられて理性が悪用されること、つまり社会状態への移行は、理性の真の完成、人格の完成を直ちにもたらさないことを、ルソーは見抜いていたのである。それは良心による理性の完成とは直結、連動していない理性の完成、すなわち（個体の真の完成とは区別される）表面上の完成であるにすぎない。良心によって理性を完成することこそ、個体の人格の完成であるとする『エミール』の言説と、『不平等論』の個体の完成をめぐる言説とは、それゆえなんら矛盾していない。それでは種の老衰への歩みとは何か。新しい生活技術（冶金、農業）を発見しうる程の人間の理性の発達、完成が、人類を社会状態へ移行させるのだから、理性の発達をその発現の条件とする良心は、発現の条件は得るのだが、良心の発達する間もないうちに、自尊心の増大が進み、人類は（理性を発達させたとはいえ）道徳的に腐敗し、人格を堕落させる。人類は自己保存を上回る物質的諸能力を得たにもかかわらず、自尊心の増大により、多数の働く人々は、自らの人格を付加した労働の成果を自分たちと無縁なものにされる疎外状況に置かれることとなった。こうした疎外の発生をもって、種は人類の円環史のなかで、成熟＝ピークを過ぎ、衰退期に入る、と捉えられる。すなわち、種が老衰へと歩むとは、種の疎外が発生、進行するというのと同義である。では、種は衰退期を経て、どう展開するのだろうか。種の衰退と種の完成とは、どのような関係にあるのだろうか。

ここに至って、すでに一(1)で触れた『フィロポリスへの返事』のなかでの、真の終極点をめぐる記述を改めて取り上げることになる。その箇所は種の完成概念およびそれを含む彼の歴史体系の大きな特質とかかわる内容を有しているので、以下にそのパラグラフ全体を、やや長くなるが引用しよう。

「あなたは私自身の理論で私を攻撃すると主張しておられるのですから、私の考えでは、社会が人間種にとって自然なのは、老衰が個人にとってそうであるのと同じであること、①人民にとって芸術や法律や政府が必要であるのは、老人にとって松葉杖がそうであるのと同じであることを、どうか忘れないでいただきたい。その差異は、せいぜい、老年の状態が、人間の自然だけに由来するのに対して、社会状態は、人類の自然に由来することです。ただし、あなたのいわれるように直接にそうなるのではなく、私が証明しましたように、単に、ある種の外的状況に助けられてそうなるのです。しかもその状況は存在することも、存在しないこともありえたし、あるいは、少なくとも、もっと早くも遅くも起こりえたのであり、したがってその歩みを速めることも遅らすこともありえたのです。②そのような状況のいくつかでさえ、人々の意志に依存しているので、完全な同等を確証するために、私は、種にその老年期を遅らす力があるように、個人にその老年期を早める力を仮定せざるをえませんでした。③社会状態は、人間が到達を早めることも遅らすことも自由にできる極限の終点を持っているのだから、人々に、余りに速く進む危険と、彼らが種の完成と取り違えているある状態の悲惨とを示してやることは無益ではないのです。」（不二〇九―二一〇、傍線と番号は鳴子）

まず、①個体の老衰期（老人）の松葉杖と種の老衰期の芸術、法律、政府を対置、対照させている点である。人は松葉杖なしに歩行するにこしたことはないが、それが老人の歩行を可能にするなら、老人は松葉杖を離すことはできない。種の老衰期の芸術、法律、政府が老いた種の歩行を可能にする手段なら、種はそれらの必要悪、あえていえば種の延命装置を用いざるをえないのである。ルソーの対比は詩的であると同時に、その本質をついてもいる。

次に、②自然状態から社会状態への移行と人々の意志をめぐる記述に移る。周知のようにルソーは、人類の内在因の自己展開のみによって、その移行が果たされるとは考えずに、「ある種の外的状況に助けられ」ること、つまり偶然の連鎖の介在を認めた。「その状況は存在することも、存在しないこともありえたし、あるいは、少なくとも、もっと早くも遅くも起こりえたのであり、したがってその歩みを速めることも遅らすこともありえた」――この部分では、確かに、例えば洪水や山火事などの環境の大変動といった外在因に左右されて人類は偶然に、しかもその時期の早遅すらも偶然に左右されて、社会状態に移行したことが述べられている。それゆえ、この点をルソーの歴史過程の一つの弱い環であると指摘する論者も多い[14]。しかし、ルソーは決して外在因の偶然性を一面的に主張しているのではない。彼は先のセンテンスに続けて「そのような状況のいくつかでさえ、人々の意志に依存している」と付け加えることを忘れていないからである。たとえ外的条件が同一であっても、人間の意志がなければ歴史は展開しないとしているのである。すなわち、歴史過程の形成の際の人間の内在的契機――現代的な表現を用いることを許されれば、主体的契機——の存在が、こうした外在的契機の強い局面においてすら、主張されているのである。

さらに私たちにとって最も重要な、③社会状態の終極点への到達をめぐる記述部分に目を転じる。ここでは種の歴史を進める主導力が、人間の側にあることをルソーは隠さない。社会状態への移行後、恒常的で緊密な関係を結ぶに至って人々は知識のより広い伝達、交流の条件を得るのであり、活性化した自己完成能力の活動は——地域的格差はあるとはいえ——もはや止めることができなくなる。自己完成能力の活動が止められないのなら、諸能力の発達、なかでも生産力の上昇も、止めることができない。とすれば、人間が終極点への到達の早遅を自由にできるとするルソーは、結局、何を語っているのだろうか。社会状態への移行後の歴史の大きな流れを瞥見しよう。ルソーは社会状態の出現と国家の出現との間に若干の時間的ズレを持たせており、両時点の間には戦争状態も存在するが、私たちはここでは、種の歴史過程の諸段階を網羅することは避けて、問題を国家の出現以降に限定することにしたい。ところで、ここにいう人間とは、どのような人間を指すのだろうか。私たちは以下のように考えることができる。まず一方で国家の少数の支配者（富者→強者→主人）は、生産力の上昇に規定されつつも、たとえ他国より生産力が相対的に低い水準にある場合でさえ、生産力（諸能力）の乱用、悪用の度を強めることによって、国家の構造的矛盾の進行を早めることが、すなわち、終極点への到達を早めることが可能である。また逆に、相対的に高い生産力水準に達していても、彼らが生産力（諸能力）の乱用、悪用を先の場合よりは抑制して行えば、矛盾の進行を遅らせることが、それゆえに、終極点への到達を遅らせることが可能である。次に他方で、国家の多数を占める被支配者たちは、仮に現実国家の矛盾、疎外の度の同じ状態に生きていたとしても、彼ら多数者のうち、ごくわずかの人々しかその矛盾、疎外に目覚めることがなければ、それは一握りの賢者の覚醒にとどまって、多数者の良心の覚醒、良心の理性による完成、人格の完成は、なお遠い。このような状況下で、もし行動が起こされても、権力を奪取しようとする扇動者に、多数者が利用される結果に終わる。それは「こうした短い、頻繁な革命」（不一二七）と呼ばれる暴動であるにすぎない。逆に、同じ状態で、被支配者の少なからぬ人々が、矛盾、疎外に目覚めることができれば、人格の完成は早く現実のものとなり、終極点＝革命が、これらの人々を革命の主体として、相対的に早く起こされうるのである。このように、人間は自ら生み出した能力（生産力）に規定されつつも、少数の支配者および多数の被支配者の感情の変質、発展に左右されて、種の円環の終極点＝革命の到来の早遅を決すると捉えられるのである。

そして、こうした驚く程深い洞察をしえたルソーは、人々――ここにいう人々とは、疎外国家のなかで虐げられている多数者を指すと捉えられる――に(a)「余りに速く進む危険」と(b)「彼らが種の完成と取り違えているある状態の悲惨」とを示すことの重要性を強調しているのである。

まず(b)について。社会状態の「極限の終点」とは人類史の円環の終極点のことである。私はすでに一で種の円環の真の終極点は、専制国家の打倒＝革命であることを論証した。それゆえ「彼らが種の完成と取り違えているある状態」――その悲惨さを示すことが有意義であることをルソーが主張している――とは、ルソーとすべての社会人の眼前にある専制国家の極限的な疎外状態以外の何物でもない。この点が確認されれば、種の真の完成とは、真の終極点、つまり専制国家の打倒＝革命の時点に見出されることも確かめられる。種の完成とは、人類の極限に達した疎外状態（社会全体を覆う良心の窒息状態）を、生存の危機に立ち至った多数の人々が、遂に自らの良心を覚醒することによって克服し、理性を良心によって完成させる人格の完成を意味する。そうした人格の完成、転化が人々を革命に赴かせるのである。

次に(a)「余りに速く進む危険」について。ルソーは革命の時機が熟すことをあくまで冷静に見守らなければならぬことを、人々に警告しているのである。すなわち一握りの人々の良心の目覚めだけでは時機が熟したとはいえず、少なからぬ人々の良心の目覚めがあってこそ、多数者の良心による理性の完成、人格の完成が実現されるのであり、そうなって初めて、多数の、革命を担う自覚的な主体が生み出せることを私たちはもはや読み取りうるのではないだろうか。

ところで『社会契約論』の現実への適用として、未完に終わったとはいえ『コルシカ憲法草案』が書かれた。それは、革命を経ないで立法がなされることを想定していると考えられるだけに、『社会契約論』それ自体も革命を前提としない立法＝建国論と読む解釈の一つの論拠とされているように思われる。しかし、多数者（人民）の側の良心の覚醒を伴う人格の完成なくして、立法者から法が示されても、真の立法＝建国が果たせるだろうか。旧秩序を乗り越えようとする人民の側の内発的契機と新秩序の骨組みを人民に代わって案出する第三者＝立法者の介在という外在的契機のどちらが欠けても、真の立法＝建国は実現できないのではなかろうか。ルソーがコルシカ島に期待した主たる根拠は、種が疎外期にあるなかで、この地が相対的に低い生産力しか持たず、かつ疎外の度合いが低く、その進行も遅い稀有にして例外的な地域と思われたからである。しかし、ルソーのこの状況認識が正しく、たとえ、そこに立法がなされたとしても、その法は、現実国家の疎外の進行を遅らせる一つの手段、延命策でしかないだろう。

以上のように人類には、誕生（純粋な自然状態）、成熟（小屋と家族をつくり出す「最初の革命」の発生による第二の自然状態への移行、世界の青年期）、衰退（「大きな革命」の発生による社会状態への移行、戦争状態を経て、現実国家の全期間）、死滅（専制国家の打倒＝革命＝種の一巡目の完成）という、不可避的、不可逆的な歴史過程がある。ここまでが種の円環の一回転である。そこから人類史は二巡目に入る。らせんの表側の回転は、種の成長期であり、裏側の回転は、種の衰退期である。なぜ人類史の軌跡が直線的に上昇する線で表されず、上昇しつつも旋回するらせんなのかといえば、自己完成能力が、一方で次々に能力を引き出して上昇させるとともに、その諸能力の上昇に連動して、感情の発達、変質、覚醒をもたらすからである。つまり、自己完成能力は諸能力を発達させ、人類を疎外状態に陥らせ、絶えざる能力の引き出しによって疎外を極限状態に達しさせるが、そこに至って遂には、人々に良心の覚醒を促すことによって、人類を疎外から脱出させもするのである。したがって、人類のらせんは逆円すいの表面を旋回して上昇するらせんとして表せる。逆円すいの上昇方向は、自己完成能力によって引き出される諸能力の方向であり、回転方向は、そうした諸能力の発達に連動して転化する感情の方向である。それゆえ、自己完成能力は道徳平面の円の中心より常に上方に向いつつ、中心方向に働く「中心力」である、と考えることもできよう。

私たちは、種（人類）のらせんモデルについて述べてきたが、種の円環の一巡目の終極点である革命の後に設立される契約国家（＝公的人格）の歴史に関しても、種のらせんモデルと同形的ならせんモデルが見出されることを、④で論じたい。

④「部分社会」論と国家死滅論

ここまでルソーの歴史過程を追究してくると、『不平等論』や『ジュネーヴ草稿』のテクストのなかでは、抽象的に思えた言葉の意味が明確になってくる。まず、『不平等論』において、専制国家の限界の先があることをルソー自身がすでに語っていたことに注目しなければならない。

「この第三の時期が不平等の最後の段階であり、他のすべての時期が結局は帰着する限界であって、遂には、新しい諸変革が政府をすっかり解体させるか、またはこれを合法的な制度に近づけるに至るのである。」（不一二一）

ここにいう「新しい諸変革」は、「政府をすっかり解体させる」ものとされていることから、それは単に暴動や為政者の交代にすぎぬものと捉えることはできず、旧秩序の解体＝革命と捉えるのが妥当である。さらに、この革命がすでに「合法的な制度」への接近と並置されていることも重要である。旧秩序の解体と新秩序の創出への接近——私たちは、これを『社会契約論』の草稿である『ジュネーヴ草稿』の次の文言と突き合わせてみよう。

「悪そのもののなかから、それを癒すべき薬を引き出すよう努力しよう。できれば、新しい結社によって、一般的結合の欠陥を矯正しよう。（中略）最初の人為が自然に加えた悪を、完成された人為が償うことを、彼に示そう。」（『ジュネーヴ草稿』全五―二七九―二八〇）

国家誕生の起源にまで溯ってみると、元々、国家は人間が発明したものであり、しかもそれはその当初から悪く組成されたものであった。それゆえ、国家の矛盾が余りにも大きくなれば、人間がつくった国家を克服するために、自ら、全く新しい結合の仕方を発見し、国家を徹底的につくり替えることが必要だし、それが人間にはできるとルソーはいっているのである。この事例から見ても、『不平等論』から『ジュネーヴ草稿』への歩みのなかに、革命から建国への過程が徐々に鮮明化してゆくプロセスが見て取れる。このプロセスは『社会契約論』、『エミール』まで続き、そこにおいてルソーの思想体系は完成をみるのである。

さて④では革命を経て、建国（全面譲渡→立法）された契約国家の歴史過程が問題とされる。専制国家を打倒することによって、旧権力のシステムは克服されえたとしても、人間の自尊心を完全に根絶することはできないし、新国家の内部で新たな自尊心の増殖も抑えられない。建国時の法が、市民宗教を含み、市民に市民宗教が祖国愛（市民の良心）を喚起するとはいえ、契約国家においてすら、自尊心の増殖は、結局は阻むことはできないのである。なぜなら、契約国家が設立されても、自己完成能力は絶えず活動して、諸能力を引き出し続けるからである。

『社会契約論』中の「部分社会」論と国家死滅論は、生産力の上昇と疎外の進行と連動して捉えられなければならない。『社会契約論』中の国家の歴史過程の推移を、生産力の上昇と疎外の進行から捉える論考はほとんど見当たらないが、私はこのような視点から『社会契約論』を読むことは、非常に重要であると思う。生産力が増大するにつれて、感情の変質、つまり自尊心の増殖が起こる。そこから国家という全体社会を犠牲にしてまで自己利益を追求するために、人々は徒党を組み、部分社会がつくられる。

「しかし、社会の結び目が緩み、国家が弱くなり始めると、また、個人的な利害が頭をもたげ、群小の集団が大きな社会に影響を及ぼし始めると、共同の利益は損なわれ、その敵対者が現れてくる。」（契IV—一）

部分社会は、最初は多数に分裂した小さな集団にすぎないとしても、いずれは、他の弱小の集団を圧倒して、巨大な部分社会が国家を牛耳ることになる。これを意志論のレヴェルで表現すると、団体意志の形成→巨大団体意志の出現→一般意志形成の阻害、一般意志の名を騙る巨大団体意志による国家の蹂躙、という推移として捉えられる。ここで改めて契約国家の起点に戻れば、建国時の全面譲渡によって、一時的であるとはいえ、階級対立、分立は消し去られる。建国時の階級分立の解消こそが、一般意志創出の譲れない条件なのである。だが、次の立法の段階で、人民の質に制約されて、さまざまな立法が存在するため、階級分立が厳格に阻まれる国家もあれば、当初からその分立を許容する国家も出現するだろう。そして、たとえ厳格に階級分立を阻む立法をなした国家といえども、その歴史過程のなかで、階級分立の策動が不可避的に生じるのも、また、事実である。ルソーは契約国家の歴史過程の推移のなかに、階級分立の進行のプロセスを見て取っていた。ただ国家の衰退期の前に、その長短はさまざまであろうが、一般意志が存立しうる国家の成長期の存在を認めていたのである。そしてルソーは「最もよく組織された国家にも終わりがある」（契III—一一）と明言する。すなわち、国家にも、誕生→成熟→衰退→死滅という不可避的、不可逆的な歴史過程があるのである。

ところで、『不平等論』に、「事物の進歩(le progrès des choses)」という表現が見られる。人々の間に不平等を拡大、深化させてゆく人類史の進展を、ルソーは「事物の進歩」と呼んでいるのである。人類史の進展が「生産力」の増大と疎外の進行を伴っていることは、『不平等論』においてはすでに自明のことである。したがって「事物の進歩」とは、「生産力」の上昇、あるいは「生産力」の上昇の結果、もたらされる事態（人―物関係、人―人関係）をも指していているように思われる。あらゆる人―物関係、人―人関係は、「生産力」の増大に伴って、不平等といっても「自然的または身体的不平等」しか存在しない自然状態の起点から大きく隔たって、巨大な「社会的あるいは政治的不平等」の関係へと変化させられてゆく。私たちは、次に『ジュネーブ草稿』において、「事物の必然的な秩序(l'ordre naturel des choses)」というタームを見出す。

「個人的利益は一般的な善と調和するどころか、事物の必然的な秩序においては、相互に排除し合う。」（『ジュネーヴ草稿』全五―二七五）

ここでは「事物の秩序」は個人の利益のレヴェルで捉えられている。さらに『ダランベール氏への手紙』のなかでは、より大きな歴史的展開のレヴェルで「事物の秩序」が必然的に不平等の増大へと向かうことが、明言されている。

「ただ時間のみが事物の秩序にこの不平等への自然な傾斜を与え、漸進的な進行をその最終段階にまで推し進めるのである」（『ダランベール氏への手紙』全八―一三九）と。

このような『不平等論』からの一連の流れのなかに、「事物の進歩」あるいは「事物の秩序」という概念を見てゆくと、『社会契約論』中の「事物の力(la force des choses)」という注目すべき概念に到達する。それは次のような有名な文章のなかに見出される。

「事物の力は、常に平等を破壊する傾向があるという、まさにその理由によって、立法の力は、常に平等を維持するように働かねばならない。」（契II―一一）

「事物の力」は、「立法の力」に相反する力として対置されている。「事物の力」は、契約国家において、立法によって市民間の平等を維持してゆこうとする力を、絶えず掘り崩し、人々の不平等をつくり出してゆく力とされる。契約国家において、「事物の力」は、「立法の力」と絶えず、せめぎ合う現実的な力なのである。ところで、この現実的な力とは何だろうか。この力は明らかに個人の力ではない。『ジュネーブ草稿』でルソーは、個人のレヴェルでの利益が相互に排除し合うことを述べたが、人が私的利益の実現を追求するなら、一人のままでは無理であり、自身の利益の実現に役立ちそうな仲間を募って、徒党を組んでゆくのは火を見るより明らかである。「徒党、部分的団体が、大きい団体（国家―鳴子）を犠牲にしてつくられる」（契II―三）のは、そのためである。国家の市民間の平等を維持してゆこうとする「立法の力」と、市民間の不平等を拡大してゆこうとする「事物の力」は、結局、この部分社会の形成、巨大化をめぐる攻防として現象し、契約国家の歴史過程のなかで、国家の成長期までは、「立法の力」がまだ「事物の力」を抑制しているのだが、その衰退期には、「事物の力」が「立法の力」を逆転し、遂には、押し潰してゆくのが見られることになる。こうした部分社会の問題は、マルクス主義的には、階級分立の形成、階級対立の激化の問題と言い換えることができる。ここに至れば、このような市民間の不平等を拡大、深化させてゆく国家の歴史の進展を、「生産力」の増大とともに見るのはきわめて自然であることがわかる。結論をいえば、私は「事物の力」は「生産力」――自己完成能力によって引き出される諸能力のうちの主要なもの――の増大と読み直すことができると思う。

以上のように、契約国家の歴史も、人類史と同形的ならせんモデルで捉えることができる。人類史の場合と同様に、国家の歴史も自己完成能力と感情とによって動かされるのであり、国家にも成長期（らせんの表側の回転）と衰退期（らせんの裏側の回転）がある。国家のらせんも革命によって一巡目を終わり、二巡目に入るのである。こうした国家のらせん（小さならせん）が集まって、種（人類）のらせん（大きならせん）が形づくられてゆく。国家のらせんと種のらせんとは、統一的に把握されうるのである。

結びにかえて

本章が論考の主な対象を原理的な著作──『不平等論』『エミール』『社会契約論』に、出発点にある『学問芸術論』を加えた四著──に絞った理由は、ルソーの思想体系の中核的な構造を誤たず捉えるためであった。原理を現実に適用、応用した著作を、原理的著作と同列に扱うことは、体系の真の理解をむしろ難しくするように思われる。らせんを描く人類と国家の歴史過程のなかに、改めて正義観念の転化を跡づけることにしよう。歴史の動因である自己完成能力によって「生産力」が増大し、疎外が発生する。人類の最初の正義観念は、「大きな革命」とともに、とりわけ土地の所有とともに始まる。

「土地の耕作から必然に土地の分配が起こり、そして、私有がひとたび認められると、それから最初の正義の規則が生じた。」（不九九）

しかし、この最初の正義観念は、社会に浸透し、力を得てゆくどころか、社会は程なく戦争状態に陥り、正義観念はかき消される。ルソーはいう。

「富める者の横領と、貧しい者の掠奪と、万人の放縦な情念が、自然的な憐れみの情とまだ弱々しい正義の声とを窒息させ」（不一〇三）たと。

ここで戦争状態の恐ろしい無秩序＝不正義を克服するためと称して、富者が国家を発明する。多数の者は国家の危険を察知しえず、「賢明な者たちでさえ、あたかも負傷者が身体の残りの部分を救うために腕を切らせるように」（不一〇六）、国家の設立を受け入れた。しかしこの発明物は、万人を正義の恩恵に浴させるどころか、少数者の「正義」、多数者にとっては不正義に他ならぬものを国家全体のシステムとして固定、強化する装置に他ならなかった。国家（疎外国家）の三段階の「正義」を、私たちはそれぞれ「富者の正義」「強者の正義」「主人の正義」と呼んだ。遂に疎外の極限状態に至って、少なからぬ人々は「主人の正義」の本質を見抜き、新しい正義観念に目覚め始める。彼らによって革命が遂行される。ところで、それはルソーの歴史観の大きな特徴でもあるのだが、革命は「生産力」の増大に規定されているとはいえ、人間の側の矛盾の覚醒という内在的契機によって、早くも遅くも起こされうるのである。そして契約国家が建設される。全面譲渡によって正義観念を白紙化した人々が、立法者の示す「人間の正義」の規準を受容し、名実ともに市民となる。一般意志は、決して至高で固定された「普遍的正義」の規準ではない。神ではない立法者の提示する法＝一般意志＝最初の「人間の正義」の規準は、人民の人格に制約されて成立するのである。市民は、以後、一般意志を形成することによって、自力で「人間の正義」の規準をつくってゆくことになる。国家が成熟するまでの前半期には、徐々に「人間の正義」の質が高まってゆくプロセスが見出される。しかし国家が衰退し始める後半期には、「人間の正義」の質が低下し、遂には「人間の正義」が隠れてしまって、現れない状態に陥る。この状態が、先述した、巨大団体意志が一般意志の名を騙って国家を蹂躙する状態である。そして、国家は遠からず、避けがたい死を迎える。しかし「人間の正義」は、国家の死とともに滅びたわけではない。国家の疎外期に、「人間の正義」はいわば潜在化し、沈黙していただけであって、革命を経て、再生した新しい国家のなかで、より質の高い「人間の正義」が、つくり出されるだろう。このように、「人間の正義」は、国家のらせん的展開に呼応しつつ、「神の正義」に少しでも接近しようとする人間の不断の営みの結晶である。行けども行けども「神の正義」は、なお限りなく遠くに仰ぎ見るものであるとしても。

人類史、人類の大きならせんは、個々の国家の歴史、つまり国家の小さならせんが集まって、形づくられる。一回の革命によって疎外は克服されえず、国家のらせんも人類のらせんも永続する循環とならざるをえない。もしルソーが『政治制度論』を完成していたとしたら、その歴史観の射程の長さ、巨大な体系性は私たちにより鮮明な形で提示されたのではないだろうか。しかし、構想された『政治制度論』の一部にすぎない『社会契約論』やその他の主要著作のなかに、彼は巨大な歴史体系の枠組みを残していったのである。人間の本来的な善性は、自己完成能力の活動と感情の発展、転化によってつくり出される人類と国家の歴史のなかで、常にその回復・再生が求められ続けている。歴史の動因である自己完成能力は、決して両義的なものではない。自己完成能力の一義的方向性——それは、人間が本来、善良なものであることの必然的な結果である。[15] 疎外期にある人間の悪、そして社会の悪を糾弾する声が激しいのは、ルソーが人間に絶望していたからではない。逆に、本来的な善性に目覚め、善を回復するよう、人間に訴えかけているのである。ルソーの人間性善説は、人間がいつでもどこでも正しいことを主張する単純な説なのではなく、悪くなった人間が善を回復し、さらには、より質の高い善をわがものにしうるという、人間肯定論なのであった。

（1）　ルソーのテクストは邦訳の著書名、（巻数）、ページ数または編・章を本文中に示した。基本的に岩波文庫を用いたが、『ルソー全集』（白水社）の場合には、全五（全集第五巻）などと表記した。いずれの場合にも、訳文は適宜変えさせていただいた。
なお、以下の三著については略記号を用いた。
『人間不平等起源論』＝不（例）不一〇二
『社会契約論』＝契（編章を記す）（例）契II—三
『エミール』＝エ（上、中、下巻の別も記す）（例）エ中五七

(2) 西川長夫「ルソーにおける革命概念と革命志向」(桑原武夫編『ルソー論集』岩波書店、一九七〇年)二一五—二一六ページ。
(3) 例えば、L・アルチュセール『政治と歴史』西川長夫、阪上孝共訳、紀伊國屋書店、一九七四年(「ルソーの「社会契約」について」第一章)。
(4) 第四章**四**(3)参照。
(5) ポランは、諸個人は「人間という資格において自然法から享けた不可譲の諸権利と[社会]契約の際にも明示をもって放棄してはいない諸権利とを、十分自律的に享有しているのである」という。R・ポラン『孤独の政治学』水波朗他訳、九州大学出版会、一九八二年、一四六ページ。
(6) 私たちはすでに、人格論の構造的、体系的把握から、立法者を、人々が人格の質的転化(「市民性」の獲得)を図るための、自己完成能力の促進者と位置づけている。第三章**三**(3)参照。
(7) とはいえ、ルソーは富の格差をできる限り縮めるべきであるとして、「百万長者と乞食のいずれをも認めてはならない」(契II—一一)との最低限の歯止めはかけている。
(8) 吉岡知哉『ジャン＝ジャック・ルソー論』東京大学出版会、一九八八年、一〇二ページ。
(9) 「社会人」と「社会的人間」の両概念の差異については、第四章注(4)を参照されたい。また「社会的人間」については詳しくは第三章**三**(2)を参照のこと。
(10) このらせん図は当初、円筒形であったが、能力の増大に伴って、感情の振幅が拡大する様を道徳平面の広がりで表現した方がわかりやすいため、逆円すい形に改めたものである。この点に関しては、学位論文の審査の際、主査の池庄司敬信中央大学法学部教授(当時)に貴重なご教示をいただいた。
(11) R・ポラン、前掲書、第六章。
(12) J・L・ルセルクル『ルソーの世界〈あるいは近代の誕生〉』小林浩訳、法政大学出版局、一九九三年、一二六—一二八ページ。
(13) 第四章**一**(1)参照。
(14) R・ドラテ『ルソーの合理主義』田中治男訳、木鐸社、一九七九年、一二三ページ。
(15) 第四章**一**(1)を参照されたい。

付記
本章は、一九九六年一〇月の第二一回「社会思想史学会」での報告を論文化したものである。

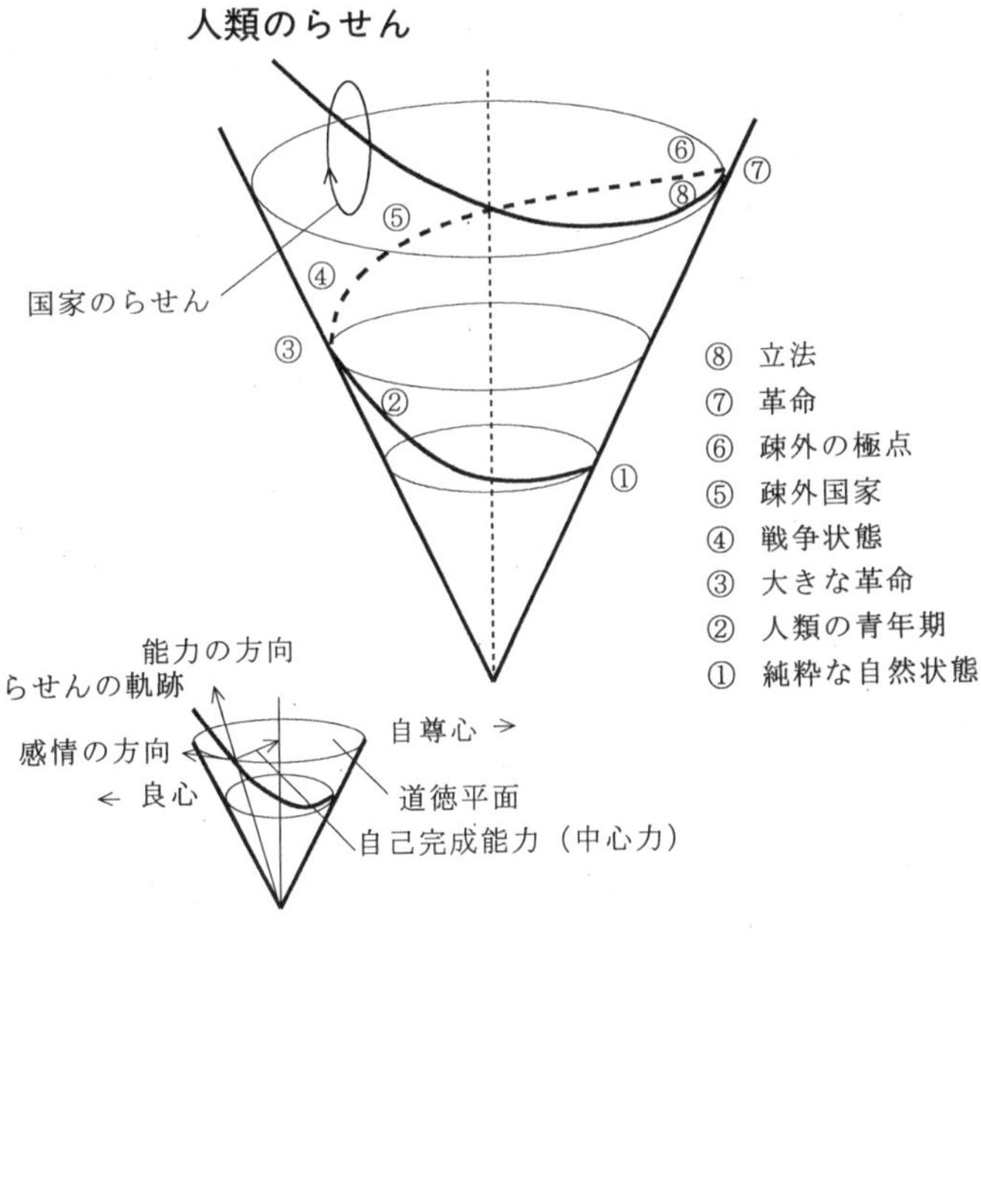

第六章　ルソーの一般意志論の解明
――ヘーゲルの普遍意志とマルクスの固有の力との関連において――

序

ルソーの政治思想、なかでもその中核に位置する一般意志論は従来の研究史で現実の歴史から切り離され、著しく観念的に理解されてきた。そうした観念的理解を象徴するものこそ、ヘーゲルによるルソーの一般意志＝普遍意志という理解である。観念的な解釈の系譜には、ヘーゲルの先駆として、法の普遍性を強調するカントが位置づけられるのだが、ルソーの一般意志論の理解は、ヘーゲルの巨大な影響下にこれまで置かれてきたといわざるをえない。一般意志は普遍意志などではない。本章は一般意志を普遍性の呪縛から解き放ち、ルソーが観念の世界にではなく、現実の世界のなかに、共同的なものを見出し、そうしてつくり出される共同性によって国家を動かしてゆく、いかなる理論を構築したかを明らかにしようとするものである。

すでに私は第五章「ルソーの正義論――人類と国家の円環史的展開の視点から――」において、一般意志は普遍的正義の規準なのではなく、「人間の正義」の規準であることを論証した。(1) 普遍的正義は自然法に妥当する、制裁もなく、相互性の保証されない正義である。ルソーは、彼の思想の成熟過程のなかで、ディドロら百科全書派の、人類の一般意志＝普遍意志という観念から離脱し、独自の正義観念に到達する。それこそが「各人に属するものを各人に返す」「人間の正義」なのであり、(2)この正義の実現には革命と全面譲渡が必要である。人間の正義は、固定的で唯一絶対の正義であるどころか、革命→全面譲渡→立法によって建国される契約国家において、動態的に転化する正義である。そしてそれは、制裁の欠如、相互性の欠如を克服し、まさに『社会契約論』の課題である正義と利益（有用性）の一致を果たす正義でもある。

ところで、一般意志の形成理論は、これまで十分に分析されてきたとは言い難く、(3)神秘的なものであったり、曖昧なままであったりした。本章では、一般意志の導出が、一見、単純な式で表されることを明らかにする。しかし、あらかじめいうなら、こうした一般意志の導出式を、単に実証政治学、とりわけ数理政治学の先駆的業績と位置づけるのでは足りない。というのは、その単純な定式は、深い叡智が込められた政治哲学の結晶だからである。一見、単純に見えるもののなかにこそ、真実があるのではなかろうか。

以下、本論では、まず、ルソーの一般意志に対するヘーゲルの理解の誤りを明らかにし、次に、われわれの一般意志の形成理論の解明を行い、さらに一般意志とは何かを「正義と利益（有用性）の一致」というルソーのテーゼを主軸に論考する。そこでは民主主義の根幹にかかわる共同的なものが問題とされる。最後に「固有の力」をめぐって、ルソーを誤解したマルクスとの、ルソー／マルクス関係が浮き彫りにされる。

一　ヘーゲル批判――一般意志は普遍意志ではないこと

いかに一般意志＝普遍意志という理解が、一般意志論の理解を混乱させてきたか、まずはヘーゲルの言葉を聞こう。

「ルソーには、単に形式上思想である原理（中略）ではなく、形式上だけではなく内容上も思想であり、しかも思惟そのものであるような原理、すなわち意志を、国家の原理として立てたという功績がある。だが彼（ルソー―鳴子）は、意志をただ個別意志という特定の形式において捉えただけであり、（中略）普遍意志を、意志の即自かつ対自的に理性的なものとしてではなく、ただ意識された意志としてのこの個別意志から出てくる共通的なものとして捉えたにすぎない。(4)」

ヘーゲルはルソーの「一般意志（volonté générale）」に自らの「普遍意志（allgemeine Wille）」概念の先駆を見て取り、その点においてルソーを高く評価する。しかし、先述のごとく、あるいは後にも論じるように、人間の正義の規準が一般意志であるならば、一般意志＝普遍意志という理解は否定される。つまり、一般意志＝普遍意志という理解は、そもそも誤解である。そして、ルソーの一般意志の説明（「すべての個別意志から出てくる共通的なもの」）がヘーゲルの理解と齟齬を来すため、ヘーゲルはルソーに批判を加えた（見当違いの批判）。つまりヘーゲルは、そもそも誤解に立脚して、ルソーがせっかく一般意志を普遍性を体現する意志と捉えておきながら、共通性で理解せざるをえない側面を混在させてしまっているとして、ルソーを批判するのである。さらにヘーゲルは、はっきりと次のようにも述べている。

「単なる共通的なものと真に普遍的なものとの区別は、ルソーの有名な『社会契約論』のうちで適切に言い表されている。すなわち、そこでは、国家の法律は普遍意志から生じなければならないが、だからといって決して万人の意志（volonté de tous）である必要はない、といわれている。もしルソーが常にこの区別を念頭に置いていたら、彼は国家論に関してもっと深い業績を残したであろう。普遍意志とはすなわち意志の概念であり、もろもろの法律

は、この概念に基づいている意志の特殊規定である。」[5]（傍線は鳴子）
「国家の法律は普遍意志（ルソーの著作における定訳は一般意志―鳴子）から生じなければならないが、だからといって決して万人の意志（同じく定訳では全体意志―鳴子）である必要はない」――最初に一言、引用文中の傍線を付した部分に触れておきたい。ここに捉えられた意志の普遍性なるものが問題なのである。ところで普遍と不変は混同されているのではないだろうか。確かにルソーは、一般意志は不変である(inaltérable)とするが[6]、この不変性の意味、つまり何が一体変わらないのかを、私は四で明らかにする。ここでは不変性は普遍性を意味しないという結論のみを予告しておくにとどめる。

さて、ヘーゲルが引用文中にいう「単なる共通的なもの」とは、個々の個別意志のなかに等しく存する抽象的普遍を指すものと考えられる。抽象的普遍は、確かに個々の個別意志のなかに存するもの（共通性）であるが、単なる観念であるから、国家の意志として取り出せない、つまり現実化できないとヘーゲルには思われたはずである。そして、そうであるからこそ、実際には、結局のところ、国家の結合契約は、恣意から発した偶然的で主観的な合意にすぎぬものとしてしか現れえない、と考えられた[7]。それに対して「真に普遍的なもの」とは抽象的普遍ではなく、現実化される具体的普遍を指し、この具体的普遍からこそ、国家の意志＝法律が生じなければならないとヘーゲルは考えたのである。

ところで全市民の個別意志からしか、一般意志がつくり出されえないことは、改めていうまでもなく、ルソーの一般意志論の核心、ルソー的デモクラシーの根本思想である。ヘーゲルがこの点の真の意義を理解せず（理解しようともせず）、自らの普遍意志概念に引き寄せてルソーの一般意志論を曲解して伝えたことの罪は、現代に至るまで、歴史的に余りにも大きいといわざるをえない。しかし、翻ってヘーゲル国家論に即してみれば、個別には普遍と特殊が内包されており、「普遍的なものは、諸個人の特殊的利益や知と意志の働きを抜きにしては効力を持ちもしないし、貫徹もされない」といわれる[8]。そして、特殊と普遍との真の統一を課題とする近代国家において――といってもヘーゲルが念頭に置いているのは、君主権、統治権、立法権の三権が「一個の個体的全体」をなす有機的国家においてなのだが[9]――真の普遍性を現実化する担い手は、ルソーの場合のようにすべての市民＝人民ではなく、結局のところ、国家官僚ということになるのである。がしかし、ヘーゲルは時代の画期に登場するカエサルやナポレオンのような英雄＝「世界史的個人」が人民の自覚的意志とは異なる、人民自身には自覚されえない人民の意志（人民の直接的純粋意志）を体現するというチャンネルを残してはいる[10]。とはいえ具体的普遍の体現者は、歴史上稀なる、例外的な「世界史的個人」を除けば、恒常的には国家官僚に帰着する。

ところで、そもそもヘーゲルは『法の哲学』序文の後半で、同書の主旨を次のように述べている。

「それは哲学的な著作として、あるべき国家を構想するなどという了見からは最も遠いものであらざるをえない。そのなかに存しうる教えは、国家がいかにあるべきかを国家に教えることを目指しているわけはなく、むしろ、国家という倫理的宇宙が、いかに認識されるべきかを教えることを目指している[11]。」

このテクストは、まさにヘーゲル国家論の本質を示すものであり、あるべき国家の構想と対極にある国家論を目指すというその言葉は、ヘーゲルのルソー国家論への全面対決を宣言するものに他ならない。もとより、ヘーゲルがあるべき国家の構想という時、ルソーの契約国家の構想は、現実の歴史から切断され、きわめて観念的なものときめつけられていたことは明らかである。私は『不平等論』と『社会契約論』との間に革命が置かれ、人類と契約国家の歴史過程が、実は、接合されていると理解するのであるが[12]、そのような理解をヘーゲルが持つ余地はない。しかし、ヘーゲルによれば、こうした観念的構築物（ルソーの国家論）の影響力が現実のフランス革命を引き起こす力となったとされるのである。ルソーの国家論の理論面での歴史との切断的理解と、彼の国家論の持つ革命への情熱の喚起という現実的作用に対する認識とは分裂していた。理論と実践はある意味でつながっていた。しかし真の意味では十全につながっていなかった。ともあれ、ヘーゲルにとって、国家とは現存する国家であり、歴史の連続性が主張されるのであり、すでに倫理的宇宙である国家がいかに認識されるべきかが問題とされるのである。

国家の市民社会への関係は、周知のように、外面的必然性と内在的目的という二重の関係として捉えられている[13]。ヘーゲルの眼前にある社会は、まさに欲求の体系である市民社会であって、そこに生きる人々は、私利私欲に踊らされるいわゆる「あるがままの人間」であり、ヘーゲルが市民の個別意志として念頭に置くものは、ほとんどこうした「あるがままの人間」の意志でしかない。このような個別意志から、ヘーゲルにとって価値的な（世界精神に即した）国家の意志が抽出できないのは、ある意味で無理からぬことである。しかしヘーゲルのこのような理解こそが（後に述べるように、マルクスによるルソー理解の偏向をもたらし、）ルソーの解釈者たちのなかで「あるがままの人間」という言葉を独り歩きさせ、通説的見解を導いてしまったのだが、私はルソーの真の前提をそのようには考えない。ルソーは個別意志を単に「あるがままの人間」の意志にすぎぬものと捉えない。なぜなら、ルソーが『社会契約論』冒頭で「あるがままのものとして」捉えた人間とは、物質的なものだけではなく、精神的な大転換、歴史の大きなうねりを経験し、革命を経て、全面譲渡をまさに目前にした、大きく変動しつつある人間、すなわちルソーのいう「社会人」＝『不平等論』で描かれた疎外された人間（いわゆる通説的な「あるがままの人間」）から、「あるべき人間」への志向性を持つに至った人々、つまり「社会人→社会的人間」（＝『エミール』で論じられた人格の発展の第二段階の表象、市民になるための人間）なのである[14]。そうして、こうした「あるがままのものとして」捉えられた人間、「社会人→社会的人間」は遂に全面譲渡によって[15]、立法者から市民性を付加され、自らの「社会人→社会的人間」性のみならず市民性をも合わせ持つに至る。このような人々の意志こそが、ルソーの個別意志なのである、と私は解する。それゆえ、ルソーの個別意志は、決してヘーゲルの見た、市民革命後に展開した欲求の体系である市民社会下に生きる私利私欲に従う「あるがままの人間」の意志ではないことはもちろん、革命前の専制国家下に生きる私利私欲に狂奔する「あるがままの人間」のそれでもないことを強調しておかなければならない。こうした議論は三で再び論じることになる。だが今はヘーゲルの立論に戻らなければならない。

さてヘーゲルが見た現実からは、国家の外面的必然性が、より強く意識される。だが、同時に、ヘーゲルは、自立的な個人を成員とする市民社会の肯定的な側面、欲求の充足も他者関係を媒介にしてでなければ実現されえないがゆえに、個別のなかに特殊のみならず普遍が内在する点も見て取っていた。この点からは、この特殊と普遍との統一という国家の内在的目的が立ち上ってくる。そして（上述のように）ヘーゲルは、価値的な国家の意志の表出を最高官僚の叡知に期待したのであった。

二　一般意志の導出

「この原始契約（社会契約—鳴子）の場合を除けば、大多数の人の意見は、常に他のすべての人々を拘束する。これは（原始）契約そのものの帰結である。」（Ⅳ—二）[16]

「……一般意志のあらゆる特長が、依然として、過半数のなかに存していることを、前提としている。それが過半数のなかに存しなくなれば、いずれの側についても、もはや自由はないのである。」（Ⅳ—二）[17]

こうしたルソーの説明から、一般意志は全員一致の社会契約を前提とはするものの、多数決の結果、過半数を得て可決された議案のなかに表現されると読め、そこから、一般意志の原理は単なる多数決原理とどこが違うのかという問いが発せられてきた。もし、結局、そこに多数決原理しか認められないのなら、人民集会における議案に対する賛成票、反対票が数えられるだけで、一般意志の有無は確かめられ、かつ、一般意志が特定されることになろう。しかし、ことはそう単純ではありえない。

「……一般意志を見分けることの難易と、国家の衰退の程度に応じて、投票を計算し、意見を比較する方法が定められねばならない」(Ⅳ—二)[18]——この言葉に注目すべきである。一般意志を見分けることの難易は、国家の衰退の程度とともに、特別の考慮の対象となるとはどういうことだろうか。一般意志とは一体何だろうか。一般意志論解明の鍵は、ルソーによる以下の二つの規定をどのように解釈するかにかかわっている。

①「……これらの個別意志(個別意志の総和＝全体意志—鳴子)から、相殺し合う過不足を除くと、相違の総和として、一般意志が残ることになる。」(Ⅱ—三)[19]

②「ある法が人民の集会に提出される時、人民に問われていることは、正確には、彼らが提案を可決するか、否決するかということではなくて、それが人民の意志、すなわち、一般意志に一致しているか否かということである。各人は投票によって、それについての自らの意見を述べる。だから投票の数を計算すれば、一般意志が表明されるわけである。」(Ⅳ—二)[20]

①の規定から、一般意志の形成に際して、各々の個別意志の間にある、意志の質——方向性・強弱——の差が感じられる。ルソーによって、意志の過剰・不足の存在、そしてそれらの意志の過不足の相殺が述べられているからである。意志の質——方向性・強弱——は、単に賛否に分かれる投票の数に還元されえない。ここに人民集会において提起された議案に対する全市民の意志の分布の存在が予測される。ところで、果たして人間の意志を数量化して表すこ

とは可能なのだろうか。ある問題を漠然とどう考えるかと問われた時、各人の意志はさまざまであり、そうした多種多様な意志を数直線上に一列に並べることができるかどうかは定かでないように思われる。しかし、もし、ある問題に対する具体的な基準となる意志が提示されるならば、その意志に対して各人の判断（意志）の合致、隔たりは意識化され、意志の分布は数量化できるのではないだろうか。私が、ある問題に対する具体的な基準となる意志といっているのは、人民集会における政府提出議案のことなのだが、ここで意志分布をイメージしやすくなる例を挙げてみることにしよう。それは、人民集会における一般意志の形成とは次元も内容も異にするが、刑事裁判における検察官による求刑に対するそれぞれの裁判官の、求刑の妥当性、量刑の適否について示す判断に関するものである。刑事被告人に対し量刑の適否を各裁判官が判断する時、その判断（意志）は、意志分布を形成する。示された量刑（求刑）に対して、それぞれの裁判官がその適・不適、軽重を判断した結果、各裁判官が妥当と考える各自の量刑が見出され、それらの量刑の意志分布が想定されるであろう。繰り返すまでもなく、刑事裁判と人民集会とは次元も内容も異なる。しかし、人民集会における個別意志の表明者である市民のことを、ルソーが裁判官であり同時に当事者である者と位置づけていることはきわめて示唆的である。裁判官＝当事者としての市民という問題は、後に改めて論じるが、たとえ、意志を数直線上に並べる意志分布が存在することの証左としてであれ、裁判の量刑を例とすることは、あながち、的外れなことではないのである。

一般意志が最も識別されやすい例として、ルソーは樫の木の下に集うがごとき幸福で素朴な人々を挙げて次のように述べている。

「こういうふうに（素朴に）治められている国家は、きわめてわずかの法律しか必要としない。そして、新しい法律を発布する必要が生ずると、この必要は誰にも明らかになる。新しい法律を、最初に提出する人は、すべての

人々が、すでに感じていたことを、口に出すだけだ。」（Ⅳ—一）[21]

そのような場合の意志分布は、ある発議が中央に置かれ、その中心軸に発議に一致する（完全に賛成する）意志が分布し、そこから左右に移動するにつれ、少しずつ発議から意志が隔たってゆき、まず左の方向に進むにつれ、弱い賛成の意志、さらに進むと反対に転じて、まず弱い反対の意志、左の極に強硬な反対の意志が分布する。また逆に右の方向に進めば、賛成ではあるが発議より強硬に推進すべしという意志が、右の極には、最も強硬な推進的意志が分布する。分布は、人数が多ければ多いほど、左右対称のつりがね状となる。もし、このような意志分布を完全に反映させる意志の表明を実現させせようとするならば、それは全市民の一人ひとりに発議に対する意志そのものを直接、聞き取らなければならないだろう。それは余りにも煩雑な作業であるから不可能であるというのなら、次善の策として、提案を一つにせずに、意志の偏差を考慮に入れ、一つの極から他の極に至る少なくとも四、五案が提示され、それらの案のうちから、自らの意志により近い一つを選ぶ、せめて四、五択の意志表明であるべきであろう。しかし、ルソーはそのような個別意志の表明を主張しない。人民集会において表明を求められるのは、②にあるように、政府提出議案に対する賛否いずれかの投票（二者択一）なのである。[22] それゆえ、①でその存在が意識、予測された意志分布は、投票時に市民の心のなかに潜在的に存在するが、それ自体の表明の直接的な機会は持たないのである。それでは結局、①と②との間、つまり意志の分布（質的なもの）と投票の数（数量的なもの）との関係は、どのように解されうるであろうか。

ここで改めて、先に例を挙げたような、発議の位置に最多数者の意志が分布するつりがね状の分布曲線について独自に考えてみることにする（図Ⅰ-a）。このグラフ全体は、全市民の個別意志が集まった全体意志を表している。この場合、中央とその周囲に分布するA（議案を許容しうる範囲にある意志）とその右側に分布するA^+が投票において、発議に賛成票を投ずる。それに対して左端のA^-が反対票である。ところでA^+は賛成に回っているとはいえ、意志の隔たりという点ではA^-に匹敵しているのであって、全体意志（$A+A^++A^-$）から、過剰な、あるいは不足する意志部分（A^++A^-）を相殺し合った残余であるAだけが一般意志である、と解することができる（図Ⅰ-b）。賛成票のなかには、反対票（否定的な隔たった意志）と同数、肯定的な隔たった意志が伏在すると推定されるからである。

このような理解が許されるとすれば、一般意志は「過半数のなかに存している」のは事実だとはいえ、それだけでは、まだ一般意志が絞り込まれているわけではなく、反対票と同数存在していると考えられる、賛成票に含まれる、発議から隔たった強硬な意志を賛成総数から引き去った後に、初めて一般意志が導き出されることになるのである。

一般意志＝賛成票－反対票＞0

これを一般意志の導出式と呼ぶことにしよう。

ところで、今取り上げた例は、発議がきわめて適切であり、かつ、国家に部分社会が存在せず（あるいは少なくとも、部分社会が存在するにしても、多数のものが分立している状態で）、意志分布が左右対称のつりがね状の一山をなしている場合である。そこでは、多数の賛意が得られ、一般意志がはっきり表出される。しかし、あらゆる場合に、一般意志がかくもはっきりと表出され、それを見分けることが容易であるとは限らない。例えば、発議が最多数者の意志の分布する分布曲線の中央にではなく、その右側にずれ、①あるいは②、③の位置にある意志と合致するような内容のものであったとしよう（図Ⅱ）。発議が、人々の意志からこのようにずれてゆくにしたがって、分布曲線の左側に分布する反対票に回る人々の数はふえてゆく。反対票を投ずる人々の分布A^-（意志の不足、否定的な隔たり）と相等しい意志の過剰分A^+（肯定的な隔たり）が想定できる。A^+とA^-を相殺して残ったAの部分が一般意志である。①→②→③と進むにつれて、一般意志が、はっきりと現れず、見えにくくなってゆくのがわかる。発議が左側に

図Ⅰ-a　政府議案に対して想定される意志分布

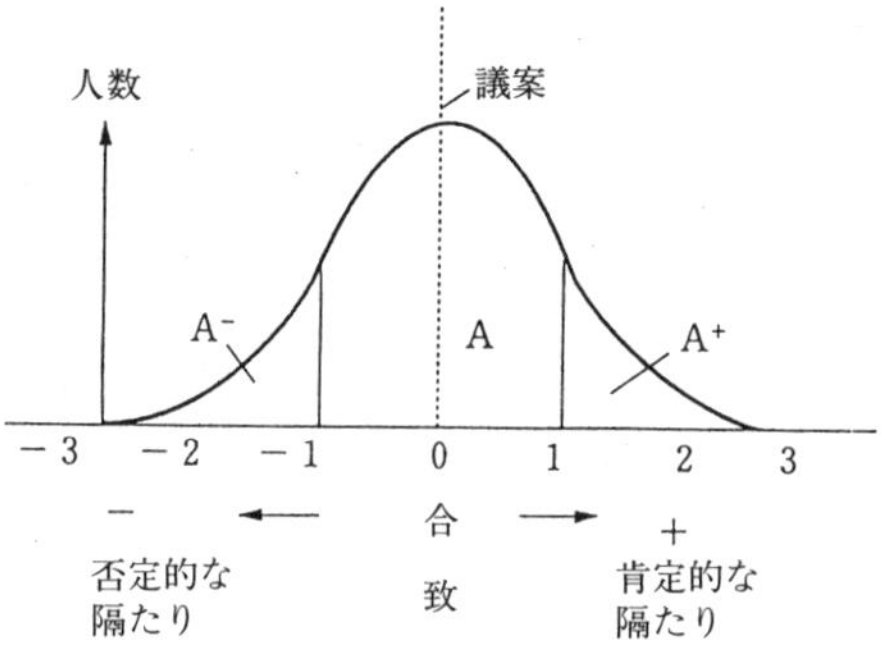

図Ⅰ-b　投票数の計算＝一般意志の導出

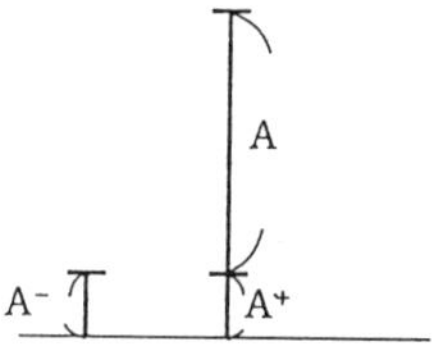

$(A+A^{+})-A^{-}=A$

賛成票−反対票＝一般意志

賛成票のなかには，反対票（否定的な隔たった意志）と同数，肯定的な隔たった意志が伏在すると推定される

図Ⅱ　政府議案のずれ

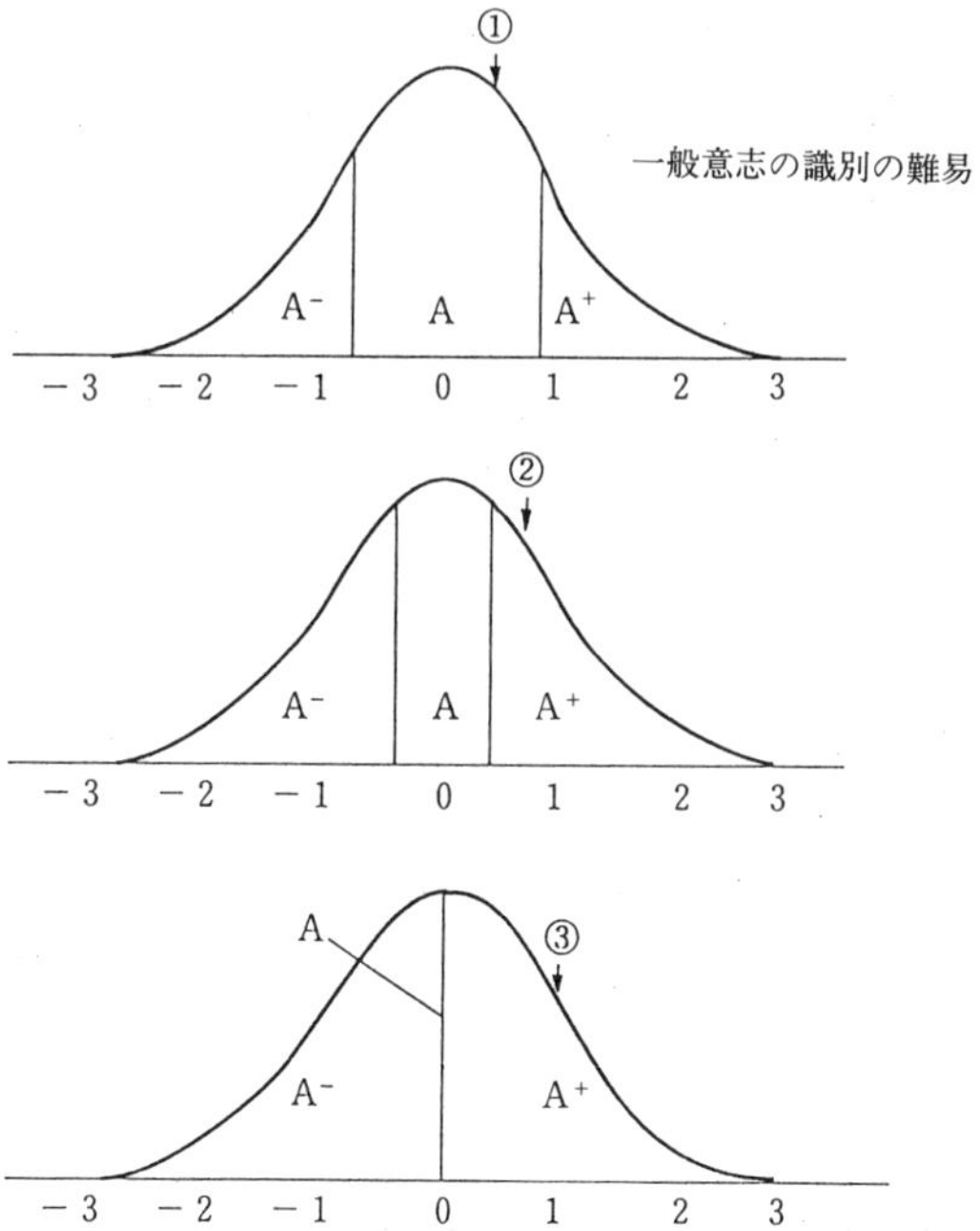

ずれてゆく場合には、分布曲線の右側に反対票が分布するが、一般意志の導出については、上記と同様のことがいえる。

以上のことから、次のことが明らかとなった。意志分布の全体が全体意志（個別意志の総和）である。そこから、一般意志を導出するには、単に賛成票と反対票を数えるだけでは足りない。というのは、一般意志は、確かにルソーのいうように、過半数のなかに存しているとはいえ、その導出は単なる多数決によるものではないからである。一般意志の導出と単なる多数決との違いはどこにあるかといえば、単なる多数決では過半数を占めた賛成票が重要であり、反対票は封じ込まれてしまうだけである。ところが、ルソーの一般意志の導出の場合は、反対票がむしろ鍵を握っている。というのは反対票は政府提出議案に対する意志の不足を直接、数量化しており、この数量化された反対票によって意志分布の反対側にある賛成票中に伏在している、議案に対する意志の過剰分を推定することができるからである。反対票は、推定された過剰分（反対票と同数と考えられる）と相殺されることを通して、国家の（人民の）共同性を抽出することに直接、寄与する。それゆえ、反対票は、少数意見の尊重というような、民主主義の一つのルールといった意味において意義を持つのではなく、議案になんらかの修正や部分的変更をもたらしたりはしないのである。そうではなくて、反対票はそこで表出されうる共同性の大きさ、共同性の指標を明らかにするという意味で重要な意義を持っている。すなわち（賛成票－反対票）の数が、投票総数に近づけば近づくほど、表出された共同性の大きさは大きいといえるし、0に近づけば近づくほど共同性は小さいといわなければならない[23]。以上のように共同性の指標を明らかにする反対票には、数量的でかつ政治哲学的な意味があるのである。したがってこれまで幾多の研究者によっても解明されず、曖昧で神秘的なものとされてきた先のテクスト①の「過不足の相殺」の意味が明らかになる。一般意志は単なる平均でもなければ最大公約数（すべての者に共通的なもの）でもないのである。

ただしこのような一般意志の導出には、次のような一般意志形成の前提条件が必要である。それは「人民が十分に情報を持って審議する」こと、「市民がお互いに意志を少しも伝え合わない」ことの二点（II—三）である[24]。第一点は、議案を的確に判断しうるだけの正確で十分な情報が等しく各市民に提供されなければならないということである。このように第一点は現代政治においても、その徹底が求められる点であるが、次の第二点は、われわれの常識にむしろ反しているように思われる。第二点は、まさに、人民集会でなぜ長い審議が不可とされるのか、あるいはなぜ雄弁家はいらないのかという問いへの回答ともなるのだが、集会において術策、雄弁による誘導の余地をつくらないこと、そしておそらく集会外での利益誘導、説得をもできる限り排除して、あくまでも、各市民が独立して、自らの良心と理性とに従って判断しなければならないということである。言い換えれば、各市民の意志が個別意志であるべきで、個別意志が団体意志化することをできる限り抑制しなければならないということである[25]。

ところで、先に述べたように、政府提出議案が意志分布の最多数者の位置する中心からずれることによって、一般意志の識別が難しくなる。上述の一般意志形成の前提条件がまだ失われていない場合であれば、そのずれは、偶然的なもの、あるいは、大きなずれが常態化するとすれば、政府の堕落を示すものとみなされうるが、そうした大きなずれの常態化は、政府を交替（変更）すべきシグナルであろう。しかし事態が、ある政府の腐敗の問題を超えて、国家（人民）の堕落過程の進行と直接的につながっている場合、つまり、部分社会が成長し、団体意志が頭をもたげ、個別意志の表明が阻まれる局面での、より深刻（本質的）な「疎外」の進行によって、一般意志の識別が困難になる場合も考えられる。こうした点については、**四**で論じることにする。

三 「あるがままの人間」論批判――一般意志の目的

通説的見解では、『社会契約論』における基本的図式は私利私欲に従う「あるがままの人間」とあるべき法（もっといえば、あるべき法に従うあるべき人間）との二項対立である。あるべき理想的人間＝市民によって構成される政治体の理論は、容易に観念的構築物とみなされてきた。そして同時に、多くの論者は、一方のあるべき法・人間を余りにも高い理想であるとしたために、他方の「あるがままの人間」（彼らの捉える、社会契約時に前提とされる人間）を「正義」と無縁の自己利益のみに従う、浅ましい人間と捉える傾向を持った。しかし、このような「あるがままの人間」論を展開する論者にとっては、全面譲渡の意味がルソーの思想体系から浮いてしまう。人間はあるがままであって、どうしてそれまで持っていたすべてのものを全面譲渡することができるだろうか。先に述べたように、社会契約時に前提とされる人間は革命を経た人間であり、革命を経たからこそ、全面譲渡を受け入れられるのではないだろうか。

従来のルソー研究における「あるがままの人間」論は、一九世紀の市民社会における矛盾に満ちた現実の人間を直視し、批判したヘーゲルおよびマルクスの理解に引き寄せられすぎているのではないだろうか。ヘーゲル、マルクスのなしたルソーの「人間―市民」概念の理解のゆがみが、大きな爪痕を残しているのではなかろうか。本章ではマルクスについては、「固有の力」をめぐって**五**で改めて論じることにする。

さて、このような「あるがままの人間」論の理解に従ったままでは、真の意味で『社会契約論』の主題を捉えることはできない。それは、正義と有用性の結合、あるいは「権利が許すことと利益が命ずること」との結合であり、周知のように同書第一編冒頭に掲げられている。この正義と有用性（利益）の一致（調和）というテーゼを見落とすことはなくても、このテーゼの観念的でない、真の把握は、なされてきたといえないように思うのである。

そこで、正義と利益の結合の問題は、裁判官であることと当事者であることの問題に帰着することを、以下に論証してゆきたい。ルソーはこの問題にかかわる重要な主張を『社会契約論』（II—四）において展開している。それは、対象の個別性・一般性と一般意志の形成条件の有無とを論じる考察のなかにおいてである。ルソーは周知のごとく、個別的対象を持つ問題に対して、一般意志形成の条件を与えないが、両者の差異の比較が、正義と利益の関係を明らかにしてくれる。問題のパラグラフはこれである。

「以上、述べてきたことから、意志を一般的なものにするのは、投票の数よりもむしろ、投票を一致させる共同の利益であることが、理解されなければならない。なぜなら、この制度においては、各人は、他人に課する条件に必然的に自分も従うからである――公共の決議に公平の性格を与える利益と正義とのすばらしい調和。ところが、すべて個別的な事柄を議論する場合には、裁判官の行動原理と当事者のそれとを一致させ、同じものにする共同の利益が存在しないから、この公平は消えてしまうのだ。(26)」

パラグラフの後半部分でルソーが直接、論述しているのは、問題が個別的な対象を持ち、一般意志の形成条件を持たない場合についてである。ところで、この文章は常識からすると、きわめて奇妙に聞こえる。というのは、通常、裁判官は当事者とは異なる第三者であることが要件とされ、裁判官の第三者性は、裁判の公平を保証する、唯一のではないとしても、重要な条件であるからである。ところがルソーの説明は、そうした常識を見事に裏切って、第三者である裁判官と当事者との間には共同の利益がないから、公平が失われるとするのである。それはルソー独自の立論であることに、まずは注意を喚起しておきたい。

さて先の言説を裏返して、問題が一般的対象を持ち、一般意志が形成される場合を考えてみたい。結論を先にすれば、それは次のようにいえるだろう。

すべて一般的な事柄を議論する場合には、裁判官の行動原理と当事者のそれとを一致させ、同じものにする共同の利益が存在するから、この公平は存在するのだ、と。

この結論は、ルソーが直接語っているわけではないものの、きわめて重要である。この結論がこれまでの研究史で十分に論じられてこなかったのは、ルソーが個別的な対象を持つ問題について反転して語っているために、そしてまた、その説明が公平性に関する常識的な理解と隔たっているために、一般意志の形成論のなかで捉え返されず、見落とされてしまったからではなかろうか。

さて、それではなぜ、共同の利益と公平性が存するといいうるのだろうか。裁判官であることと当事者であること、それはそれぞれどういうことだろうか。

まず、当事者であるとは、問題が一般的な対象を持つ場合、個々人はすべて、この問題の解決を自分の問題、自分が直接、利益を受け、あるいは被害をこうむりうる問題として、真剣に考えざるをえない存在であるということである。個々人はすべて、自分が利益を得るように、そして不利益をこうむらないように考えることをなんら阻止されない。自分のために考えること、自分のことをまず考えることは肯定される。これは自己愛の赴くところである。ルソーは次のようにいっている。

「およそ人たるかぎり、このそれぞれの人という言葉を自分のことと考え、また、全部のために投票する場合にも自分自身のためを考えずにはおられないからではないか？　このことは、次のことを証明する——権利の平等、およびこれから生ずる正義の観念は、それぞれの人が自分のことを先にするということから、したがってまた人間

の本性から出てくるということ。」（II―四）[27]

自己愛に基づく自己保存、自己充足には、実は、他者の保存、充足を損なわない限りにおいてという限定がつく。というのは、自己愛は憐れみの情と対になった生得感情であり、これら二つの感情の関係から、やはり生得感情である良心が発現するとされるからである。[28]そうして自己の、そして自己とともにある同胞＝他者の権利の平等を前提にする限り、そこには「正義の観念」が確かに生じてくる。しかし、人はたとえ契約国家の成員となった後であっても、他者の保存、充足を踏みにじってでも自己保存、自己充足を優先させたいという感情、つまりルソーのいう自尊心（自己愛の変質した感情）を根絶させることはできない。その自尊心は、革命前の専制国家の社会＝国家システムと結びついていたままのそれではない。とはいえ、それは新たな国家の政治的・経済的・社会的条件のなかで、再び抱かれ、次第に人々の心中に勢いを増す危険性を多分に持っている。それゆえ、先の当事者の持つ自己愛（と良心と）に基づく権利の平等、あるいは「正義の観念」は、揺るぎないものであるのではなく、自尊心の作用によって常に脅かされており、個々人の当事者性は、自尊心と良心とのせめぎ合いを特徴としている。

それでは裁判官であるとは、どういうことだろうか。ルソーは次の章（II―五）で、主権者のことを「裁判官および法の上にある者」と呼んでいる。しかし、それは、犯罪者に特赦をする権利について述べた部分であり、主権を行使する総体としての主権者が裁判官であると捉えられているのである。では、私たちが問題としている局面、すなわち一般意志をつくり出すために人民集会に集合した各市民が、個別意志を表明する時、裁判官であるとはどういうことなのだろうか。ここで再度、先に揚げたテクストに戻らなければならない。

②「ある法が人民の集会に提出される時、人民に問われていることは、正確には、彼らが提案を可決するか、否決するかということではなくて、それが人民の意志、すなわち、一般意志に一致しているか否かということであ

る。（後略）」（IV―二）

実際に表出されるのは、政府議案に対する賛否いずれかの投票であるにもかかわらず、各市民に問われていることの真の意味をルソーは質的に異なる次元に連れて行く。引用文の後半は、とりわけ注意深く読まれなければならない。というのは、そもそも一般意志は人民集会において、まだつくり出されておらず、当の問題についてまさにつくり出されようとしているにすぎぬのに、主権者の一部を構成するにすぎない各市民が、あたかも主権者を代表するかのように、各人の判断によって、（まだ形成前の）一般意志を想定することを求められているからである。ここで、裁判官としての各自の判断とは、政治体がその時点で持っている法体系を規準として、市民の理性（立法者の立法を受け入れることによって獲得された、発達した理性）とその市民的理性の発達を待って発現する市民の良心（ルソーはそれを祖国愛と呼ぶ、より発達した良心）との働きによって下される判断のことであると私は解する。こうして各市民がきわめて能動的に想定した「一般意志」と政府議案とを対比してみて、議案がそれと合致しているか否かの判断を求められているとルソーはいっているのである。[29] 投票に際して、意識されるのは、政府議案からの、自らの意志（自らの想定した一般意志）の隔たりである。政府議案に対する自らの意志（個別意志）の位置がどこにあるのか、一体、それは議案に対して許容範囲内に位置しているのかを自覚することがまず求められ、その結果、賛否いずれの側に投票するかが決せられる。賛成票のなかにすら質的な差異がある。②で「各人は投票によって、それについての自らの意見を述べる」と語ったルソーの真意は、このように解されるべきであろう。これらの投票が集まって、可決・否決が結果として出てくる。結局、裁判官とは、政治体の法を規準として自らの市民的理性と市民的良心とを働かせることによって、自ら能動的に政治体の正しい方向性（契約国家の正義＝人間の正義）を見出そうとする存在なのである。

個別意志を表明する市民は、以上述べてきたような当事者性と裁判官性をメダルの両面のように合わせ持つ存在である。もし人民の心中から自尊心が根絶されえたなら、「それぞれの人が自分のことを先にする」、あるいはまた「全部のために投票する場合にも自分自身のためを考えずにはおられない」正義の観念、言い換えれば、自己をまず考えることを通して、自己の含まれる全体の利益を追求することに、矛盾は孕まれず、自分の問題＝全体の問題という図式が妥当する。しかし実際には、当事者性に自尊心と良心とのせめぎ合いという矛盾が孕まれているために、自己の利益を追求する当事者性と共同の利益を志向する裁判官性とが、それぞれの市民のなかで少なからず葛藤することになる。そのため個別意志には、少なからぬ偏差が生まれる。

そこで以上のことを改めて捉え返すと、全体意志とは、それぞれ当事者性、裁判官性の双方を合わせ持つ、換言すれば「社会人↓社会的人間」性と市民性とを合わせ持つ人間の個別意志の分布のすべてであり、つりがね状のグラフ全体である。全体意志から議案に対して否定的な隔たった意志＝意志の不足のみならず、肯定的な隔たった意志＝意志の過剰をも引き去ることによって（すなわち過不足を相殺することによって）、すべての成員に共通的なものではなく、全成員にとって共同的なものとみなされる共同利益が見出される。それこそが一般意志である。一般意志は、すべての個別意志から意志の過不足を相殺した後に見出される共同利益（共同的なもの）に他ならない。

「一般意志があらゆる人々に適用されるには、あらゆる人々から発生したものでなければならないこと」（II—四）[30]、

「なぜなら、個々人の利益の対立が社会の設立を必要としたとすれば、その設立を可能なものとしたのは、この同じ個々人の利益の一致だからだ。こうしたさまざまの利益のなかにある共同のものこそ、社会の絆を形づくるのである。」（II—一）[31]

ルソーは以上のように、正義と利益の一致という課題を、当事者であり裁判官でもある、あらゆる市民の個別意志から、その偏差にもかかわらず、というよりむしろ、その偏差のゆえに、自尊心に引きずられた判断が生じることも織り込んだ上で、すべてに共通的なものとは異なる共同的なもの（共同利益）をつくり出す一般意志導出論を構築することによって解いたのである。

四　一般意志はなぜ誤らず破壊されえないのか

ルソーは「一般意志は誤ることがありうるか」と自問して、「一般意志は、常に正しく、常に公共の利益を目指す」（II―三）[32]と自答する。それゆえ、この答えは一般意志の普遍的な正しさをルソーが主張しているものと解すべきなのだろうか。そうではない。なぜなら、この自答に続けて、彼は次のように明言するからである。

「しかし、人民の決議が、常に同一の正しさを持つ、ということにはならない。人は、常に自分の幸福を望むものだが、常に幸福を見分けることができるわけではない。人民は、腐敗させられることは決してないが、ときには欺かれることがある。」（II―三）[33]

ルソー自らが、常に正しいが、にもかかわらず、常に同一の正しさを持つわけではないと語っている一般意志の正しさは、絶対的な正しさではなく、相対的な正しさである。このことは、従来の研究史で、十分解明されてこなかった点なので、強調しておかなければならない。もう少し、敷衍すれば、相対的な正しさとは、ある条件、ある状況下にある契約国家の、その時、その段階の人民の人格の質に規定された正しさである。個別意志を表明する時、個々の市民は、腐敗させられることはないといわれるものの、欺かれることがあるとされる。人民が欺かれる――それは市民が一人で自尊心に引きずられるのではなく、市民を欺く者が存在して、その者の教唆によって、自尊心が増大させられ、市民が誤った判断を下すような事態を指している。人は一人では他人の利益を踏みにじってまで、自己の利益を貫くことは難しい。他人を巻き込んで、徒党が組まれ、団体が形成されてこそ、自分(たち)だけの利益が実現される可能性が高まってくる。[34] そこでルソーは前述したような、一般意志形成の前提条件を示したのである。もし、こうした前提条件が損なわれていなければ、つまり、市民を欺くことが組織的になされること(団体意志の形成)が大幅に進行しなければ、一般意志は正しく(相対的に正しく)形成される。[35] 個々の市民が独立に判断する時、自尊心に引きずられることがあるのが、ここでの問題ではない。すでに述べたことだが、一般意志の形成には、そのような個々人のレヴェルの偏向は織り込みずみだからである。もちろん、個々人のレヴェルであっても、自尊心に引きずられる市民の数が多くなれば、一般意志の識別が難しくなる。とはいえ、意志が団体意志の影響を抑えられ個別意志として表明される限り、そこから生み出される共同的なものは正しい。国家の設立後、ある期間は(その長短はさまざまであろうが)、各人の個別意志は自尊心と祖国愛とのせめぎ合いを前提とするとはいえ、総じて祖国愛の優勢下に、市民の理性を働かせ意志形成しうる状況が存続すると考えられているのである。ルソーはこのように相対的に正しい一般意志(人間の正義)を国家に集った人々がつくり出し、その時々に、人々が自らの共同的なものを決定する仕組みをわれわれに提示したのである。

ところで、一般意志は誤らないというテーゼの次に問題とすべきなのは、一般意志は破壊されえないというテーゼである。ルソーは「国家が滅亡にひんして」いる時期を取り上げる。ルソーのいう国家の滅亡期とは、①「社会の結び目が緩み、国家が弱くなり始めると、また、個人的な利害が頭をもたげ、群小の集団が大きな社会に影響を及ぼし始めると、共同の利益は損なわれ、その敵対者が現れてくる」時期を経て、②「最後に、国家が滅亡にひんして、もはやごまかしの空虚な形でしか存在しなくなり、社会の絆が、すべての人々の心のなかで破られ、最も卑しい利害すら、厚かましくも公共の幸福という神聖な名を装うようになる」時期のことである（IV―一）[36]。そのような国家滅亡期において「それだからといって、一般意志が破壊あるいは腐敗したということになるであろうか」とルソーは問う。彼の答えは「否、それは常に存在し、不変で、純粋である」である（IV―一）[37]。ここでルソーのいわんとしていることを誤解なく受け取るために、次の点に注意を喚起しておかなければならない。常に存在するとは、一般意志が先験的に存在するという意味では決してない。一般意志は常につくり出されるものなのである。それは国家（そして人民）の動態的な歴史過程の推移とともに変化を遂げてゆくものでもある。また先に予告したように、不変を普遍（universalité）と取り違えてはならない。何が不変であるかといえば、私の理解によれば、一般意志の中身が不変であるのではなく、一般意志のつくり出され方が不変なのである。すなわち、各市民の意志の操作を許す長々しい討論、議論がなされず、また水面下での利益誘導なども入り込まず、議案に対して判断を下すに十分な情報が等しく開示されているなかで、各市民が独立して自らの意志（個別意志）を表明する場合に、変わることなく一般意志はつくり出されるということである。結局、ここでいう不変は、一般意志のつくり出され方の不変性のことを指し、一般意志の中身の不変性を意味しないし、ましてや一般意志の普遍性を全く意味しないと、私は結論づける。しかしルソーは法について次のように述べている。

「さらに、法は意志の普遍性（universalité）と、対象のそれとを一つにしている以上、誰であろうと、一人の人間が自分だけの権力で命じたことは、法ではないということがわかる。」（II―六）[38]

これをどう考えるべきだろうか。このような表現のあることが、ヘーゲル的解釈を許す一因となった点は否めないだろう。だがルソーのいわんとしたことは、法はすべての市民の意志から生み出されなければならないという意志の一般性であり、それはすでに以下のテクストやそこに付された原注（意志の一般性 généralité）のなかで的確に表現されている。

「意志は一般的（générale）であるか、それともそうでないか、すなわち、それは人民全体の意志であるか、それとも、一部分の意志にすぎないか、どちらかである」（II―二）(39)と。

誤解を招かぬためには、ルソーは généralité というタームで統一した方がよかった。用語の不統一は、他のタームでも少なからず存在するが、ルソーはここに大きな誤解が生じることを予測していなかったために、用語の選定に注意深くなかったといえるだろう。そして、これはあくまで私の推測であるが、同章（II―六）の先行テクストで「普遍的正義（justice universelle）」について語った箇所があったために、universalité という語が連鎖的にルソーの心中に浮かび、それを表記したのではなかろうかと思うのである。

ところで一般意志（法）の普遍性が否定されることは、例えば「立法の種々の体系について」（II―一一）中の以下のテクストも証左になる。

「そして、まさにこれらの関係（自由と平等の関係―鳴子）に基づいて、各国民に、それ自体としては、恐らく最良のものではなくとも、それが用いられるよう予定されている国家にとっては最良であるような制度の特殊な体系をあてがわねばならない。」(40)

そしてルソーははっきりと次のようにも述べている。

「国家は、法律によって存続しているのではなく、立法権によって存続しているのである。昨日の法律は、今日は強制力を失う。」（III―一一）(41)

あるいはまた『ポーランド統治論』では、普遍的な法を立てることの不可能性を、円積問題（作図不能問題）の比

喩で語っている。(42)

さて、国家滅亡への①の段階では、共同の利益の敵対者、つまり、ルソーが警戒する部分社会が（まだ分立した形ではあるが）目立ってきて、彼らの団体意志が、個々人の個別意志の表明を徐々に難しくさせる。対立や論争がこの段階の特徴である。そしてまさに国家の滅亡期である②の段階では、最も卑しい利害が共同の利益を装うという事態、もっといえば、ある部分社会が他を圧倒するほど巨大化し、その巨大団体意志が国家を蹂躙し、それが一般意志の名を騙る事態に立ち至る。

「すべての人々は、人にはいえない動機に導かれ、もはや市民として意見を述べなくなり、国家はまるで存在しなかったかのようである。そして、個人的な利害しか目的としないような、不正な布告が、法律という名の下に、誤って可決されるようになる」（IV—一）(43)と。

もはや一般意志が形成される条件は失われている。こうした事態に至っても一般意志が破壊されえないのだとすれば、一般意志はどうなってしまっているというのだろうか。ルソーはいう。

「その時には、一般意志は黙ってしまう」、あるいはまた「一般意志は、それに打ち勝つ他の意志（巨大団体意志—鳴子）に従属せしめられているのだ」（IV—一）(44)と。

これを、片方に大きな団体意志があり、もう片方に小さな一般意志がある、などと解してはならない。一般意志が顕在化するには、できる限り、個々の市民が独立して個別意志を表明しなければならないのだから。上記の場合、大きな団体意志が一般意志と僭称され、真の一般意志は決して現れない。ルソーは投票を金銭で売る人の心のなかでさえ、一般意志が消え去ったといわない。

「……それ（金銭で投票を売るという行為—鳴子）によって彼は、自己の心中から一般意志を消滅させたのではなく一般意志を避けたのである」(IV―一)[45]と。

破壊、腐敗、消滅させられず、沈黙すること、あるいは避けられることのみ可能な一般意志。誤ることができず、心中から消し去ることができず、沈黙することのみ可能なのは、ルソーの思想のなかで、ひとり一般意志のみではなかった。それはいうまでもなく良心であって、例えば前掲のテクストは、一般意志という言葉の代りに良心を置いても文意が通じるのである。それゆえ、一般意志と良心との類似性について主張する論者もある。[46]しかし、両者の類似性については語られるものの、両者の差異を含めた構造的な分析は、果たされているとはいえない。意志は良心（感情）そのものではない。理性と感情との相互補完作用によって意志は形成されるが、ルソーの体系においては、自己完成能力の働きによって、理性のみならず感情も発達・転化を遂げる。良心を固定的に捉えてはならない。良心は発達してゆくものであり（良心→市民的良心）、質的な差異がある。それゆえ、良心と一般意志との関係は、単なるアナロジーとして語られるのでは不十分であり、自己完成能力を原動力として動態的に転化する人格論のなかに捉えられなければならないのである。さてそれでは、議論を元に戻して、一般意志は潜在化したのであって、消え去ったのではないとするルソーの真意はどこにあるのだろうか。ルソーの体系では次のように考えるのが自然である。

一つの契約国家において潜在化した一般意志は、自己完成能力のさらなる活動によって、生存の危機に直面するに至った人々が、良心を覚醒させ、新たな革命、建国のプロセスを遂行することにより、新たな契約国家において再び、顕在化、再生することができる、と。

ルソーは「最もよく組織された国家にも終わりがある」(III―一一)と明言しているが、[47]残念ながら、国家の死滅の後に来る新たな革命、建国については語っていない。しかし、一義的方向性を持つ自己完成能力の絶えざる活動が続く以上、一般意志の沈黙、潜在化は、疎外されてきた多くの人々の手によって克服され、一般意志は、復活、再生を果たす、そしてそれはより高次の「人間の正義」の実現を意味する、と考えられるのである。[48]

五　固有の力をめぐって――ルソー／マルクス

本章では、これまでルソー研究に支配的であった「あるがままの人間」論を批判することを、ルソーの思想それ自体の体系的把握から押し進めてきた。が、ここでマルクスの理解を、主に「固有の力」をめぐる問題に限定して、比較思想史的に考察することにする。問題のテクストを掲げる。

「あらゆる解放は、人間の世界を、諸関係を、人間そのものへ復帰させることである。政治的解放は人間を、一方では市民社会の成員、利己的な独立した個人へ、他方では公民、精神的人格へと還元することである。

現実の個体的な人間が、抽象的な公民を自分のなかに取り戻し、個体的な人間でありながら、その経験的生活、その個人的労働、その個人的諸関係のなかで、類的存在となったとき、つまり人間が彼の「固有の力」（forces propres）を社会的な力として認識し組織し、したがって社会的な力をもはや政治的な力というかたちで自分から分離しないとき、そのときはじめて、人間的解放は完遂されたことになるのである。」[49]

マルクスは周知のように、政治的解放と人間的解放とを峻別して、まず、フランス革命を典型とする、政治的解放を実現する革命は、一方に市民社会において私利私欲に従う利己的な人間と、他方に抽象化された政治的人間とへ、人間を分離させたにすぎないと批判する。前者（市民社会に生きる利己的な人間）は「人間（homme）」と呼ばれ、後者（抽象化され人為的につくられた政治的人間）は「公民（citoyen）」と呼ばれる。そしてマルクスは、ここにおいて政治的革命によって生じた人間と公民との分裂を克服する、真の人間的解放がまさに必要であることを訴えているのである。人間的解放とはここでのマルクスのテクストに従えば、「人間の世界を、諸関係を、人間そのものへ復帰させること」、「現実の個体的な人間が、抽象的な公民を自分のなかに取り戻し、個体的な人間でありながら、その経験的生活、その個人的労働、その個人的諸関係のなかで、類的存在とな」ること、あるいはまた「人間が彼の「固有の力」(forces propres) を社会的な力として認識し組織し、したがって社会的な力をもはや政治的な力というかたちで自分から分離しない」こと、である。これらの言葉からわかることは、「人間」が自らの「固有の力」を自覚し、組織し、社会的な力として結集することが、真の人間的解放――個体的な人間であり、かつ、類的存在になること――をもたらすとマルクスがいわんとしていることである。『ユダヤ人問題によせて』の当のテクストには、まだプロレタリアートという言葉は現れていない――その言葉は『ユダヤ人問題によせて』の直後に執筆された『ヘーゲル法哲学批判序説』に登場する――が、「彼の「固有の力」を社会的な力として認識し組織」することを求められている「人間」とは、ブルジョア国家下に政治的無権利状態に置かれ、ブルジョアジーの徹底した搾取によって劣悪な生存条件を強いられているプロレタリアを指すものと解することは難しくない。とすれば、労働者が彼の本来持っていた「固有の力」を認識し、真の解放運動（プロレタリアートの革命運動）に、自らの力を組織し、結集することができれば、人間と公民との分裂は克服され、人は真に解放されるという見解にマルクスがほとんど到達していたと解することができる。マルクスによって「固有の力」が、社会的な力をつくり出す前提となる力として、肯定的・積極的に捉えられていることに注目しておこう。

ところでマルクスは、「固有の力」を論ずるに先立って、ルソーを引き合いに出し、ルソーを政治的人間の抽象化をその著作でなした人物とする。そして『社会契約論』(II—七) 中のテクストを引用するのだが、そもそも「固有の力」とは、その引用文に用いられているルソーの言葉なのである。

「一つの人民に制度を与えようとあえて企てるほどの人は、いわば人間性を変える力があり、それ自体で一つの完全で、孤立した全体であるところの各個人を、より大きな全体の部分に変え、その個人がいわばその生命と存在とをそこから受け取るようにすることができ、人間の骨組みを変えてもっと強くすることができ、われわれ皆が自然から受け取った身体的にして独立的な存在に、部分的にして精神的な存在を置き換えることができる、という確信を持つ人であるべきだ。一言でいえば、立法者は、人間から彼自身の固有の力を取り上げ、彼自身にとってこれまで縁のなかった力、他の人間たちの助けを借りなければ使えないところの力を与えなければならないのだ。」（II―七）[50]（傍点は鳴子）

マルクス自身が引用した、このルソーのテクストは、周知のように、立法者について述べた章にある。立法者は、新国家設立の社会契約に際して、全面譲渡を遂行する局面にある。全面譲渡――それは文字通り、これまで各人が持っていた心身両面のすべての能力や財産を政治共同体全体に譲渡することである。そこにおいてルソーが、後の引用者であるマルクスとははっきり異なって、「固有の力」を奪われるべき力として捉えていることを確認すべきである。「固有の力」という概念の発案者ルソーは、社会人から社会的人間への志向性を持つに至り、専制国家を打倒する革命に従った人々が、契約国家の設立に参加する時持っている（したがって、疎外期の残滓をまだ引きずっている）自らの力を「固有の力」と表現し、こうした「固有の力」は奪われなければならないと明言しているのである。言い換えれば、「固有の力」とは「あるがままのものとして」捉えられた人間の力である。「彼自身にとってこれまで縁のなかった力、他の人間たちの助けを借りなければ使えないところの力」すなわち「共同の力」は、「固有の力」をいったん徹底して奪われた後でなければ、新しく与えられない、獲得されえないとされるのである。ルソーにとっては「固有の力」を集めただけでは、新たな疎外国家をつくることにしかならず、「共同の力」を持つ契約国家をつくり出し、歴史の新しい循環を生み出すことはできないのである。この歴史の転回点を切り開くことは人々の自力のみでは果たせない。ここでこそ、種の自己完成能力の促進者が必要になってくる。種の自己完成能力の促進者であり、第三者（外国人）であり、一時的介在者である立法者の存在しなければならない必然性が生じるのである。[51]「固有の力」を奪うことと全面譲渡とは同じ事を二方向（立法者側と人民側）から表現するものである。ルソーの「固有の力」概念の真意を、そしてそれゆえに「共同の力」をつくり出すためにこそ「固有の力」の奪取（全面譲渡）が必要であることの意味を、マルクスは理解しなかった。思想史上、ある概念がある思想家から他の思想家に受容される時、その概念が誤解されたり、部分的にしか理解されなかったりする例は枚挙にいとまがない。ルソー／マルクス関係を考える時、「固有の力」が、その一つの例となる。もとより、社会契約＝全面譲渡の前提として、物質的、精神的大転換である革命が置かれていたというルソーの歴史過程の体系的な把握をなしえなかったマルクスにとって、立法者が「固有の力」を奪う過程が、きわめて観念的にしか捉えられず、重大な意味が込められていたことを捉えられなかったとしても無理からぬ面がある。革命がなされていなければ、「固有の力」を徹底して取り上げることがどうして可能であろうか、そうであるからこそ奪い取られることの意味が看過されたのではなかろうか。そしてさらにまた、立法者が立法によって人々の人間性を根底から変えるというきわめて困難な大事業が、そうしたマルクスの目には、政治的人間の抽象化の凝縮されたプロセスと映ってしまったのではなかろうか。

この「固有の力」の受容をめぐる問題と深くかかわって、「人間─公民」概念もルソーとマルクスとの間では、きわだって差異が存在することも述べておかなければならない。私はマルクスの「固有の力」の捉え方にヘーゲルの弁証法的発想の影響を見るのだが、マルクスの「人間」概念も、ヘーゲルからの色濃い影響下に捉えられたものであり、まさに欲求の体系に生きる利己的人間を指す。他方、「公民」も抽象化された政治的人間とされ、マルクスにとっては止揚の対象でしかない。ところが、ルソーにとっては、厳密に捉えられた場合の「人間」は、『エミール』で論じられているように「抽象的人間」を指し、「自然人」をさらに発達させた人格の第一段階の表象、つまり人が社会関係を持つ前段階で一応の完成を果たした理念的人間のことである。[52] それはマルクスの「人間」概念とは天と地ほど隔たった概念なのである。もし、マルクスの「人間」と類似の概念をルソーの体系中に見出すとすれば、それは、『不平等論』における「社会人（homme civil）」である。もちろん、ルソーはマルクスに先立つことおよそ一〇〇年、利己的人間＝「社会人」は、ルソーにとって直接的には、革命前の疎外期＝専制国家末期の社会に生きる存在ではあったのだが。それゆえ、結論を先にしていえば、ルソーにとって人間＝利己的人間、公民＝抽象化された政治的人間といった単純な二項対立は決して成立しない。疎外がきわまって自己の社会人性を自覚したからこそ、人々は、もはや一〇〇パーセント社会人とはいえぬ、社会的人間への志向性を持つに至った人々に転化し、そうした人々が革命を起こし、新国家設立の前提条件をつくるのであった。先の「あるがままの人間」論批判での議論とつながるのだが、「あるがままの人間」論は、ヘーゲルの市民社会論を批判的に摂取したマルクスの「人間」概念の思想的影響下に、マルクスに余りにも即しすぎた理解であった。このような「あるがままの人間」ではなくて、新国家設立時に「あるがままのものとして」捉えられた人間は、そこから「市民」であることと不可分の存在になるのであって、「社会人→社会的人間」性と「市民」性――先の三の視角から捉え直すと、当事者性と裁判官性――とは、同時に併せ持たれることになる属性なのであった。マルクスの「人間」・「公民」がともに真の革命（プロレタリア革命）によって止揚されるべき分裂態であったのに対して、ルソーの「社会人→社会的人間」・「市民」は、ともに革命→建国によってもたらされる人間の不可分の両面性なのである。マルクスとここでも異なって、ルソーにとって「市民」は、すでに「固有の力」を全面譲渡した（奪い取られた）上で「共同の力」を獲得した存在である。一九世紀中葉の労働者の悲惨な生存条件、労資の鋭い対立、抗争という現実を前にして、マルクスがなした現実の市民革命に対する批判は、なされるべくしてなされた批判であり、その歴史的意義を忘れてはならないことは改めて述べるまでもない。しかし、他方、マルクスが現実の市民革命とルソーの理論とを混同し、思想史上、ルソー理解を結果として大きくゆがめることになった点もわれわれはしっかりと見据えなければならないのである。

以上のような、「固有の力」概念をめぐる、あるいは「人間―公民」概念をめぐっての受容問題は、思想史上、多数存在する誤った受容の例にすぎないと解する向きも、あるいはあるかもしれない。しかし、この問題はそのような枝葉の問題どころではなく、ルソーとマルクスとの根本的な思想の内容の相違にかかわる重大問題を内包していることを強調しておかなければならない。プロレタリアが自らの本来的な力として「固有の力」を自覚し、自らの階級的な組織化を果たすことが、そのまま人間的解放をもたらす社会的な力をつくることになるとするマルクスには、果たして、体系的な道徳論が存在するのであろうか。私は、ルソーの体系と比べた時、マルクス思想のなかに、体系的道徳論の不在という弱点を指摘せざるをえないのである。さらに、両者を対比させた時、マルクスは、人類を遂に解放する歴史的使命を帯びた階級（＝プロレタリアート）があることを高らかに宣言するが、ルソーの体系中には、最終的に人類を解放する階級などないのである。ルソーに従えば、自己完成能力によって人類は「人間の正義」を「神の正義」へ接近させるよう運動するが、人類は決して最終的に解放されることなく、何度も革命↓建国を繰り返して、永続的にらせんの軌跡を描きながら運動し続ける存在なのである。これまで比較思想史において、マルクス／ルソー関係（マルクスから見て、ルソーがどう位置づけられるか）が問題とされることが圧倒的に多かったが、私はむしろ、ルソー／マルクス関係（ルソーから見て、マルクスはどう位置づけられるか）という視点が必要ではないかと思う。いうまでもなく、ルソーがいて、ヘーゲルがいて、そしてマルクスがいたのだから。

＊『社会契約論』の編・章は、本文中に例えば（IV－二）のように記した。

（1） 第五章二(1)(2)(3) 参照。

（2） *E.*, IV, pp. 593-594.（（中）一六二ページ。）

（3） 例えば、J・プラムナッツは、一般意志の形成に関するルソーの説明の「不合理」をつくためにそれを否定的にモデル化する。簡略化すると次のようである。

A＝X＋a　B＝X＋b　C＝X＋c　　（A、B、Cは各人の意志）

X＝すべてに共通なもの＝一般意志←非現実的

a＋b＋c＝相違の総和＝一般意志←不合理

果たしてルソーの説明が「不合理」なものなのか、私は二で検討する。

また、J・C・ホールの討論における妥協成立過程モデルは、以下のようである。

	C	1/2	1/2	2
ナショナルケーキ	B	1/2	2	1/2
	A	2	1/2	1/2
		A	B	C

三切れ分のケーキがある時、A、B、Cそれぞれが自分だけが二切れ分取り、他の二者が、二分の一切れずつ取ればよいと考える。結局妥協により、平均して一切れずつ各人が受け取ることに決着する。だが、このモデルは適用範囲が狭く、単に量的な平均を導出しているにすぎない。

John Plamenatz, *Man and Society,* Vol. I, London, Longmans, 1963, pp. 393-394.（藤原保信他訳『近代政治思想の再検討III』早稲田大学出版部、一九七八年、九九－一〇〇ページ。）; John C. Hall, *Rousseau : An Introduction to his Political Philosophy,* London, Macmillan, 1973, chap. 8. (pp. 126-137.) なお、プラムナッツとJ・C・ホールのモデルの詳しい紹介は、白石正樹『ルソーの政治哲学』（上巻）、早稲田大学出版部、一九八三年、二四四－二四五ページでなされている。

（4） G. W. F. Hegel, *Grundlinien der Philosophie des Rechts,* hrsg. von J. Hoffmeister, 1955, S. 209.（藤野渉・赤沢正敏訳『世界の名著44』（『法の哲学』）中央公論社、一九七八年、四八一ページ。）（3-3 § 258）

(5) Hegel, *Sämtlich Werke*, Bd. 8, hrsg. von H. Glockner, 1955, S. 360. (*System der Philosophie. Erster Teil Die Logik*)（松村一人訳『小論理学』（下）岩波文庫、一九五二年、一二九ページ。）

(6) C. S., III, p. 438.（一四六ページ。）

(7)「しかし、近ごろの時代においては君主と国家とのもろもろの権利は、契約の諸対象として契約に基づいたものとみなされ、意志の或る単に共通的なものとして、一つの国家に結合した者たちの恣意から生じたものとみなされることになった。」Hegel, *Grundlinien der Philosophie des Rechts*, S. 80.（前掲訳書、二七七ページ。）(1-2 § 75)

(8) *Ibid.*, S. 215.（同、四八九ページ。）(3-3 § 260)

(9) *Ibid.*, SS. 233-239.（同、五一六―五二五ページ。）(3-3 § 272-273)

(10) *Ibid.*, SS. 291-292.（同、五九八ページ。）(3-3 § 348)
Hegel, *Sämtlich Werke*, Bd. 11, hrsg. von H. Glockner, 1928, S. 59- (*Vorlesungen über die Philosophie der Geschichte*)（長谷川宏訳『歴史哲学講義』（上）、岩波文庫、一九九四年、五八ページ以降。）

(11) Hegel, *Grundlinien der Philosophie des Rechts*, SS. 15-16（前掲訳書、一七一ページ。）

(12) 第五章**一**および**三**(2)参照。

(13) Hegel, *Grundlinien der Philosophie des Rechts*, S. 215.（前掲訳書、四八九ページ。）(3-3 § 261)

(14) 第五章**二**(3)参照。

(15) 第五章**二**(1)あるいは第四章**四**(2)参照。

(16) C. S., III, p. 440.（一四九ページ。）

(17) C. S., III, p. 441.（一五〇ページ。）

(18) C. S., III, p. 440.（一四八ページ。）

(19) C. S., III, p. 371.（四七ページ。）

(20) C. S., III, pp. 440-441.（一四九―一五〇ページ。）

(21) C. S., III, p. 437.（一四四―一四五ページ。）

(22) しかし②で実は、単なる提案の可否を決する多数決どころではない市民投票の真の意味が述べられているのだが、その点については**三**で改めて論じる。

(23) ルソーは、一般意志を表すための最もよき割合について、原則を『社会契約論』(IV—二) で示している。つまり、人民集会で決議するための多数を単純多数としてよい場合以外に、特別多数とすべき重大事項をも示唆している。後者の場合には、一般意志の導出は、賛成票が特別な割合を上回るという条件をクリアしていなければならない。それゆえ一般意志の導出式をより正確にすれば、以下のようになる。

投票総数≧(一般意志=)賛成票—反対票＞0

(24) C. S., III, p. 371. (四七ページ。)

(25) ルソーは、個人的利害の台頭と国家の衰退を告げるものとして、長い討論や紛争、騒々しさを挙げている。C. S., III, p. 439. (一四七ページ。) しかしルソーは、個別意志の団体意志化は完全には排除できないことを知っており、それをある程度、許容する論理も持ち合わせている。注 (35) 参照。

(26) C. S., III, p. 374. (五一—五二ページ。)

(27) C. S., III, p. 373. (五〇ページ。)

(28) 第三章三(2)および第四章一(1)を参照されたい。

(29) もちろん、想定された「一般意志」がそのまま当の政治体の「一般意志」となることを、それは意味しない。

(30) C. S., III, p. 373. (五〇ページ。)

(31) C. S., III, p. 368. (四二ページ。)

(32) C. S., III, p. 371. (四六ページ。)

(33) C. S., III, p. 371. (四六—四七ページ。)

(34) 「一人でいるのは悪人だけだ」というディドロの非難に対して、ルソーは次のように反論する。「人間たちを憎んでいる者は、害を加えたいと思うのだが、そのためには人間たちから逃避してはならないのだ。悪人は砂漠のなかではなく、世間にいるのである。」*Rousseau juge de Jean Jaques—Dialogues*, I, p. 788. (『ルソー、ジャン=ジャックを裁く—対話』『全集』(III) 一三八ページ。) 悪人だけが徒党を組むという信念は、ルソーの個人生活の次元を超えて政治哲学的信念として、『社会契約論』の個別意志—団体意志論に結実しているのではなかろうか。

(35) 部分社会(したがって、その部分社会の意志である団体意志)を全く存在させないことが不可能であるなら、実際には、どこまでなら許容されるのかという問題が生じる。ルソーは次のようにいう。

「一般意志が十分に表明されるためには、国家のうちに部分社会が存在せず、各々の市民が自分自身の意見だけをいうことが重要である。（中略）もし部分社会が存在するならば、（中略）その数を多くして、その間に生ずる不平等を防止しなければならない。こういう用心だけが、一般意志を常に明らかにし、人民が自らを欺かないために有効なものである。」（II－三）C. S., III, p. 372.（四八ページ。）

自己完成能力の活動によって、諸能力（生産力）が高まり、それに伴って自尊心が増殖すること、そしてそれが国家の内部に団体をつくり出してゆくことは、市民宗教によって強められ、発達した良心＝祖国愛を喚起する、契約国家においてすらも、結局は阻むことのできない必然的傾向なのである。

(36) C. S., III, p. 438.（一四六ページ。）

(37) C. S., III, p. 438.（一四六ページ。）

(38) C. S., III, p. 379.（五九ページ。）

(39) C. S., III, p. 369.（四四ページ。）

(40) C. S., III, p. 392.（七八ページ。）

(41) C. S., III, p. 424.（一二六ページ。）

(42) *Considérations sur le gouvernement de Pologne et sur sa réformation projettée*, III, p. 955.（『全集』（V）三六三ページ。）
円積問題とは、円と等積の正方形を作図することが不可能とされる問題のことである。

(43) C. S., III, p. 438.（一四五―一四六ページ。）

(44) C. S., III, p. 438.（一四五―一四六ページ。）

(45) C. S., III, p. 438.（一四六ページ。）

(46) Robert Derathé, *Jean-Jacques Rousseau et la science politique de son temps*, Paris, Librairie Philosophique, J. VRIN, 1978, pp. 236-237.（西嶋法友訳『ルソーとその時代の政治学』九州大学出版会、一九八六年、二一九―二二〇ページ。）

(47) C. S., III, p. 424.（一二五ページ。）

(48) 第五章（結びにかえて）参照。

(49) *Karl Marx-Friedrich Engels Werke*, Bd. 1, Institut für Marxismus-Leninismus beim ZK der SED, Dietz Verlag, Berlin, 1957, S. 370 (*Zur Judenfrage*)（城塚登訳『ユダヤ人問題によせて』岩波文庫、一九七四年、五三ページ。）

(50) C. S., III, pp. 381-382.（六二—六三ページ。）

(51) 第五章二(1)および第三章三(3)参照。

(52) 第三章三(1)参照。

第七章　ルソーの宗教論とフランス革命の諸過程

序

本章は、全国連盟祭、理性の祭典、最高存在の祭典という、フランス革命期に行われた三つの革命祭典に注目する。これらの祭典が革命期に生きた人々の宗教意識、宗教観念の転化、変容を追う上で、革命の諸過程の、重要な段階を表象していると考えられるからである。すでにおびただしくあるフランス革命と宗教というテーマの研究のなかで、われわれの独自性はどこにあるのかといえば、三つの革命祭典を結ぶ線を、ルソーの理論（宗教論・正義論・一般意志論）を典拠に、宗教上の共同意志＝一般意志の形成されるプロセスとして、マクロに捉えることにある。アナール学派ならば「共同意志」といわずに、集合心性というであろう。しかしわれわれは、情動やフロイトの無意識の世界を知っている現代人に、もはやなじみ深い集合心性ではなく、あえて、より意識化され、主体的な「共同の意志」を問題にしたいのである。

ところで従来、ルソーの宗教思想とフランス革命とのかかわりについては、ジャコバン独裁期の一七九四年六月八日の最高存在の祭典と彼の市民宗教との色濃い関係が指摘されることこそ多かったが、仏革命の諸過程と、ルソーの宗教論全体との対照、照合が本格的になされてきたとは言い難かった。その原因の一つには、おそらく、ルソーの宗教論そのものが、きわめて見事な構造、体系を持っているにもかかわらず、その宗教体系の全貌が明快に分析されてこなかったというルソー研究サイドの問題があったように思われる。事実、彼の自然宗教と市民宗教との関係について、説得力のある議論、論証が長らく十分な形では展開されてこなかったのである。しかし、すでにわれわれは第四章「ルソーの宗教論の構造――自然宗教・福音書の宗教・市民宗教間にみられる発展とその革命性――」において、彼の宗教論のなかにある発展段階――自然宗教・福音書の宗教・市民宗教――を捉え、構造解明をなした。ルソーの宗教論に、人々が市民宗教を獲得するに至る内面的プロセスがあったように、フランス革命を精神革命、信仰革命として捉え直し、革命の信仰をめぐる諸段階に注意を振り向けよう。ただし、理念（理論）と現実は完全に一致しうるものではないという大前提を忘れずに、立論に不利な事実を無視したり、過小評価したりして、無理に現実を理論に引き寄せる愚を犯さないように気をつけなければならない。

一　全国連盟祭

初めての国民的祭典とみなされる「全国連盟祭（Fête de la Fédération）」は、前年のバスチーユ攻撃の一周年、一七九〇年七月一四日に挙行された。政府、議会と一般の人々（とりわけ多数派を占める民衆）との「せめぎ合い」が祭りに独特の内容と形態を与えてゆく。政府は、自ら、革命一周年記念として全国連盟祭を企画するのだが、祭りが騒擾、無秩序を生み、それが新たな蜂起を誘発し、革命にこれ以上の新たなエネルギーを与えてはならないという危惧を抱いていた。政府側の、秩序の再構築という意志。政府の逡巡、臆病さは、例えば、正規の参加者を市民ではなく、国民衛兵＝兵士に限定したり、シャン＝ド＝マルスの会場設営が遅々として進まぬことのなかに、現れていた。にもかかわらず、連盟祭を自らの祭りであると考えた、地方の村や町の住人やパリの人々の、自発的な祭典準備のうちに、祭りはすでに始まっていた。祭典参加者に醵金するもの、街道で祭典へ向かう旅人を休ませ、励ます者、会場設営を自らの労働によって進めるパリの人々。職業や年齢や性を異にする地方とパリの人々の発する熱い連帯感を、名高き「人民の歴史家」ジュール・ミシュレは感動を込めて描写している。(1)祭りに集おうとするさまざまな人々、とりわけ民衆のエネルギーを押しとどめようとする当局の力より、祭りをわが物としようとする人々の熱意の方が格段に勝っていたのである。祭典当日、雨に濡れたシャン＝ド＝マルスの広場には、三〇万余の群衆がつめかけ、彼らの前を五万人の地方とパリの国民衛兵が行進する。広場中央には祖国の祭壇、しつらえられた階段桟敷には国王の玉座と立憲議会の議長席が設けられている。兵士たちの「宣誓」に続いて国民議会議員で、かつオタンの司教であるタレイランが、祖国の祭壇でミサを執り行い、国民衛兵司令官・ラファイエットの宣誓。次に国民議会議長バイイの宣誓、さらに国王の宣誓。国民衛兵、カトリック、国民議会、国王、そしてそれらを歓呼、熱狂のなかで見守る、というより自ら参加し、合一しようとする群衆。式典後、夜遅くまで続く会場での人々の踊り、盛り上がりは、祭りへの参加の自発性の紛れもない証であり、その熱気、高揚の動かぬ印であろう。

ところで連盟祭という語は、すでに一七八九年から始まっていた国民衛兵の団結の動きや、翌九〇年の各自治体における連盟結成の運動、地方連盟祭の開催、そしてその集約点、到達点としての全国連盟祭、こうしたすべてを包括するものとして理解される。連盟祭の集約点、到達点としての九〇年の第一回全国連盟祭、それを魅力的なものとしているのは、確かに、祭りが政府の上からの計画に一方的に依拠するのではなく、自発的、自然発生的な多数の人々の協力によっていることにあるのは疑いえない。「自発的で同時的で全員一致の意志」の存在。(2)革命祭典の研究者であるモナ・オズーフは、ここに表出された全員一致は欺瞞なのではなく幻想であるという。彼女は、この愛国派の全員一致には二重の排除が伴っていることを指摘する。一つは貴族の排除、もう一つは（選挙権を持たない）受動市民の排除。すなわち、この全員一致の実態はブルジョアの全員一致にすぎないのだが、彼女は、前者の排除は機能的な排除であり、祭典の存立条件であるとする一方、後者のそれに衝撃を受けるのは、時代錯誤的であるとする。つまり革命の利益はブルジョアのものなのだが、ブルジョアのみならず、この時点では民衆も革命の利益の享受を信じることができたのだから、全員一致の幻想は、広く共有されたものであり、民衆のものでもあるのだ、と。こうしてオズーフは、次のような結論を下す。

「全員一致はまやかしの結集であるとともに結集の力学でありえたし、社会的紐帯の不完全な例証であるとともに「国民がもった最高の未来観」でもありえた。(3)」

確かに欺瞞は、折り合わない存在を自覚し、矛盾を矛盾と認識した上で、為政者側が、自らの側の利益の独占、他者の利益の排除をもくろみつつ、その排除される者の支持さえとりつけようとする時、生じる。ところでこの時点で革命と宗教（既成宗教＝カトリック）の、王と人民の、ブルジョアと民衆の、矛盾、折り合わなさは突き詰められていただろうか。民衆が抱いていた革命への期待、自らも革命の利益の享受者となるという期待を裏切る、革命政府の明確な、自覚化された意志は見出しうるであろうか。否。とすれば欺瞞ではなく幻想であるとするオズーフの主張にわれわれも同意しなければなるまい。

革命と宗教（カトリック）との関係は、全国連盟祭のわずか二日前に「聖職者民事基本法（Constitution civile du Clergé）」が可決され、新たな局面を迎えていた。革命は、教会に十分の一税を廃棄させ、教会財産の没収＝国有化（八九年一一月〜）あるいは修道誓願廃止、修道会改廃を断行することによって、教会と聖職者にすでに大きな変容を強いてきた。そして議会はここに至って遂にカトリック教会を、革命に従属させる形で体制内化し、聖職者を革命精神の育成・強化という人々への啓蒙、教育機能を担う一種の公務員として世俗化することを決したのである。前年の八九年八月の人権宣言では、まだ曖昧さを残していた国家と教会との関係は、教会の国家への取り込み（体制内化）、従属化という形で明示化される。われわれは、聖職者民事基本法の表現する国家と教会との関係が、革命当初の両者の関係から、どの程度踏み出したものであるかを知るためにも、人権宣言とそれを生み出した審議過程に、ここで目を向けておこう。人権宣言の審議は、ボルドーの大司教シャンピョン・ド・シセ起草の草案をめぐって八月二〇日から二六日まで続けられた。よく知られているように、審議は当初おおむねスムーズに進行していったのだが、第一六条に至って、がぜん紛糾する。第一六条から一八条が、宗教にかかわる条文だったからである。(4)

第一六条　法は密かな犯罪を取り締まることができぬゆえに、宗教と道徳こそが法を補わなければならない。したがって、社会の良き秩序そのもののために、宗教と道徳が尊敬されることが肝要である。

第一七条　宗教の維持のためには公的礼拝が必要である。したがって、公的礼拝への尊敬が不可欠である。

第一八条　市民はすべて、既存の礼拝を妨げないならば、その平安を脅かされるべきではない。

この三条のうち、第一六、一七条が憲法審議に回され、第一八条だけが人権宣言の審議対象となる。発言者たちの多様なニュアンスを含んださまざまな見解のなかに、主要な争点を捜すと、それはカトリックと信仰の自由とをめぐるものであり、その基本的対立軸は「議会が国教の存在を確認することを主張」する僧族議員たちと「信仰と礼拝の自由のために激しく抗議」するミラボー伯にあった。(5)しかし、研究史で看過されがちだったプロテスタンティズムの存在に光を当て、新教の牧師、ラボー・サン＝テチエンヌのプロテスタントの信仰擁護の言説に注目する木崎喜代治氏に依拠して、より正確にいうならば、その対立軸は、［カトリックを国家宗教と宣したい僧族議員］対［信仰と礼拝の自由を求める哲学派＋プロテスタント」ということになろう。[6]

しばしば紛糾、混乱する激しい討議を経て定まった人権宣言は、僧族議員あるいは哲学派＋プロテスタントのどちらか一方の「勝利」という形では結着しなかった。草案第一八条は、結局、人権宣言第一〇条となる。

第一〇条　なにびとも、その見解の表明が法により確立されている公的秩序を乱さないかぎり、たとえ宗教上のものであれ、その見解ゆえに平安を脅かされてはならない。

また、人権宣言の前文中には、次のような部分がある。

「こうして国民議会は、最高存在の前に、かつ、その庇護の下に、人および市民の以下の諸権利を承認し、宣言する。」（傍点は鳴子）

一方でカトリックが国家宗教と宣せられることはなかったし、他方、「信仰の自由」も条文中に明記されず、非カトリック信仰の表明が消極的に承認されたにすぎない。[7]

アルベール・ソブールは人権宣言の立っている地点を次のように簡潔に述べている。

「宗教はなお社会に不可欠のものと考えられ、《宣言》は「至高の存在」［すなわち神］の庇護の下に置かれたし、異端の祭祀は単に認容されたにすぎない」[8]と。

革命は、カトリックへの一応の敬意、配慮を伴いつつも、カトリックの宗教的専制は退けている。しかし国家と教会との関係をどうするかについては、なお明示的、積極的な規定を持っていないのである。[9]

こうして見てきたように、八九年人権宣言が、国家と教会との関係について積極的な規定を持てなかったのと対比して、翌九〇年の聖職者民事基本法は、両者の関係を、教会の革命への取り込み、従属化という形で明示化しており、大きな「前進」を遂げていることは明らかである。革命は、この時すでに経済的側面では、緊急の財政問題の打開のため、教会十分の一税の廃止と教会財産の国有化という多大な犠牲を教会に強い、また精神的側面においては、普遍性を有した「神聖な宗教」から、革命を経た新しい社会、国家にとって「有用な宗教」への転回という大変容を強いている。彼ら「精神的公務員」は、人々の選挙によって選ばれる存在とさえなるのである。カトリックは、かつてこれほどの犠牲と変容を受け入れたことはなかった。哲学の世紀の終盤に至って、聖職者のある者は立憲聖職者としての自己をあらわにし、まさに革命とともに歩もうとする。しかしまた、この犠牲は、従来より、ガリカン派の力の強いフランスで、革命体制のなかで、教会の地位、影響力の保持、強化を図るための、政府とのトレードオフであった側面があることも否定できない。教会の革命体制への取り込みは、国家（革命）—教会関係の一元化の試みである。絶対王制下では、教会は王に終油を与えて、王の権力を正統化し、王は大司教、司教の任命権を保持し、教会に保護を与えた。絶対王制下の国家(王)—教会関係は、神の地上での代理人＝王と、神と人間との仲介者＝教会との相互依存関係であって、俗権と聖権という二重権力は密接不可分にからみ合った、二元的世界を構成していた。旧体制の、王と教会との相互依存関係を断ち切り、新体制において国家をあくまで上位に置き、その下に教会を従属させること、これが国家—教会の一元化の本質である。（たとえガリカン派が旧体制下よりもさらに大きな影響力の獲得を期待して、体制内化を受け入れたのだとしても。）

ここでわれわれの観点、つまりルソーの段階的宗教論という視座から、この事態を捉え直すことにしよう。ルソーの宗教論の場合、信仰の転化のプロセスは、カトリックへの懐疑をその出発点とする。そして激しい内的葛藤を経てカトリック信仰を廃棄する。さて、現実のフランス革命のこの時点で、カトリックの廃棄は果たしてあっただろうか。この段階で聖職者たちは、先に見たように信仰を変容させ、あるいは変容させられたとはいえ——もちろん例外も少なからず存在するが——彼らはまだカトリックという既成宗教を捨ててはいない。ルソー的に言い直すなら、聖職者たちは、これまで有していたもの（信仰）を譲渡する全面譲渡などしていない。国家と再編された教会との間に構築された関係は――それが革命精神の受容であろうと、トレードオフであろうと――なお可能と考えられた「協調」の幻想に基づく産物である。聖職者民事基本法のもたらす緊張と対立とは、先回りしていえば、九〇年一一月の議会による聖職者への宣誓強制を機に高まるのだし、翌九一年三月のローマ教皇ピオ六世の基本法非難の回答（親書）が、宣誓／宣誓忌避という教会分裂の事態を深刻で決定的なものにするのである。

さて議論を全国連盟祭に、そして、教会と国家にではなく、一般の人々（とりわけその多数派としての民衆）に戻さなくてはならない。聖職者民事基本法が全国連盟祭のわずか二日前に可決されたというタイミングでは、祭りの段階で、そこに集った人々、一般の人々へその議決内容は、まだほとんど浸透していないと考えなければならない。人々の多くはもちろん、これまで自らの抱いてきたカトリック信仰を捨てることに思い至らず、国家とカトリックとの抱合を信じている。人々はやはり幻想のなかにあった。人々が革命と既成宗教とは折り合わないものであり、既成宗教、教団の再編と体制への取り込みではなく、革命は既成宗教、教団の廃棄にまで進まざるをえないことを知るには、なお時間が必要なのである。幻想は共同の意志を生みはしない。幻想が崩れ去り、国家と教会との矛盾が認識され、突き詰められ、既成宗教、教団が徹底して廃棄された後にこそ、信仰上の、人々の、共同の意志がつくり出されうるのである。それゆえ全員一致を欺瞞ではなく幻想であるとするオズーフの主張は肯定できても、そこに表されたものが「国民がもった最高の未来観」（傍点は鳴子）でもありえたとする彼女の小括には――いくら、その前に「社会的紐帯の不完全な例証であるとともに」という留保をつけているとはいえ――われわれは与することはできない。

二　理性の祭典

一七九三年一一月一〇日（共和二年ブリュメール二〇日）、「自由と理性の祭典（Fête de la Liberté et de la Raison）」が、エベール派主導で、すなわちアナカルシス・クローツが推進し、パリ・コミューンのショーメットがイニシアティヴをとり、ダントン派の協力もとりつけて、パリのノートル・ダム寺院で挙行された。会場であるノートル・ダム寺院のなかには山が築かれ、山の頂上にはギリシャ風の丸い神殿が立ち、その入り口の両端には、フィローゾフの胸像がある。神殿の下の山腹には「古代の祭壇」が設けられ「理性」を象徴する炎が燃えている。神殿の後部から若い娘たちが二列になって登場、祭壇の前を交叉し、白衣で青いマント、赤い帽子を身につけ、槍を手にした「自由の女神」が現れる。これはいうまでもなく三色旗の色である。ここで、参列者たちは、女神のためにマリー＝ジョゼフ・シェニエ作詞、ゴッセ編曲の讃歌を歌った。

この理性の祭典後、相次いで行われたパリ中の教会での儀式の一つ（サン・シュルピス教会、一一月二〇日）を目撃したパリのブルジョアにして年金生活者は、日記に当日の模様を記した。そのあらましはこうである。旬日節にあたるこの日、セクションでは大行進が行われ、クロワ・ルージュ広場で、聖画や聖像等が焼かれる。そしてサン・シュルピス教会では、教会の祭壇が、イタリア喜劇風の舞台と化し、舞台上には自由の女神像が設置され、その下には国民衛兵と白衣の少女が並ぶ。哲学者が「もはや宗教も神もない、万物は自然に帰属しているのだ」という趣旨の演説を行った、と。そしてこの日記の記し手は、「いまやこうして、パリ中の教会で、新しい宗教、というよりは崇拝が確立した」と述べるのである。(10)

破壊と創造、哲学と宗教、民衆と指導者――これらの錯綜する関係の、いったい何を理性の祭典は体現しているのか。全国連盟祭の九〇年七月から理性の祭典の九三年一一月まで――この三年半弱は、平時のそれではなく、革命が深化する時間の大きな部分を占めているだけに、一連の大きな流れ、うねりとして捉えられねばならないだろう。国王と国民と法との一致を合唱した国民は、すでになく、革命は共和制を宣し、王を処刑している。宗教の側面から捉えると、この年月は、教会分裂――教会の体制内化の試みの失敗――とそれに続く非キリスト教化の時代ということになる。理性の祭典は、もはや宣誓忌避派との敵対の段階を超えて、カトリックそのものを破壊、否定する非キリスト教化運動の頂点、到達点に位置していると考えられるのだが、この運動は、決して中央からの、上からの指令にだけ帰されるものではなく、各地の、下からの自発的エネルギーにあふれたものでもあった[11]。非キリスト教化運動は、九三年九月から九四年四月にかけて、フランスの農村、都市を問わぬ運動として展開した。それは例えば、教会の銀器供出や鐘楼の引き下ろし、偶像破壊、焼却、あるいは聖職放棄や僧侶の結婚といったさまざまな態様を持っていた。なかでも反宗教的な仮装行列（マスカラード）は野外の行動として目立ったものであった。それは多くの場合、「司教冠をかぶり、上祭服をまといながら、あざ笑うように練り歩く」ロバの行列であり、最後には道化人形の火刑で締めくくられた[12]。

確かに地方における非キリスト教化運動の進展に、（フランス中部のヌヴェールに派遣されたフーシェのような）派遣議員による上からの指令が力を与えたことは否定できない[13]。しかしヴォヴェルが指摘しているように、完全には中央のコントロールには服さぬ、自然発生性、民衆の自発的エネルギーもまた紛れもなく存在したのである。パリでの理性の祭典は、このような各地の自発性の契機と上からの強制の契機とが混淆した大きな運動のうねりのなかで挙行された。祭典の三日前（一一月七日）には、パリの司教ゴベルが聖職放棄を行うという、非キリスト教化の炎が燃え盛った時期に、それは行われたのである。パリと地方、指導者と民衆。プロヴァンスの詩人ミストラルは、プロヴァンスのある村で祭典があったことをわれわれに伝えている。マイヤーヌ村の村長の娘リケルは、真っ赤な帽子（フリジア帽）をかぶって「理性の女神」の役を演じた「赤いリンゴ」の記憶を一八四八年の二月革命の勃発の時まで忘れなかったのである。[14]

理性の祭典に集約され結晶しているものは何か。「カトリック教の生は革命の死、革命の生はカトリック教の死だ」とミシュレは高らかに語るが、「理性の祭典」の式典そのものには、冷静な言葉で断を下す。

「純潔で無味乾燥でたいくつきわまりない。まだまだ抽象的で、一八世紀の否定的な風潮をぬけきれていない。新宗教のこころみとしては、残念ながら力不足だ」[15]（傍点は鳴子）と。

確かにエベール派主導のこの祭りが、民衆の破壊的で情熱的なエネルギーまで表現できていたかと考えると疑問であるが、それは非キリスト教化運動という巨大な破壊を前提とした上で、新しい創造への一歩を表現したものではなかったか。否定され、破壊されているものは、キリスト教。教会の祭壇がギリシャ風の神殿、古代の祭壇に取って代わられているのだから。しかし、新たに生み出されたものは、哲学なのか、宗教なのか。ミシュレは「新宗教のこころみ」というが、理性の祭典は「理性の哲学」なのか、それとも「理性の宗教」なのか。山頂の神殿には「哲学へ(À la Philosophie)」という銘が見える。銘が「新しい宗教へ」ではなく、「哲学へ」であることにわれわれは注意を向けたい。革命の生のためにはキリスト教の死、つまり非キリスト教化が徹底して行われなければならない。それゆえ革命は哲学へと傾斜する。哲学者ヴォルテールが、その時必要とされる。ヴォルテールは、すでに革命のシンボルとして、九一年七月一一日におびただしい行列の行進によって、革命の神殿・パンテオンに祀られていた。早くから王制擁護派のシンボルであった彼は、今度は非キリスト教化のシンボルとして活用される。九三年一一月の理性の祭典において、神殿の入り口に置かれた胸像のフィロゾーフのなかに、当然ヴォルテールは含まれていたのである。あらゆる狂信と迷信を激しく攻撃し、新教徒問題でカラス弁護に力を注ぎ、カンディードに世界の果てまで奔放な旅をさせた哲学者ヴォルテールこそ、教会破壊のシンボル、理性の哲学のシンボルとしてこれ以上ふさわしい存在はないであろう(16)。

繰り返しを恐れず、もう一度これまでの流れをまとめると、それまで人々が疑うことなく、あるいは疑いつつも保持していたカトリック信仰は、革命後、大きな変質、変容を伴いつつも、いったんは教会(宗教)が国家(革命)に従属する形で一元化、体制内化――聖職者民事基本法――されるが、この試みは、結果的に矛盾に満ちた不可能な試みだった。教会の体制内化の試みの挫折は、非キリスト教化の運動を各地で発生させる。

さてここでわれわれは、教会とその信仰の徹底した破壊を、ルソーの宗教論のプロセスに照応させてみよう。理性の祭典のこの段階は、人々の信仰、信条の全面譲渡に当たると考えられる。既存の教団宗教の全面廃棄こそが、人々の信仰をいったん白紙化する。この時、少々逆説的に聞こえるかもしれないが、信仰の全面譲渡＝徹底した既存宗教の廃棄には、有神論者＝ルソーではなく、哲学者・理神論者＝ヴォルテールがふさわしかったのである。それはなぜか。それは、古い信仰を打破するには、ただちに新しい信仰に取って代わらせるのではなく、いったん哲学が信仰に取って代わった方が、古い信仰を徹底して捨てることができ、かつ、個々人が恐怖のような情動につき動かされるだけの非合理的個人としてではなく、一人ひとりが理性を持った自由な個人として、ドラスティックに生まれ変わる可能性のあることが感じられたからではなかったか。だからこそ、革命はルソーをではなく、先にヴォルテールを必要とした(17)。

しかしヴォルテールは、いつまでも革命のシンボルにとどまれなかった。というのは、一八世紀末の革命期の人々は、いったん既存のキリスト教を捨てることを決したが、一九世紀が示したような脱宗教化の意識を持ってはいなかったからである。人々は、彼らの心を祖国の下に一つにするために、祖国の祭壇に祀られる新しい神（人民の神）を必要とする。人民の神、それは「最高存在」と呼ばれたが、この新しい神を創造するためのシンボルには、ルソーがふさわしい。キリスト教の死は、まだ、宗教、信仰の死を決して意味しない。キリスト教の死＝全面譲渡は、教会の団体精神に盲目的に従属する存在ではなく、人々が理性を持った個人として立ち、その人々によって市民宗教＝国家宗教がつくり出され、受容されるための土台となるのである。

三　最高存在の祭典

最高存在と自然への崇拝を提唱する、一七九四年五月七日の有名なロベスピエールの演説に直接的に端を発し、祭典の演出者である画家ダビッドによって一カ月の時間を費やして準備された「最高存在の祭典（Fête de l'Être Suprême）」は、国民公会議長・ロベスピエールを主宰者として一七九四年六月八日、シャン＝ド＝マルス（そこは革命的に改称されレユニヨン広場と呼ばれた）をメイン会場として挙行された。当日、第一会場となるチュイルリ広場（改称されてジャルダン・ナショナル）に、各セクション代表の老人、主婦、娘、若者、男の子が、セクションの軍隊の指導官に導かれて、整然と集合する。平等を尊重するために、各地区の位置はアルファベットの文字で指示されている。会場の中央にしつらえられた半円形劇場に、青い上衣と三色の帯、三色の羽の帽子姿の国民公会議員が登場し、そのなかから麦の穂、花、果実を手にした議長ロベスピエールが進み出る。ロベスピエールの二度にわたる、最高存在に栄誉を捧げる演説。その演説と演説の間に讃歌の合唱のなか、ロベスピエールは、「無信仰」「エゴイズム」「虚無」などの無神論の立像に火をつけ、その焼け落ちた灰のなかから叡智の像を浮かび上がらせる。彼の演説に感銘を受け、熱狂した群衆の歌と歓声。そしてロベスピエールを先頭に、セクションの代表者や楽隊や国民公会の議員らは隊列を組んで、熱狂した民衆のただなかを第二会場であるシャン＝ド＝マルスに向かった。シャン＝ド＝マルスには象徴的で巨大な「山」が築かれ、その山頂には三色旗をはためかせた自由の木が植えられている。山のさまざまな位置に、先の年齢と性とで区別された市民のグループが配され、国民公会の議員、楽隊、合唱団もそれぞれの席を占める。山の傍らには民衆のポールがあり、そこからラッパでさまざまなシグナルが送られる。農耕の女神が自然の恵みを満載した山車に乗って登場する。讃歌の演奏、合唱が続く。母親たちは小さな子供を創造主に捧げ、若者はサーベルを抜き、老人たちは父親としての祝福を彼らに授ける。祝砲そして人々の抱擁と「共和国万歳」の叫びで祭りは幕を閉じる。パリのチュイルリ広場に集まった群衆の数は、当時のパリの人口六五万に対して、一説によれば五〇万といわれる。圧倒的多数の人々。(18)

ところで理性の祭典から最高存在の祭典までの期間は九三年一一月から九四年六月までと、わずか半年余りの短さである。この間に表面的にはパリの権力中枢では、モンタニャール内部で、ロベスピエール派とエベール派そしてダントン派も加えた、闘いが繰り広げられる。それは宗教的側面に焦点を絞って単純化すると、「哲学」対「宗教」、「無神論」対「有神論」の闘いということができるが、九三年一一月を境に、一気にエベール派が攻勢から劣勢へと転じ、ロベスピエール派の勝利によって、哲学・無神論から宗教・有神論への流れが加速される結果を生む。すなわち、かねてより非キリスト教化運動の加熱を苦々しく思っていたロベスピエールは、ここで一気に運動の激化の阻止に走り、九三年一一月二一日には、ジャコバン・クラブで信仰の自由を唱える演説——「無神論は貴族的だ。抑圧された無辜の民を見守り、勝ち誇る犯罪を罰するような偉大な存在があるという考えこそが民衆的なのである。」——

を行い、一二月六日には「礼拝の自由に反するすべての暴力や方策」を禁止する法令を出す。[19] この攻勢に対し、ショーメットがパリ市当局に礼拝所の閉鎖を命じた（一一月二三日）わずか五日後に、私的礼拝のための特定の施設利用を認めるという譲歩を早くも強いられた事実が物語るように、エベール派は、後退を余儀なくされる。そして遂に九四年三月、四月にエベール派、そしてダントン派――つまりモンタニャール左右両派――が粛清されるに至る。五月七日の先述の最高存在の崇拝を提唱するロベスピエールの演説は、宗教・有神論への流れを加速させたロベスピエール派の勝利宣言と読むこともできる。しかしわれわれは、一見、政府部内でのセクト闘争、権力闘争に終始しているかに見えるものの背後にある、民衆の意識、心情の変化にこそ注意を振り向けねばなるまい。政治指導者は、民衆の動向を無視しえず、それを察知し、踏まえた上で、戦略を練り上げる。エベール派の扇動にだけ非キリスト教化の激化の原因を帰すことができないのと同じように、「最高存在」という新しい神に対する崇拝への傾斜をひとりロベスピエール（派）の政策に帰すことはできないのである。最高存在の崇拝へと至る宗教意識の形成は、非キリスト教化運動の場合と同じように、中央から、為政者からの強制の契機のみならず、地方から、民衆からの自発性の契機との混淆のなかで進行した。地方での最高存在の祭典の一つであるアルルの事例は、われわれに何を伝えているのだろうか。

「「最高存在の祭典」の日、アルル市民は夜明けを待たずに家を出て、市の東部の死者が眠る墓地（アリスカン）の丘に集まり、「最高存在」が東雲の空に現われるのを待った。古代墓地に射す最初の陽光を見るや、市民は地に跪き、日輪に向けて両手を差し伸べ、「永遠なる創造の神」を讃えるのだ。礼拝の後市民は「下界」へと下る。そこでも広場の中央に「山岳」が築かれ、木々がその表面を緑でおおい、頂きには牛、羊、山羊その他の動物が草を食べている。「山岳」は革命の理想を自然と人間の調和の形で見る者に訴える。[20]」

太陽にシンボライズされた最高存在に、アルル市民の一人ひとりは、どんな他者も介在させずに直接向かい合う。永遠なる創造の神への帰依は、素朴で、しかも敬虔な雰囲気のなかで行われる。神と直接対峙した人々は、フランス全土で時を同じくして神と結びついた同胞と固く結びつくのである。

それではわれわれなりに、最高存在の崇拝と最高存在の祭典とを位置づけなければならない。最高存在の崇拝とは、どのような神への崇拝なのか、それはルソーの市民宗教といってよいものなのか。そしてまた最高存在の祭典は、単なる祭りなのか、それともそれ以上のものなのか。パリの祭典に話を戻そう。

最高存在の祭典の祖国の祭壇に捧げられるものは、人々の、最高存在と自然への崇拝である。それは霊魂の不滅と最高存在に対する崇拝を教義とする革命国家の、カトリックの神へのではなく、人民の神への崇拝である。祖国の祭壇であるモンターニュは、二五〇〇人もの人々を登壇させうるほど巨大な祭壇であり、そこには年齢と性とを異にする市民の代表が位置を占めた。全国連盟祭の時、同じく祖国の祭壇と呼ばれたものの壇上には、国王と立憲議会議長が席を占めていたこととときわだった対照を見せている。全国連盟祭はもちろん純粋に宗教的な祭典ではなかったとはいえ、あの時、捧げられた崇拝は、いかなる神への崇拝だったのだろうか。すでに純粋にカトリックの神へではなく、それは国民一体の幻想の神へのものだったと改めて跡づけることができるだろう。ところで最高存在の祭典の雰囲気を重苦しく捉える論者が多い。最高存在の祭典は人々の心が凍りついていたから、バッカスの祭り、らんちき騒ぎにならなかったのではなく、この神への崇拝が敬虔で厳かなものだったからではないか。しかもこの祭典は、単なる祭りであるだけでなく、直接神と向き合った一人ひとりの人々が、同胞として固く結びつき、国家の礎を受け入れる場であったからではなかったか。その祭典は、ロベスピエールを教義の起草者とする新しい人民の宗教を、祭典に集まった、単なる観客ならざるおびただしい参加者=市民が歓声、唱和によって、それを自らの宗教として同意し、受け入れることを表明した「集会」であった、と捉えられると思う。最高存在の祭典こそ、ルソーのいう市民宗教をわが宗教とするという人民の、宗教的な意志の一致、すなわち一般意志を出現させた一種の「人民集会」であった、とわれわれは考える。

ここで改めてルソーのいう市民宗教の教理がどのようなものだったか思い出しておこう。「全知全能で慈愛に満ち、すべてを予見し配慮する神の存在、来世の存在、正しい者の幸福、悪しき者への懲罰、社会契約と法律の神聖性」と「不寛容」であってはならない――以上がそのすべてである（Ⅳ―八）。最高存在の祭典において、宗教的な一般意志が形成され、市民宗教が受容、成立したとすれば、その時こそ、真の建国、革命国家の成った時である、ということができる。なぜならルソーは宗教を単なる統治の道具とはみなさない。彼は宗教を国家の倫理的支柱として、政治支配の安定化、正統化を側面から促す、補完的機能を果たすものとは考えない。そうではなくて、市民宗教は国家の根幹に位置する。市民宗教は、社会契約の神聖性を保証する法のなかの法なのである。それゆえ、ルソー的国家においては、建国の法の基底に、もちろん法として、市民宗教の規定が置かれるのであり、とすれば、市民宗教の教義が定まって初めて、その国家は真の建国を果たしたと考えられるべきだからである。しかし、そこに見出されるものは、宗教的な同意、一致に限られているのではないかと、なお、いわれるかもしれない。われわれはこのような意見に対して、繰り返しいわなければなるまい。宗教的な一致、一般意志しか見出されえないのではない。ルソー的発想では政治と宗教とは不可分の関係にあって、政治の基礎、土台に宗教が位置づけられるのであるから、見出された宗教的な一般意志は政治＝宗教的な第一の一般意志であり、革命国家の記念すべき第一歩である、と。このように考えることが許されるならば、われわれにとって、ある意味では、フランス革命において最も重要な法とは、八九年人権宣言でもなければ、棚上げされた九三年憲法でもなく、建国の法の第一歩である九四年の市民宗教の成立である、ということになる。このようなわれわれの観点からは、最高存在の祭典は、しばしばいわれるように革命の終焉ではなく、むしろ革命国家の真の建国の始まりなのである。

しかし、この「市民宗教」の形成、受容には重大な問題が付随している。第一は立法者の資格を持たぬ為政者——もっといえば独裁者——が、市民宗教の教義を起草し、祭典を主宰したことであり、第二には、立法権者である市民が、市民宗教を受容する場の問題がある。まず第一点について。端的にいえば、ルソーの理論に厳密に従うなら、国家の正式の構成員である市民には、立法者たる資格がそもそもないのであって——つまり外国人であることが要件——、市民であるばかりか、為政者であり、もっといえば独裁者でさえあったロベスピエールには、当然、立法者たる資格はなかった、ということになる。真の立法者は無私の、非利害関係者でなければならないからである。それゆえ、ロベスピエールのような人物が、法のなかの法たる市民宗教の教義の起草者であり、祭典の主宰者であったことは、大問題であるといわねばならない。第二点について。建国の法は、その後の法形成とはちがって、立法者の介在を待たねばならないとされるが、立法権者たる市民は、立法者の起草する法に同意、受容することが必要となる。ルソーは、建国の法の受容の場、プロセスを詳細には述べていないが、市民が参集した場で受容がなされると考えるのが最も自然である。それはなんらかの人民の集会であろう。ところで建国後（建国の法の受容後）、法を市民自らが形成する場としての人民集会については、ルソーは『社会契約論』で章（III—一二—一四）を立てて論じている。そこでルソーのいう人民集会とは間接民主制の議会ではなく、すべての市民が参加する、直接的な「表決」集会、立法集会のことである。少し、前置きが長くなったが、フランス革命は、このような意味における人民集会、すなわち正式の立法集会をつくり出せなかった。立法、すなわち一般意志の形成の正式の回路がなかったこと、これは革命にとって致命的な問題であった。厳密にルソー主義を貫けば、革命が法という名で呼ぶものは、真の法ではなく、したがって真の一般意志をつくり出せなかったといわなければならないからである。しかし、そうした重大な問題を抱えながらも、最高存在の祭典に、われわれは積極的な意義を見出すことができると思う。祭典は、厳密な意味では人民集会とはいえないけれども、議会制のルートによっては十分に自らの政治的意志を表出しえない大多数の民衆がようやく持ちえた直接的な参集の場、直接的な意志表出の場とみなすことができるからである。建国の法への同意、受容を確認する場としての人民集会！　識字率が低く、法令ですら人に読んでもらわねばならない多数の民衆がいた。それにもかかわらず、ジャン・ヴァルレが「私の教師、私の主人」とさえ呼んだ名もなきサン・キュロットたちは――彼らの多くも字が読めなかったのだが――しっかり議論し、推論することのできる人々であった。ヴァルレはいう。

「四年来、常に公共の場所で、人民のグループのなかで、私の好きなぼろをまとったサン・キュロットたちのなかで、私は素朴に遠慮なく、屋根裏部屋の貧しい住人たちが、上品な紳士や偉大な演説者や模索する学者よりもよりしっかりと、より大胆に議論するのを聞いた(21)」と。

このような大多数の民衆が、自らの同意の意志を携えて参集した集会が最高存在の祭典だったのである(22)。

四　革命期の宗教をめぐる研究史

四では、革命期の宗教の転化をわれわれはどう捉えるのかを論じるに先立って、研究史を概観する。ミシュレ、オラール、マチエ、オズーフ、ヴォヴェルの研究が取り上げられる。

(1)　ジュール・ミシュレ（Jules Michelet）（一七九八―一八七四）

ミシュレはフランス革命そのものが新しい宗教を生み出したことを見抜き、そのことを力強く表現した卓越した歴史家であった。ミシュレの言葉を借りるなら、フランス革命は反宗教的であるどころか、超キリスト教的なのである。革命が超キリスト教的な新しい宗教を創出する。新しい宗教の神が、われわれの神、人民の神であることをミシュレは、ヴァンデの反乱の際の、共和派兵士とヴァンデの農民との次のようなやりとりを通して、読者に力強く、そして鮮明に知らしめている。

「瀕死の重傷を負ったひとりの農民が、木の下に横たわっていた。ある共和派が言った。「武器をこちらへよこせ！」農民は言った。「わたしの神を返してくれ！」きみの神だって？　あわれな農民よ！……なんと、それはわれらの神ではないのか。神に二つはない。ただ一つの神、平等と公正の神しか存在しないのだ。この神は千年もの果てに降ってきみの償いをなし、きみのためをはかりにやってきた。その八月二五日（一七九二年八月二五日は封建的諸権利の条件付無償廃止の日―鳴子）という同じ日に、きみは気でも狂ったのか、この神に向かってきみは拳をふりあげたのだ。」[23]（傍点は鳴子）

ミシュレに従えば、理性の祭典（九三年一一月）に先立つ、九三年のヴァンデの反乱の夏に、すでに共和派兵士は、われらの神への信仰を吐露しているのである。そして、ミシュレが九三年一一月の理性の祭典の挙行を叙述する時、ミラボーがかつて予言的に語った「革命を非キリスト教化しないと、すべては水泡に帰してしまうよ。」を掲げつつ、新しい宗教の「創出」を語り、「カトリック教の生は革命の死、革命の生はカトリック教の死だ。共和政治のもとでカトリック信仰の自由を認めるのは、ただひたすらに、陰謀の自由を許すにひとしい」とまで言い切ったのである。[24] だがその同じミシュレが、最高存在の祭典を、恐怖政治の「独裁者」ロベスピエール個人と切り離して捉えないという歴史学の伝統をつくった人物でもあったのである。彼は最高存在の崇拝を、あたかもロベスピエールその人の宗教であるかのように描く。[25] パリ中が花の海にされ「これほど楽しい期待をもたれた祭典はかつてない。これほど歓喜とともに祝われた祭典はかつてない」と彼は語るが、それは光(花)に対する闇（ギロチンに象徴される恐怖政治）の深さ、不吉さをきわだたせるために、対置されているにすぎない。ミシュレは、ロベスピエールの「ぞっとするような」イメージを読者の脳裡に焼きつける強い言葉を執拗に繰り返しながら、当日の祭典の模様を叙述してゆく。チュイルリーからシャン゠ド゠マルスへ進む行進の先頭に立つロベスピエールに対して、人々は「恐怖のいりまじった胸ぐるしい憐憫の情」を抱くのだし、シャン゠ド゠マルスでは議員の一人は、聞こえよがしに暴君ロベスピエールに対する憎しみの言葉を吐いたのだし、祭典の帰途、ロベスピエールは「口の筋肉をびくびく震わせ」、その行列は「盛儀というよりはむしろ、遁走のおもむきがあった」とまで記されるのである。もし最高存在の崇拝をロベスピエールの宗教と捉えると、このように恐怖と徳とが分かちがたい一つのものと見られ、光のなかに闇が捉えられるのは、至極当然のことのように思える。しかし、最高存在の崇拝がロベスピエール個人に還元されえない宗教であったなら、どうだろうか。ロベスピエールの役割を認めても、ロベスピエール個人と最高存在の崇拝とを同視しないとしたら。

ミシュレにおいては、理性の祭典から最高存在の祭典に至る、新しい宗教゠われわれの宗教の移行が問題にされることはないし、ましてや両祭典に表された宗教の質的転化を捉える視点は見出されない。

(2)　アルフォンス・オラール (Alphonse Aulard)（一八四九—一九二八）

オラールは、革命祭典を革命が直面する国防の危機に対する祖国愛の喚起の場と見、また「祖国愛の方便」とある党派の政治的意図の表明、手段として解する。すなわち、彼によれば理性の祭典は、エベール派の政治的意図の表明であり、迫り来る国防の危機に対処する人心安定の手段であった。そして最高存在の祭典はロベスピエール派の政治的意図の表現であり、国防の危機への人心の糾合であり、最高存在の祭典後、間もないロベスピエールの失脚（テルミドールの反動）は、共和国軍の勝利による危機意識の稀薄化に帰せられる。それゆえオラールは、宗教的内実の伴わない複数形の、革命の諸宗教、革命的諸信仰しか語りえないのである。

切迫した国防の危機が人心の糾合を必要とし、また革命祭典が祭典主宰者の政治的意図の表明、手段であることが一面で否定しえないものだとしても、それにもかかわらず、もはやわれわれは、オラールの余りにも政治的、政治史的な解釈で満足することはできない。すでに革命のなかに新しい宗教の誕生を見て取ったミシュレがいたし、有名なオラール＝マチエ論争の当事者マチエは、師オラールを批判して、革命祭典に表出された革命の宗教の存在、革命の倫理的支柱となる新しい宗教の存在を強調していたのである。[26]

(3) アルベール・マチエ（Albert Mathiez）（一八七四―一九三二）

マチエの宗教問題に対する貢献はきわめて大きい。ところで、彼は国家と教会の分離、伝統的な教会からの新国家の引き離しを論ずる。マチエは立憲派、宣誓忌避派に二分した教会大分裂が現実のものとなった地点に立って、この宗教闘争が非キリスト教化運動に至る歴史を展望しつつ、次のように述べている。

「反僧侶派の文筆家は次第次第に大胆となり、カトリック教またはキリスト教に対しても、偽善的な手心をたもつことをやめた。まもなく彼らは、僧侶市民憲法を攻撃し、礼拝予算の廃止、教会と国家の分離という良識を示したアメリカ人をまねることを提議する」[27]（傍点は鳴子）と。

そして包括的な試みとしての、一つの革命的宗教が「古い宗教に代わる市民的礼拝が打ち立てられねばならないと

すべての革命家が一致して確信した」（傍点は鳴子）時、形づくられるとマチエは捉える。(28)

ところで、革命祭典に表出された新しい宗教は、アメリカ流の国家と宗教との分離、引き離しの上に、もたらされたのだろうか。さらに革命礼拝は、カトリックの礼拝の「置換」あるいは「代替」と捉えられてよいのだろうか。マチエの捉え方は、非常に歴史的であり、もっといえば第三共和制の政教分離の原則の徹底のための理論的裏づけとして、改めてフランス革命が捉えられているようにわれわれには思える。フランス革命の前にアメリカの独立があり、そして革命フランスにおいて教会分裂とそれに続く非キリスト教化の時代にも、カトリック信仰は一方の勢力として完全には排除されることなく残っており、かつ、テルミドールの反動後、革命の後退とともにそれは「回復」し、さらにフランス共和制が紆余曲折の後に、第三共和制期に政教分離の原則を明確に打ち立てた歴史を見れば、「分離」「引き離し」「置換」「代替」という表現に表れたマチエの現実的で歴史的な捉え方は妥当であり、なぜ異議をさしはさもうとするのかと、あるいは思われるかもしれない。信教の自由を求めてヨーロッパを後にした人々の建設した国・アメリカは、政教分離と宗教の私的領域における自由を実現させる。しかし、長く伝統世界を構成してきたフランスに起こった革命は、アメリカがなした以上のことを、人類に対して提起したのではないか。カトリックを廃棄した上で、政治と宗教とを区分することなく、両者が結び合った、全く新しい人民の宗教をつくり出すことを。

マチエは、理性の祭典から最高存在の祭典への移行を明確に論じていないし、彼の研究のなかに前者から後者への宗教の質的転化を捉える視点は、やはり見出せないのである。

(4)　モナ・オズーフ（Mona Ozouf）（一九三一—　）

モナ・オズーフはさまざまな革命祭典に表出された、民衆の伝統世界と切断されていない、自発的な行為、表現、心情を重視し、祭典主宰者、政治指導者の政治的意図に祭典を還元してしまう捉え方と対決する。オズーフは、民衆の「生きられた意味（sens vécu）」よりも政治指導者の「欲せられた意味（sens voulu）」の方が優先されてしまうと彼女が考えるあらゆる解釈に反対する。[29] 彼女は、「フランス革命における祭典の意味と機能についてたえず問いかけた歴史家」として、ミシュレに敬意を表し、彼を例外的な歴史家として位置づける。[30] そしてフランス革命における祭典の意味を問うことにおいてミシュレの後に続く者として、自らをも位置づける。オズーフは、祭典のなかに表出された民衆の心性に光を当て、一貫して民衆の「生きられた意味」を問い続ける。彼女にとって、政治指導者の計画性、強制の度合いが強くなればなるほど、その祭典への興味が薄れ、評価が低くなるのは自然である。それゆえ、オズーフが例えば非キリスト教化運動のなかで繰り広げられる仮装行列に向ける熱意に比して、「冷ややかな」理性の祭典や「氷のような」最高存在の祭典に対する関心が薄く評価が冷ややかなのも、このような意味からは当然であろう。それではオズーフの捉える最高存在の祭典は、ミシュレの捉えたそれ（ロベスピエールの影と一体となった祭典）と隔たりがあるのだろうか。オズーフは最高存在の祭典を迷信からも無神論からも区別された「一つの自然宗教の演出」であって、その祭典を「この時代のすべての知的エリートの祈願と夢想の対象だった」とする。そして意外にもオズーフは「有識者が儀式に同意したこと、同時代の人々がそこから一致した安心感を引き出したこと、そのうえ、祭典が成功だったこと」を認めさえする。[31]

そうであるならば、オズーフはミシュレが先鞭をつけた、最高存在の祭典の陰鬱で否定的な評価から距離を置いている、といってよいのだろうか。そう考えるのは早計である。というのは、オズーフは、祭典に対する有識者や同時代人の同意、安心感の存在を指摘しつつも、それと同時に、この信仰がロベスピエールから尊厳という特有の気質を受け取っていることも指摘するからである。そして、それよりもっと重要なことは、彼女が最高存在を「恐怖政治を一つの正統性で支えるための適切な手段」であるとして、恐怖政治と最高存在への崇拝との結合、戦争、恐怖政治と国家宗教との論理的関連を強調しさえするからである。さらに彼女は、この新しい信仰の運命は、テルミドールに倒れたロベスピエールの運命と同じく、ただちに消滅すると断言する。このように見てゆくと、最高存在の祭典をロベスピエールの独創と捉えず、祭典への同時代人の支持の存在、祭典の成功を認めさえしたオズーフではあったが、結局は、彼女も最高存在の祭典をロベスピエール個人と分かちがたく捉え、恐怖と信仰との関連を強調するミシュレに発する歴史学の伝統的解釈から、大きく隔たっていないことがわかるのである。

革命が短期的にすべてのものを大転換させたと考えるか、歴史を長期的持続と見るか、つまり、歴史の断絶説と連続説との対立の構図があるが、オズーフは、もちろん連続説に与する。王制廃棄を記念する「一月二一日」の祭典とロベスピエールの独裁を否定する「テルミドール九日」の祭典とは、政治的位置づけの全く異なる祭典であるが、オズーフ的観点から見るなら、（一方がカペー、他方がロベスピエールと対象は異なるとはいえ）道化人形によって、古い世界の死と新しい世界の誕生を祝うという同一のカーニヴァルのスタイルを踏襲した祭りということになる。彼女に従えば、革命祭典の革命性、民衆参加の革命性には小さな席しか与えられない。

(5)　**ミシェル・ヴォヴェル（Michel Vovelle）**（一九三三―　）

ヴォヴェルは理性崇拝と最高存在の崇拝との連続性の有無というオラール、マチエ以来のテーマに、数量統計を駆使したアナール派的な手法でアプローチする。しかもヴォヴェルは、アナール派的なものと師ジョルジュ・ルフェーヴルから継承した革命史学の伝統とを統合させようとする。彼は理性崇拝をパリの理性の祭典のみならず、フランス各地であまねく行われた理性の祭典のなかに見るだけにとどまらず、共和国の勝利を祝う市民的祭典（例えばトゥーロン奪回を祝う祭典）や（マラー崇拝に代表される）自由の殉教者に対する祭典をも含む、より広範な非キリスト教化の動きのなかに捉える。トゥーロン奪回の祭典のような市民的祭典が、上からの指示によって挙行された祭典であり、革命の殉教者の祭典は、上からのというより自然発生的な祭りであるといった違いはあるものの、ヴォヴェルは理性崇拝の運動一般を「自然発生性と強制、順応的態度と国家の指示に対する不遜な態度とが入り交じっ」たものと捉える。(32) ヴォヴェルがこの運動に見出し、強調しているのは、上からの強制の契機と民衆の自発的契機の混淆である。そして、彼は理性崇拝と最高存在の崇拝との間の連続性の有無を、言い換えれば、理性崇拝から最高存在の崇拝への移行を、地方から中央への理性崇拝に関する意見書と最高存在の崇拝に関する意見書の数量的で地理的な比較を行うことによって、とりわけ同一地域で理性崇拝に見出された賛意が最高存在の崇拝にも見出されたか否か、二つの崇拝への賛意に同一傾向、一致が見られたかどうかを比較することによって検討している。(33) そしてその結果、彼は空間的な分布に関して一方から他方へのおおまかな一致があり、連続性があることを認める。にもかかわらず、同時に彼は細かに分布を見ると、空間的な不一致、ズレが存在することを理由にして、オラール＝マチエ的テーマへの決定的な回答を避けている。ヴォヴェルのスタンス、方法論からすれば、若干の地理的不一致が看過できぬ重要性を持ち、「曖昧なまとめ」に終始することも学問的良心に従った「禁欲」に他ならないのかもしれない。しかし、われわれから見れば、ヴォヴェルの作成した理性崇拝と最高存在の崇拝とに対する意見書の（地理的）分布図は、同一地域における傾向的一致を十分示していると思われる。さらにここで改めて根本的に考えるなら、ヴォヴェルが重大視した両崇拝への賛意の空間的不一致の存在ですら、われわれにとっては、さほど問題ではないように思われる。それはなぜか。理性の祭典の直接的主導者と最高存在の祭典のそれとは異なるセクトに属する人々であったが、われわれは彼らがその時点で果たした役割を、一つの新しい宗教の創出の動態的なプロセスのなかに、それぞれ位置づける。そもそもフランス全土で、理性崇拝や最高存在の崇拝に対して、等しく賛意が表せられたのではなく、推進的な地域、反応の鈍かった地域、抵抗を示した地域があった。そしてそれだけではなく、二つの崇拝に対して同一地域であるにもかかわらず、態度が一致しない地域があったということが、ヴォヴェルの実証研究によって明らかになったのだが、そのことは、一方の崇拝に積極的な賛意を示し、他方には示さなかった地域があったことを意味している。二つの崇拝に同じように積極的な動きを示した多くの地域とともに、一方の崇拝に積極的に呼応し、他方にはそうしなかった若干の地域が存在すること。こうしたさまざまな動き、個々には一致していないかもしれない動きが重なり合い、作用し合って、ヴォヴェルが、革命フランスは最高存在の祭典に収斂される新しい宗教を生み出していったのではなかろうか。したがってヴォヴェルが、複数のではなく一つの革命的宗教の存在を実証するためには、二つの崇拝への態度に空間的一致が見られなければならないとした前提が、われわれにとっては、自明の前提ではないのである。われわれは、一連の流れを一つの革命的宗教の動態的な創出過程と見るが、理性崇拝と最高存在の崇拝とはそれぞれ位相を異にしており、それぞれ表出された意識も当然、質的に異なっていると考える。それぞれの時点で、担い手や地域が異なっていても、革命フランスが全体として新しい宗教を生み出す大きな歴史のうねり、運動を形づくっていったと見るのである。

さて、ヴォヴェルは、最高存在の崇拝そのものに関しても、パリの最高存在の祭典にのみ注意を限定することなく、各地の最高存在の祭典により多くの関心を払う。ヴォヴェルは、最高存在の崇拝の中央から地方への伝播が、ロベスピエールの「政治的道徳的諸原理」に関する報告の行われたフロレアル一八日（一七九四年五月七日）と、パリとフランス全土で祭典が行われたプレリアル二〇日（同六月八日）という二つの日付を中心にして、いかに迅速で広範なものであったかを示す(34)。一二三五通もの意見書に表出された地方からのおびただしい反応。

「意見書の数はフロレアルに九二通、プレリアルに四九八通、メシドールに五二八通、テルミドールに一一七通である。発送にかかる時間や通信の便のことを考慮するならば、中央からの指示に対して反応は大量でしかも迅速だった。[35]」

そしてヴォヴェルは、上からの指令の迅速な伝達とそれに呼応したおびただしい地方からの反応に特徴づけられる祭典が「予想外の成功」を収めたことを強調する。[36]

「フランス全土から送られてきた膨大な量の報告書は、歴史家たちが書いてきたことすべてに反して、この祭典が全体として大成功だったことを証言している。[37]」（傍点は鳴子）

そしてヴォヴェルは、地方の主催者たちが、必ずしもパリのダビッドのシナリオ通りに式典を挙行したわけではないことを指摘し、自らの着想に従って祭典を演出したアルルの例さえ示唆する。

理性崇拝と最高存在の崇拝との関係をどう見るか、そして最高存在の崇拝が誰のものだったかについて、ヴォヴェル自身は結着をつけていない。

五　われわれの理解

いよいよ、革命期の宗教の転化をわれわれはどう捉えるかを明らかにしなければならないのだが、その前に注視すべきなのは、民衆運動と議会あるいは政治指導者との関係であり、その関係のなかにこそ革命の進展の道筋が見えてくるという点である。われわれは、改めて問いを発しなければならない。最高存在の祭典に収斂し、表現された新しい神は、ロベスピエール個人のものでなく、民衆がつくった人民の神ではないか、と。非キリスト教化運動が、ロベスピエールがそう主張したように、ひとりエベール派の扇動によって押し進められたと考えるのは、すでにヴォヴェルの研究（非キリスト教化の自然発生性と強制との混淆）からも、退けられる。完全に自然発生的であるとはいえないにしても、単に上からの強制ともいえない、民衆側、地方側の、非キリスト教化へ向かう感情、意識が醸成されていた。ロレーヌ地方の一寒村、レートル・スー・アマンスでの司祭ブションの訴え（九三年一一月一七日）には、民衆側、地方側の、非キリスト教化の感情、意識というより、われわれの観点からは、さらにそれ以上の宗教感情、意識、すなわち理性に基づく自然宗教、そしてさらには福音書の宗教の精神が見出せるように思う。老若男女、信仰の別を問わず、すべての村人に向かってブションは訴える。ユダヤ教的偏見がいかにキリスト教に迷信を混入させ、それがこれまでの長い歴史のなかで維持されてきたかを、そして今こそ人々が永遠の理性の声を聞き、迷妄から目覚め、最高存在が福音書に刻み込んでいる崇高なモラルに敬意を払わねばならぬかを。司祭ブションはいう。

「今こそ、光明に眼を開いて自分自身に立ち返り、あの永遠の理性の声を静かに聞くべき時である。そこでは、最高存在が、福音書に記された最も崇高な事柄、「汝の欲せざるところを他人に施すことなかれ」という格言を、消し去ることのできない仕方で刻みこんでいる」[38]（傍点は鳴子）と。

彼は村人の前で聖体パンを手にかざして、もしこのパンが神性を宿しているなら、ただちに消え去って見せよと叫びさえする。司祭ブションは、革命を生きる、ルソーの、かの（サヴォワの）助任司祭であるのだろうか。ルソーの助任司祭は、カトリックという既存宗教、教団宗教を捨て、自らの内面信仰である自然宗教、そしてさらに高められ、深められた福音書の宗教にたどり着いた人であった。助任司祭がカトリックの聖職者であるにもかかわらず、なぜカトリック信仰を捨て、いわば革命的転化を遂げた、このような理性・良心信仰を得るに至ったかといえば、その直接的なきっかけは、助任司祭が未婚女性と関係を持つという戒律違反事件を引き起こしたことにあった。この余りにも人間的な出来事によって、教団から冷遇される運命を背負うことになった助任司祭が、それまでの自らのカトリック信仰の真偽を問い直し、その内面的葛藤の末に遂にたどり着いたものが、人間イエスを範とする福音書の宗教なのである。現実の革命において聖職者の結婚は九〇年頃から現れ、そして非キリスト教化運動の嵐のなかで急増するが、助任司祭は、この面においても現実の革命に先駆けた人であった、といえるかもしれない。助任司祭は、自然宗教から出発して、自然宗教を土台としつつ福音書に記された人間イエスの言動に尊崇の念を抱き、それを範として生きようとする福音書の精神に忠実な、福音書の宗教を自らの信仰とする人であった。サヴォワの助任司祭は福音書の精神について、そして自らの採るべき他の人々に対する態度について次のように語っていた。

「人々に教える時には、私は教会の精神よりもむしろ福音書の精神に沿って教えることにする。福音書には単純な教理、崇高な倫理が見られ、またそこには、宗教的な行事については余り記されず、慈悲深い行為について多くのことが記されている。何をしなければならないかを人々に教える前に、私は、いつもそれを実行して、私のいっていることはすべて私が考えていることだということがよくわかるようにしてやるだろう。私の近くの土地や私の教区にプロテスタントの人がいるとしても、私は、キリスト教的な慈悲に関係があることでは、本当の教区の人たちと区別するようなことはしまい。すべての人を、分け隔てなく愛し合い、互いに兄弟と考え、あらゆる宗教を尊敬して、みんながそれぞれの宗教を信じて平和に暮らしていくようにしむけるだろう。誰かをそそのかして生まれた時の宗教を捨てさせるのは、悪事をすすめること、したがって、その人も悪事をすることだと私は考えている。もっと大きな光明がもたらされるまでは、公けの秩序を守ることにしよう。[39]」

この助任司祭と対比させた時、司祭ブションはどうだろうか。助任司祭は「もっと大きな光明がもたらされるまでは」人に生まれた時の宗教を捨てさせることは悪であると断言している。だからこそ助任司祭は、福音書の精神に従って人々に接しながら、カトリックの聖職者としての日々の努めも果たす。しかるに司祭ブションは聖体パンともども、これまでのカトリック信仰を捨てよと、激しく草の根の民衆に訴えかける。一見、対照的な静と動。助任司祭ならば、ブションが村人の前でやって見せた聖体パンのデモンストレーションといった神性を試すがごとき激しい行為はしなかったかもしれないという思いがよぎる。しかしもう少し考えてみると、いやそうではない、ブションは助任司祭の精神をより深く捉えた人ではなかったかと思えてくるのである。それはなぜか。助任司祭のいう「もっと大きな光明がもたらされる」時とは、革命、それも物質的な革命にとどまらない、精神的な革命、内面の質的転化がなされる時であり、まさに今こそ、その歴史的な瞬間に当たっていると、ブションは解したのではないか。彼は自らの使命を自覚する。彼の心のなかにはあのフレーズがこだましていたかもしれない。

「ある人民が服従を強いられ、また服従している間は、それもよろしい。人民がクビキをふりほどくことができ、またそれをふりほどくことが早ければ早いほど、なおよろしい。」（Ⅰ―一）

ブションの魂の訴えは、迷信、狂信に取り込まれがちな民衆の心に、直接響くメッセージたりえたのではないだろうか。われわれは、ブションがルソーの助任司祭を知っていたことを厳密に実証する術こそ、持たないのだが、自然という書物に記されていることを理性の光（と良心）に導かれて学ぶ自然宗教にとどまらない、福音書に記されている崇高な倫理に従う福音書の宗教の精神が、彼の言葉と行動に、はっきりと刻印されていることを確信できるのである。司祭ブションは現実の革命に生きる（サヴォワの）助任司祭である、とわれわれはあえていおう。ブションの演説は、人口わずか一五〇人といわれる寒村で、八一名の署名を有する報告書となって、国民公会、地区当局、民衆協会に送付された。書かれなかったために、あるいは書かれたにもかかわらず散逸してしまったために、われわれに伝えられなかった民衆側の、地方側の無数の出来事があったであろう。フランスの各地に幾多の「ブション」がいたかもしれない。そうしたなかで、それは幸運にもわれわれに伝えられた、最高存在の崇拝へと至る、地方の、民衆の、宗教意識の転化のプロセス、大きなうねりを示す、確固たる一つの例証なのである。

さて、ここで物質的な革命に対してなしたジョルジュ・ルフェーヴルの貢献と信仰の領域における意識の変化――それをわれわれの観点から言い換えると精神的革命――に対してなしたその弟子ヴォヴェルの仕事とを対照させてみたい。

ヴォヴェルは、共和暦二年の非キリスト教化運動の伝播の波動を実証的に研究するに際して、かつてルフェーヴルが八九年の大恐怖の伝播の波動についてなした調査研究に範を仰いだことを率直に語っている(40)。大恐怖は、バスチーユ陥落後、その当時、農村―都市間をさ迷っていた浮浪者たちを使って、領主が農民たちに仕返しをする「アリストクラートの陰謀」という根拠のない恐れを抱いた農民たちが、それに先んじて領主の館を襲撃するという直接行動、直接蜂起を全国各地で繰り広げた事態を指している。都市の民衆の直接蜂起であるバスチーユ襲撃によって革命はその火蓋を切って落とされたが、都市のみならず、フランス全土の農村で人口八五パーセントを占める農民中心の直接蜂起が大きな波のごとく広がっていったのである。農民の革命。この民衆の直接行動に、危機感を抱いた都市のブルジョアたちが、自らのブルジョア的所有を守るためにこそ、封建的所有の廃止がむしろ必要であると考えたことを背景として、国民議会は封建制の有償廃止を決するのである。農民の情動、意識が、地方の直接行動を生み、その破壊的なインパクトが、結局パリの議会での決定を導き出す。民衆の意識の変化とそれに伴う直接行動が、革命を前に進める一大契機となったのである。ルフェーヴルの大恐怖研究が、われわれに教えているのは、革命期における、民衆運動と議会との関係であり、その関係のなかで革命の前進が生み出されるダイナミズムである。ところで、非キリスト教化の伝播に関する自らの研究をルフェーヴルを範としたヴォヴェルは、なぜ大恐怖が結果として封建制の有償廃止を誘発した、という民衆運動と議会との関係をも、ルフェーヴルから学ばなかったのだろうか。ヴォヴェルもまた、最高存在の崇拝と最高存在の祭典とを、革命の終わりとして消極的に位置づける、余りにも根強い通説から自由ではなかったということだろうか。われわれには、ルフェーヴルが革命初期において、所有関係における革命の進展を検証しえたように、革命の最盛期において、精神の領域における革命の質的転化、前進を見出すことができるのではないだろうか。すなわち、最高存在の崇拝は、非キリスト教化運動があったればこそ、つまり、一方で、地方のもの、民衆のものでもありえた運動があったればこそ、導き出されたのではないか、と。もっといえば、ブションのような非キリスト教化以上のものに思える動き、すなわち、キリスト教への攻撃、破壊、否定によって生じた虚無、信仰の空白を埋め合わせ、非キリスト教化を前提にしつつ、新たな信仰をつくり出すことこそが、時代の要請だったのではないか。キリスト教を否定し、捨てた人々の心が、神が主語ではなく、人を主語とする宗教を求めていたのではないだろうか。最高存在の崇拝の具体的起草者はロベスピエールであるが[41]、民衆の運動、直接行動が最高存在の崇拝という新しい人民の神を誕生させる力を生み出し、精神の領域、信仰のレヴェルで、革命を前進、深化させたのではないだろうか。最高存在の崇拝は、ロベスピエール個人の発明品ではない。まさに多数の民衆がこの信仰をつくり出したのである。革命はここに終点を迎えたのではなく、真のスタート地点に立ったはずであったのである。

以上のような理解の上に立てば、われわれは、フランス革命期の（最高存在の崇拝に至るまでの）宗教の動態的転化のプロセスを、次のように捉えられる。すなわち、全国連盟祭で国民一体の幻想の宗教が現れたが、革命の進展のなかでその矛盾が露呈してゆき、遂には非キリスト教化運動が各地で展開する。その頂点に理性の祭典が挙行されるが、これこそ人々がこれまでの信仰を全面譲渡する、精神上、信仰上の大転機であった。このことなくしてはカトリック信仰と決別した上での各人の新しい内面信仰の獲得はありえないからである。そして、破壊のなかから新しい神を求める創造への動きが現れる。自然宗教を土台として、しかも自然宗教にとどまらない福音書の精神を導きとする福音書の宗教が人々の心のなかに育まれることが促される。そして、このような個々人の内面信仰を前提として、真の建国をなすために、われわれの神たる最高存在への崇拝を受け入れる最高存在の祭典が行われた、と。国家は、個人の内面信仰を前提とした上で、しかもなお、国家の礎となる統合された人民の宗教を持たなければならないからである。そしてその時こそ、人々が譲渡したものを与え返される時であり、全面譲渡が真の意味では完了した時であるといえるのかもしれない。最高存在の祭典は、もちろん厳密な意味では立法集会とはいえないが、多数の民衆が上からの呼びかけに呼応して、自らの意志によって集まり、その行為によって同意を示したと捉えられるがゆえに、われわれは、それを一種の「人民集会」であったと位置づけ、最高存在の崇拝を市民宗教とみなすのである。最高存在の祭典はパリのみならず、全国の主要都市で（同種の祭典が）同時に挙行されたのであり、参集者の人数は膨大な数にのぼったことは間違いない。

われわれは以上のように、最高存在の祭典を一種の「人民集会」と位置づけた。しかし、このような位置づけに対して疑問や否定の見解が寄せられるかもしれない。それゆえ、われわれには、ルソーのテクストに戻って、「人民集会」論を再検討することが残されている。

ルソーの提唱した「人民集会」をフランス革命に見出すことができるのか。ルソー研究史において、『社会契約論』の中心的原理の一つである直接民主制、特に人民集会の理論の適用範囲を限定的に解することが、主張され続けてきた。小国と大国に国家を区分して、『社会契約論』・原理論を古くはギリシャ（スパルタ）、当時ではスイス諸国のごとき小国にのみ適用可能な理論とし、『ポーランド統治論』・現実論を大国に妥当するものと捉える見方がそれである。国家規模の大小で原理論と現実論の適用範囲に線引きをし、そこから、フランスは古代のポリスやスイスの都市ではなく、紛れもなく大国であるから、契約論の原理論をすべて適用することは困難であるという通説的見解が大勢を占めてきたのである。そして大国は人民集会を開催することが物理的に困難であるという理由から、『ポーランド統治論』の代議制への移行を肯定する研究も少なからず見られる。ルソー研究の第一人者であるドラテですら次のように述べていたのである。

「いずれにせよ、この意外な譲歩（『ポーランド統治論』における一鳴子）は、ルソーが政治的感覚を欠いてはいなかったことを示している。さらにそれは、彼がまた最終的には代議政治の原理自体に賛成するだろうということを証明している。(42)」

ルソー自ら、人民集会による直接民主制と代議制とを問題とする章の一つで「すべてをよく検討すると、都市国家がきわめて小さくないかぎり、主権者が、その権利の行使を保存することは、われわれの国では今後は不可能である、と私は思う」（Ⅲ―一五）と述べていることから考えてみても、通説的見解には、一見、揺るぎない根拠があるように思える。しかし、もしそうだとすると、ルソーの示した政治原理の核心部分が、政治哲学的には純粋で至高のものかもしれぬが、きわめて狭小な適用範囲しか持たぬ孤高の原理、あるいはその精神を汲むべき一種の理想論になってしまう。しかし、われわれが今、特に問題とする『社会契約論』のテクストである第三編第一二章から第一五章までの諸章には、代表者を持たぬ直接民主制がいかに人民を自由にし、代表制がいかに人間の堕落と結びついているかを、ルソーはなみなみならぬ意気込みで訴えかけている。しかもその際、視野に収められている時空は広く（古代から近代まで、ギリシャ、ローマから英仏まで）、まさにルソーは人類史を語っているのである。代議制を「発明」した近世を批判し、古代を称揚するのは、ルソーがひとえに、直接民主制を人々の手に獲得させることによって、人民を奴隷状態から解放し、自由を得させたいと望む思いの強さからである。ルソーは次のように高らかに宣言する。

「人民は代表者を持つやいなや、もはや自由ではなくなる。もはや人民は存在しなくなる。」（III—一五）

そしてまさに、人類史に大きく貢献したフランス革命そのものも、直接民主制と代議制のせめぎ合いの場ではなかったか。革命を直接誘発した全国身分会議が国民議会に変成、転化したことからわかるように、革命の最初から議会は存在し続けた。しかしそれと同時に、議会の動きに収斂されえない、民衆の運動（蜂起やその他さまざまな行動）が革命をつくっていったことはこれまで見てきた通りである。われわれは、確かにルソーの上記の諸章の議論のなかに、彼の抱えたジレンマを見出せる。直接民主制の原理の厳密さ、純粋性を守ろうとすると、適用範囲がどうしても限定的になるということと、しかしまた彼が救おうとしているのは、わずかな限られた人々ではなく、人類そのものだということとの間に。しかし、そのジレンマの先に、彼は原理の純粋さを少々犠牲にしても、より多くの人々の住む大国の運命に心を向けているとわれわれは考える。なぜなら、これから見てゆくように、ルソーの人民集会、人民主権論は、確かに大国をも範囲に含んでいるといえるからである。大国—小国論でしばしば見られる見逃せないルソーの理論に対する誤解、混同について言及しておかなければならない。ルソーが「一般に民主制は小国に適し、貴族制は中位の国に適し、君主制は大国に適する」（III—三）と述べたことをめぐっての誤解、混同である。ルソーのいう民主制、貴族制、君主制は、一般にイメージされる現実国家の国家形態を指すのではなく、一般意志（主権＝立法権）によって支配された国家であることを前提とした上で、政府（行政部）の構成員の数に基づいて区分される政府形態を指す、ルソー流のテクニカル・タームである。民主制は、行政官の数を市民の数の過半数から全員までを範囲とする政府を指し、貴族制は、少数者に委ねる政府、君主制は一人の行政官しか持たない政府を指す。ところで、これら政府形態を異にしていても、ルソーが原理的に問題にする国家＝契約国家は、等しく共和的な国家である。ルソーは主権＝立法権（国家）と行政権（政府）との差異に注意を喚起して明言している。

「私は、だから、法によって治められる国家を、その行政の形式がどんなものであろうとすべて、共和国と呼ぶ。なぜなら、その場合においてのみ、公けの利益が支配し、公けの事柄が軽んぜられないから。すべて合法的な政府は、共和的である。」（II―六）

ここでさらにルソーは原注で次のように念を押している。

「この言葉によって、私は、貴族制または民主制だけを意味しているのではない。一般に、一般意志――すなわち法――によって導かれるすべての政府を意味している。合法的であるためには、政府は主権者と混同されてはならず、主権者のしもべでなければならない。この場合、君主制そのものさえ共和的となる。」（II―六）（傍点は鳴子）

ここから読み取れることは、一般意志を法とする共和国で、政府形態として行政官を一人とする君主制を採用する国家がありうる、とルソーが主張していることである。そして一般に君主政体は大国に適するとルソー自らが述べているのだから、（君主政体を採る）大国が共和国である以上は、一般意志を形成する場である人民集会を、大国が持つことをルソーは原理的に承認している、ということができる。君主制、貴族制、民主制の区別にもかかわらず、これらすべての共和国は、人民主権の内実を構成する、全市民による人民集会（立法集会）を前提にしている、と考えられねばならないからである。これまでのルソー研究の大勢は、早々に「人民集会のある大国」を諦めすぎた。ルソーはローマ共和国のごとき大国でさえ、人民集会が行われたことを引き合いに出した。ルソーは人民の定期集会について述べている章（III―一三）で、「国家を適当な限界にまで縮小することができない」場合の、一手段を提示している。その方策とは、首府を決して認めず、政府を各都市に移転させ、国家の会議を順番にそこで開催するというものである。政府所在地の交替と人民集会開催地の移動。確かに多くの研究者の指摘を待つまでもなく、樫の木の下に集うがごとき小国・人民集会に対して大国・人民集会の物理的困難は存在する。小国が直接民主制のより適合的なモデルであることは間違いない。しかしそれにもかかわらず、ルソーは大国の人民集会実現のためのヒント、示唆さえ、与えてくれているのである。この点について、もっと多くのことを書いてくれていないとルソーに文句をつけるのはやめよう。人民集会に限らず、あらゆる事項で、その核、基礎となる土台を書いて、具体的なこと、応用しうることは、読者の考察に委ねるという姿勢は、ルソーの一貫した叙述スタイルなのだから。以上より、フランスが大国であるという理由から「人民集会に基づく直接民主制を困難として排除し、自動的に代議制を採ること」を選び取った通説的見解の判断の早急さを、われわれは指摘しなければならない。ポーランドとフランスは、国家（領土）の規模は似ているとはいえ、他にどんな共通点があるのだろうか。ルソーが『ポーランド統治論』で提案しているのは、革命を伴わない現実国家の改良、改革案である。彼は、同書で一般意志という語を使用しただろうか[43]。ルソーの提唱するポーランド議会が可決する法を、彼は一般意志のつくり出したもの、と表現していない。われわれが、すでに第五章で明らかにしたルソーの歴史観、人類史観（人類のらせん図）に即せば、『ポーランド統治論』の意味するものは、人類の円環史の、一巡目の裏回転中にある、現実の疎外国家の延命策（ルソーにならって比喩的にいえば、老化した国家が必要とする杖）の提示であったと位置づけられる。このような捉え方が妥当だとすれば、革命を伴わない、現実国家の延命策である改革案を、革命国家フランスに、ほとんどなんの留保もなく、ただちに適用してよいのかという大きな疑問がわいてくる。現に革命を進行させているフランスを、なぜ国家規模の大きさというファクターのために、契約論・原理論から引き離してよいのだろうか。フランス革命は人類史に貢献した、一国のみならず人類の革命でもあるのに。ルソーの原理論、直接民主制論の適用範囲を限りなく縮小してゆくことはやめよう。それは単なる小国モデル、あるいは地方分権の論拠に尽きるものではないと思う。その原理論は、人類すべての、あらゆる国家の典拠となりうる、ある種の普遍性を帯びているのだから。

結びにかえて

最高存在の崇拝の成立をわれわれはルソーのいう市民宗教の成立とみなした。それはわれわれが字も満足に読めぬ幾多の人々を含む、全国のおびただしい民衆が、われわれの神の崇拝への同意を携えて、自らの意志で集まった、全国同時開催の最高存在の祭典を、ある種の人民集会と位置づけたからであった。このような観点からは、最高存在の崇拝＝市民宗教は社会契約と法の神聖性を保証する宗教的＝政治的な一般意志であり、革命国家の礎となるものとみなされる。そこから、九四年六月の最高存在の崇拝＝市民宗教の成立の時点こそ、革命の終焉ではなく、真の建国が成った時であり、終わりではなく始まりであるという、フランス革命の捉え直しが出てくる。

近年、フランス革命の意義の問い直しが活発に行われ、八九年か九三年かという議論が盛んとなった。[44] もちろんわれわれも自由権や生存権の歴史に巨大な足跡を残した八九年と九三年の意義を看過することなどできないのだが、あえてわれわれは九四年の意義を強調したいのである。最高存在の崇拝＝市民宗教――それはロベスピエールの発したデクレにではなく、当時の多数の民衆の心のなかに受け入れられ、刻印された法なのである。それがフランス革命史上、議会外の民衆の同意によって初めて生み出された一般意志であるという意味では、民衆の参加を直接伴わず、議会によって生み出された（真の一般意志ならざる）八九年人権宣言や九三年憲法を超えている、とあえて主張したいのである。

しかしわれわれは、最高存在の崇拝＝市民宗教の限界についても語らなければならない。が、その前に最高存在の崇拝をロベスピエールの運命とともに消え去ったとするような、ロベスピエール個人と分かちがたく捉える見方に対して、改めて反論しておかねばならない。まず、ロベスピエールに対する支持、不支持とルソーに対する敬意、賛同とを区別しよう。ルソーの遺体のパンテオン移葬を勧告したのは、ロベスピエールその人であり、国民公会がそれを承認したのが、九四年四月一四日のことであった。ところで実際の移葬が行われたのは九四年一〇月一一日であったが、すでにこの時ロベスピエールはテルミドールに倒れ、この世の人ではなかったのである。しかもルソーのパンテオン移葬の日に——その勧告者がいなくても——一般の人々は大きな熱意を示したのである。

「ルソーをパンテオンに葬るための四輪馬車がエルムノンヴィル［ルソーは晩年をここで過ごし、「ポプラの島」に葬られた］からやってきたとき、あたかもそれはポプラの繁る小島が移動してきたかと思われた［一七九四年一〇月一一日］。硝石さえもが、その攻撃的な性格を棕梠や木の枝の下でカムフラージュする。祭りを祝うためにあらゆる家の戸口に飾りつけられた花飾り、葉飾り、小枝が都市的なものを完全に一掃する。「パリは広大な果樹園に変身したかのようだ。」(45)」

最高存在の崇拝はオズーフのいうように、決してロベスピエールと運命をともにして消え去ったのではなく、テルミドールの反動後も、その崇拝によってもたらされた高揚は続くのだが、徐々に衰退に向かったのも事実である。最高存在の崇拝が徐々に衰退していった原因としては、まず、テルミドール後の政権の目まぐるしい交替、不安定さを考えるのが妥当かもしれないが、われわれはそれとは違う観点から、その原因の一つに、理性崇拝（理性の祭典）から最高存在の崇拝（最高存在の祭典）への移行、転化の期間の短さがあったように思うのである。ルソーに従えば、個々人の内面信仰が抑えられて、市民宗教が上から強要されるどころか、その逆に、市民宗教の受容の前提条件として、個々人の内面信仰が豊かに育ち、成熟していることが必要なのであるが、現実の革命の過程のなかでは、個々人の内面信仰が十分成熟する時間がないうちに、最高存在の祭典が挙行されたのであった。成熟した内面信仰という土台がなくては、最高存在の定着、発展の条件を著しく欠いていたといわざるをえないだろう。さらにわれわれは、市民宗教という宗教的＝政治的な一般意志が出現したとみなすとはいえ、一般意志をつくり出す正式の回路が革命期に遂に見出せなかったという事実を指摘せざるをえない。最高存在の祭典という一種の人民集会が出現したとはいえ、それは正式の立法集会としての人民集会とは異なるものであり、民衆が依然として一般意志をつくり、つくり続ける正式の回路を持たなかったことに変わりはなかった。法のなかの法（建国の礎）ができたからといって、それ以外の法が真の一般意志として生み出される仕組みがつくり出されたわけではなかった。

カトリックは当局の承認を受けるより早く、回復、復活してゆく。溯れば九三年一二月六日（フリメール一六日）にロベスピエールが「礼拝の自由に反するすべての暴力や方策」を禁止するデクレを出していた。もちろんその後のカトリックの回復の原因をここにすべて見ることはできないが、このロベスピエールのデクレも、そうした流れを許し、加速する一つの原因になったように思われる。このデクレはロベスピエールがこれ以上の非キリスト教化の激化を阻止するために、選んだ方途であったが、あえてルソー的観点に立っていえば、ロベスピエールは、人々が集まって礼拝する自由を認めるべきではなかった。そうした礼拝を認めることは、ロベスピエールがそれを望んでいなかったとしても、結局は教団宗教を助け、守ることにつながってしまうからである。ルソーが求めていたことは、個々人の独立した内面信仰の自由だったはずである。しかしルソーならぬロベスピエールに、個々人の独立した内面信仰の自由を宣言してほしかったとまで望むのは酷かもしれない。

最高存在の崇拝＝市民宗教の限界について述べてきたが、最後に、精神革命としてのフランス革命が人類に残した遺産について考えたい。カトリックは復活したが、それは決して元のカトリックではありえなかった。カトリック信仰（教会）は公的領域から排除され、私的領域に閉じ込められた上で、回復を許されたのである。「政教分離（laïcité）」の原理が浸透してゆく。その制度的確立は第三共和制期（一九〇五年）まで待たなければならないが。さて、われわれはこうした歴史を踏まえて、フランスは最高存在の崇拝＝市民宗教という、政治と宗教の一元化をいったんは果たしたが、結局、政教分離に後退した、あるいは落ち着いた、と考えるべきなのだろうか。否。われわれはそのようには考えない。カトリックという既存宗教、教団宗教との対決があり、廃棄があって、最高存在の崇拝＝市民宗教が成立する時を持ったからこそ、フランスは、徹底した政教分離の原則を確立することができたのである、と。政教分離の原則の確立は、人類に対する大きな貢献である。しかし、あえてもっといえば、政教分離をもたらしたフランス革命は、その前に、それ以上のことを人類に提起したのである。それゆえ、マチエがアメリカに引き寄せてフランスの歴史を捉えた理解の仕方にはわれわれは与しないのである。フランスは既存宗教からの自由を求めて闘ったが、アメリカは宗派、教団の自由な信仰活動を求めて建国され、そうした信仰の自由が価値とされる国であった。フランス革命が人類に与えた、独自の精神上、信仰上のインパクトは、より大きなものではなかったか。

最後に残されているのは、フランス革命期に一般意志はなかった、という見解に対するわれわれの反論である。意志は拘束できないもので、一般意志は人民の集合する場においてしか出現しえないものである。ルソーはいう。

「国家は法律によって存続しているのではなく、立法権によって存続しているのである。昨日の法律は、今日は強制力を失う。」（III—一一）

「主権者は、立法権以外のなんらの力も持たないので、法によってしか行動できない。しかも、法は一般意志の正当な働きに他ならないから、人民は集会した時にだけ、主権者として行動しうるであろう。」（IV—一二）

厳密な意味では一般意志とまではいえず、一般意志に限りなく近いものといわなければならないかもしれないが、最高存在の祭典において、男女ともに参加した、宗教的＝政治的な「一般意志」が一瞬でも出現したことこそが、フランスのみならず人類にとって、意味あることではないだろうか。

＊『社会契約論』からの引用は、注を付さず本文中に編・章のみを、例えば（II―一）などと表記した。
(1) ジュール・ミシュレ『フランス革命史』桑原武夫他訳（『世界の名著』37 ミシュレ）中央公論社、一九六八年。
(2) フランソワ・フュレ／モナ・オズーフ『フランス革命事典』1、河野健二他訳、みすず書房、一九九五年、二三六ページ。
(3) 同書、二四六ページ。
(4) 木崎喜代治『信仰の運命』岩波書店、一九九七年、第八章第一節。同書には人権宣言の信仰にかかわる条項の審議過程が詳細に論じられている。
(5) アルベール・ソブール『フランス革命』(上)、小場瀬卓三・渡辺淳訳、岩波新書、一九五三年、一一二ページ。
(6) ラボー・サン＝テチエンヌは、フランスにおける少数派＝プロテスタントの信仰の自由を求めて、哲学派と同じ論拠、つまり信仰の自由、思想（表現）の自由を武器に闘った。木崎前掲書、第八章。
(7) 人権宣言公布後に、なお試みられ、結局は失敗に終わったカトリック側の、国家宗教宣言を目指す活動（九〇年二月／四月）については、同書、第八章第二節参照。
(8) ソブール前掲書、一三一ページ。
(9) ところで人権宣言前文中の「最高存在」というタームは、元々、神を表すカトリックの公認用語であり、ここでの意味も、もちろんカトリックを前提とする用法であるが、この用法と、後の九四年の最高存在の祭典時の「最高存在」の意味との隔たり、変容は、きわめて大きなものとなるだろう。
(10) セレスタン・ギタール著、レイモン・オベール編『フランス革命下の一市民の日記』河盛好蔵他訳、中央公論社、一九八〇年、一七〇ページ。
(11) 非キリスト教化運動が起こったきっかけの一つには、ヴァンデ地方の忌避僧侶の復権と王制の復活を目指すカトリック＝王軍の反乱があった。ヴァンデの農民は、王の処刑の衝撃や三〇万人の徴兵への反発から、反乱を起こしたのである。小栗了之『ヴァンデの反乱』荒地出版社、一九九六年、第三章。

(12) ミシェル・ヴォヴェル『フランス革命と教会』谷川稔他訳、人文書院、一九九二年、一八〇ページ。
(13) 河野健二編『資料 フランス革命』岩波書店、一九八九年、四六七―四六九ページ。
(14) 立川孝一『フランス革命と祭り』筑摩書房、一九八八年、一九六―一九八ページ、ヴォヴェル前掲書、一八八―一八九ページ。
(15) ミシュレ前掲書、四〇〇ページ。
(16) 哲学への傾斜は、例えば理性の祭典の約一カ月前に当たる、九三年一〇月二日、国民公会がデカルトの遺体のパンテオン移葬を布告したことにも表れている。
(17) 木崎喜代治氏は、ヴォルテールの理神論をめぐって、あの有名な「神が存在しなければ、発明する必要がある」というヴォルテールの言葉を紹介した上で、この理神論的立場の意味する神が、人間が主語化された上での神であり、すでに本来の意味での宗教とは言い難いことを的確に述べられている。木崎前掲書、二八四ページ。
(18) 桑原武夫編『フランス革命の研究』岩波書店、一九五九年（第七章 革命と芸術）四二〇ページ。
(19) ヴォヴェル前掲書、略年表。
(20) 立川前掲書、一九三―一九四ページ。
(21) J. Varlet, *Déclaration solennelle des droits de l'homme dans l'état social*, 1793, p. 23.
(22) 多田道太郎、山田稔両氏は、祭典論、演劇論として、ルソーの人民集会のイメージを問題にする。祭典に集った人々が単に受動的な観客としてではなく、自発的参加者として、相互に見る／見られる関係にあるものとして捉えられ、「集合せる一大人民の光景」が祭典にあることが、ロベスピエールが鼓舞されたとされる、ギリシャの国民祭典のイメージを例示しながら、論じられている。祭典論、演劇論あるいは「古代」論にかかわる興味深い問題であるが、『社会契約論』の立法集会としての人民集会を問題とするわれわれとは位相をかなり異にしている。桑原前掲書、四一三―四二二ページ。
(23) ミシュレ前掲書、二九三ページ。
(24) 同書、三九九―四〇〇ページ。
(25) 同書、四四四―四五〇ページ。
(26) 前川貞次郎『フランス革命史研究』創文社、一九五六年、第七章。
(27) アルベール・マチエ『フランス大革命』(上)、ねづまさし・市原豊太訳、岩波文庫、一九五八年、二三一ページ。

(28) Albert Mathiez, *Les origines des cultes révolutionnaires (1789–1792)*, 1903, Slatkine-Megariotis Reprints, Genève, 1977, p. 13.
(29) モナ・オズーフ『革命祭典』、立川孝一訳、岩波書店、一九八八年、二七ページ。
(30) 同書、六ページ。
(31) フュレ／オズーフ前掲書、六一二―六二五ページ。
(32) ヴォヴェル前掲書、一七一ページ。
(33) 同書、第六章。
(34) 同書、五六―六〇ページ。
(35) 同書、五八ページ。
(36) 同書、二〇八ページ。
(37) ミシェル・ヴォヴェル『フランス革命の心性』立川孝一他訳、岩波書店、一九九二年、二三六ページ。
(38) 河野前掲書、四六九ページ。
(39) *E*.,IV, p. 629.（(中) 二二四―二二五ページ。）
(40) ヴォヴェル『フランス革命と教会』一九ページ。
(41) すでに九三年一一月五日に、国民公会において教育委員のM・J・シェニエが「祖国の崇拝（Culte de la Patrie）」を提案し、その演説は印刷に付されていた。桑原前掲書、三八四ページ。
(42) R・ドラテ『ルソーとその時代の政治学』九州大学出版会、一九八六年、二六〇ページ。
(43) 『ポーランド統治論』で一般意志という言葉が使用されている箇所はあるが、それは理論の一般的説明をなしている部分である。*Considérations sur le gouvernement de Pologne et sur sa réformation projettée*, III, p. 984.（『全集』(V) 三九七ページ。）
(44) 樋口陽一『自由と国家』岩波新書、一九八九年、海老坂武『思想の冬の時代に』岩波書店、一九九二年。
(45) オズーフ『革命祭典』一三五ページ。

第八章　ルソーの人民集会論とフランス革命

序

フランス革命は議会と議会外の民衆の動きの双方がつくり出すダイナミズムのなかに進展した。フランス革命は周知のように、その当初から、全国身分会議から転成させた国民議会を持ち、革命期に議会制の存続が脅かされることはなかった。他方、少なくとも九三、九四年頃まで、決定的な局面で革命を進展、深化させたのは議会外の民衆の直接行動、蜂起であった。革命期には、代表者の意志ではなく人民の意志が政治を支配しなければならないとする直接民主制的な志向が一方に存在した。この直接民主制的志向と代議制とのせめぎ合いは、とりわけ八九年夏の国民議会での闘いや九三年を頂点とするヴァルレらセクションの活動家＝アンラジェと国民公会との闘いのなかに見出される。前者は、［シエースに代表される代表的委任（一般的委任）論］対［命令的委任論］の争いであり、後者は［国民公会］対［命令的委任論や人民の裁可権の主張を携えたヴァルレらアンラジェ］の闘いである。これらの闘いのなかで、直接民主制的志向を持つ陣営は、少なからずルソーから影響を受けた、ルソー主義者と捉えられることが多い。ルソー主義！　しかし一口にルソーからの影響といっても、革命のシンボル・ルソーから革命的心情を汲み取ることから、ルソーの著作を理論的典拠とすることまで、さまざまなレヴェルがあるし、理論的典拠とすることのなかにも質的な差異が横たわっている。本章ではシエース、ペティヨン、そしてヴァルレ、ロベスピエールの主に言説が検討の対象とされる。ルソーの何が継承され、何が継承されなかったのか。われわれは『社会契約論』で展開される直接民主制論である人民集会論そのものの担い手、運動の展開者をフランス革命期に見出せないという事実を踏まえつつ、それにもかかわらず、人民集会はその萌芽も見出せないのか、という問いをあえて発する。そして革命のシンボル・ルソーと同じように、独り歩きしてしまった「一般意志」の、ルソーにおける原意、真意を問い直し、「一般意志」を革命の諸過程に見出すことができるのか否かを改めて問うことにしたい。

一　八九年夏——議会での闘い(1)

一七八九年八月二六日の人権宣言の「法は、一般意志の表現である。すべての市民は、自らあるいはその代表を通じて、法作成に協力する権利を持つ」(第六条)との規定には、立法が直接、全市民によってなされるのか、それとも代表者によってなされるのか、つまり直接民主制と代表制との対決が、まだ決定的な局面を迎えておらず、最終的な結着がついていない状況が現れている。ただし八九年七月七日、八日には、国民議会で「命令的委任(le mandat impératif)」が禁止されるべきか否かをめぐって審議がなされていた。しかしこの時、命令的委任の語で意味されていたものは、本来の命令的委任だけでなく、「議会の決定に対する選挙区の拒否権」と「議会の決定の適用に対する選挙区の免除権」をも含んでいたのであって、国民議会は、そこでは、拒否権と免除権の禁止を確認するにとどまった。本来の命令的委任については、なんら決せられることはなかったのである。(2)しかし、九月の初めから国民議会において「代表制（le gouvernement représentatif）」と当時「真の民主制（la véritable démocratie）」と呼ばれた、直接民主制との対立が、激しく展開されるに至る。代表制の代表的論者がシエース（Emmanuel-Joseph Sieyès, 1748-1836）であり、直接民主制的志向の代表者がペティヨン（Jérôme Pétion de Villeneuve, 1756-94）である。ペティヨンは九月五日に、シエースは九月七日に演説しているが、ペティヨンの主張は、一言でいえば、代表制必要悪論、命令的委任論であり、シエースのそれは、代表制論、命令的委任禁止論であった。後にジャコバン・クラブの議長やパリ市長となり、さらにその後ジロンダンとしてロベスピエールと対決することになるペティヨンは、当時ロベスピエール、ビュゾ（後、ジロンド派）とともに議会内少数派の急進的デモクラットの一員であった。それゆえペティヨンの主張は、少数派の急進的デモクラットを代表する主張であったため、議会内の広範な支持を得ることはできなかった。九月七日に命令的委任禁止論を主張したシエースの前に破れ去るのであるが、ペティヨンの主張とは、どのようなものであったのだろうか。

①「共同体を構成するすべての個人は、法律の作成に参与する不可譲かつ神聖な権利を持っている。そしても し、各人がそれぞれの個別意志を聞かせることができるならば、これらすべての意志の結合が、真に一般意志を形成するであろう。これこそ政治的完成の最終段階であろう。いかなる口実の下でも、いかなる政府においても、誰もこの権利を奪われてはならない。(3)」

まさにこの発言からはルソーの主権論の提唱者が見出されるように思える。しかし、それに続いて、ペティヨンは諸国家において、もちろん当のフランスにおいて、代表を選ぶ現実を次のように語る。

②「なぜ諸人民は、代表者を自分たちのために選ぶのだろうか。それは、自ら行動することの困難さが、ほとんど常に克服しがたいほどであるからである。なぜなら、もしこれらの巨大な団体が、たやすく、かつ規則的に活動

するように構成されえているとしたら、代表などというものは無用であり、いやそれどころか危険なものであろうと私はいおう。(4)」

ペティヨンがこの部分で語っているのは、諸国家で、とりわけ大国フランスで、代表を認めないで市民が自ら行動することの技術的、物理的困難があること、そしてこうした困難からやむをえぬもの、必要悪として、代表制が採られることの確認、許容である。そこで本来は直接制が最善の方策なのだが、次善の策として、代表制を採る大国フランスは、せめて人民の意志の拘束を人民の代理人としての議員に課すべく、議員と選挙人との関係を受任者―委任者の関係とすべしとする命令的委任論を展開するのである。

③「立法府の成員は、受任者である。彼らを選んだ市民は、委任者である。したがってこれらの代表者は、自己の任務と権限とをそこから受け取っている人々の意志に拘束される。(5)」

ペティヨンの、直接制の技術的困難を理由とした代表制必要悪論②は、全国身分会議が反特権の闘いの中核として、革命的に転成して国民議会となってまだ間もない、大国フランスの歴史的現実からは、無理からぬ主張であるように思える。そしてまた、歴史的現実的条件のみならず、ルソーの思想とのかかわりという観点からは、ルソー側の問題も存在していた。その問題とは一言でいえば、『社会契約論』におけるルソーの抱えたジレンマがそれである。シエースのところで改めて述べるように、ルソーは『社会契約論』で代表制を全面否定して、全市民の直接参加する立法集会である人民集会の理論を展開しているのだが、この『社会契約論』の直接民主制論（人民集会論）は小国に適合すると明言され、小国モデルしか明示的には展開されていないのである。「代議士または代表者」という題の第三編第一五章の小括「すべてをよく検討すると、都市国家がきわめて小さくないかぎり、主権者が、その権利の行使を保存することは、われわれの国では今後は不可能であろうと、私は思う」を一読すると、ルソー自ら大国・人民集会を不可能視しているように読める。確かに、大国の直接民主制（人民集会）には、参集する市民の数の多さや会場への距離の遠さ等、物理的困難があることは間違いなく、ルソーのなかで主権の原理性を高く保持することと、原理の適応範囲を広く持つこととの間には、ジレンマが存在する。しかしテクストを注意深く読むと、ルソーはその物理的困難にもかかわらず、人民集会の可能性を大国から奪っていないのである。人民集会のユートピア性を笑う人々に、ルソーは四〇〇万以上もの市民さえ擁した古代ローマの例を示し（III―一二）、さらに、「国家を適当な限界にまで縮小することができない」（III―一三）場合の一方策として、首府移動とそれと連動する集会の開催地の移動とを示唆さえしたのである。このように、ルソーは『社会契約論』において代議制を原理的に全面否定する姿勢を貫くとともに、小国に直接制の適合性を認めつつも、ぎりぎりのところで人民集会論から大国を排除していないのである。この点は是非とも強調しておかなければならない。以上のように『社会契約論』の直接民主制論を捉えるならば、ペティヨンの代表制必要悪論②は歴史的現実を踏まえた現実論としては理解できるものの、『社会契約論』の原理論からはすでに一歩抜け出た言説であるとしなければならない。そして彼の③に示された命令的委任論は『社会契約論』のではなく、まさに『ポーランド統治論』で展開された理論を典拠とするものである。『ポーランド統治論』では、大国ポーランドの政治のあり方が述べられ、国会が国政の中心に位置し、「代表者」が選挙人の指示に従って行動し、かつ選挙人に彼らの行動を報告する義務を課す、命令的委任が提唱されているのである。ところで命令的委任の考え方は、革命以前に、全国身分会議に送り込む議員を、各地方、各身分の利益を託された代理人と位置づける原理として、伝統社会のなかにすでに存在していた。しかしこの原理が革命後、議員に人民の意志への拘束を課そうとする新しい意味内容を帯びて主張される。そうした主張の理論的典拠として、『ポーランド統治論』の命令的委任論が採用されたのは、現実の歴史から見た場合、自然のことだったように思える。しかし、われわれは、ここでルソーの思想全体から、その理論体系のなかで『社会契約論』と『ポーランド統治論』とが、それぞれどこに位置づけられるかを改めて考えてみる必要がある。著者は、第五章ですでに、ルソーの人類と国家の歴史過程をらせん状に展開する長い射程を持った歴史過程と捉える論考をなしたが、両著の論ずる、対象とする国家の位置は、革命を画期として、前者が人類史の二巡目に位置し、後者は人類史の一巡目の終わり近くに位置するものと捉えられる。すなわち、『社会契約論』をわれわれは、革命、全面譲渡を伴う契約国家の建国論＝原理論と位置づけるのに対して、『ポーランド統治論』は、革命、全面譲渡を伴わない、現実国家＝疎外国家の改革論＝現実論と捉える。ルソー的な比喩でいうなら、『ポーランド統治論』は老人の「杖」＝延命策なのである。[6] このように位置づけるならば、ポーランドがフランス同様大国であり、そこにある種の現実的な大国改良論が見出されるからといって、革命フランスに、なんの留保も、なんの疑問もなく、ただちに『ポーランド統治論』の立論を援用、適用してもよいのか、という疑問が生じる。このように考えてゆくと、ペティヨンの命令的委任論がルソーの一つの著作（『ポーランド統治論』）に典拠を持っているいることが事実だとしても、ペティヨンがルソーの直接民主制の原理の体現者であるとは、単純にはいえないことが明らかになってくるのである。

さて、こうした命令的委任論を議会内で圧倒したシエースの主張とはどのようなものだったのだろうか。シエースは、これまでいくつかのパンフレット（「見解」や「第三身分とは何か」等）のなかで代表制を採る理由を物理的、技術的困難（国土の広さや人口の多さ）を理由に挙げ、また命令的委任に対しても、許容するか、あるいは少なくとも曖昧な態度を採ってきた。[7] しかしいまやシエースは、彼の本性である民衆不信を露呈させ、「労働の機械」である多数の人々、「十分な教育も暇も持たない」人々の、立法能力を疑い、彼のいうところの「自由な階層」、つまりブルジョア内部の教養、見識ある少数者の立法能力に期待する、固有の立論を展開する。彼はもはや代表制をやむをえぬものとしてではなく、よりよい制度として積極的に肯定する。一部の者＝代表者の意志の方が優れたものであるとすれば、代表者に選挙区の意志という足かせをはめる命令的委任が否定されるのは当然である。その論拠としてシエースは「全国民の代表」という観念を持ち出してくる。「議員は全国民の代表である。全市民が彼の委任者である」(8)と。

この「全国民の代表」論の根拠としてシエースは「全国民の意志」と選挙区の意志とを対比させて次のようにいう。

「さてあなた方は、選挙された者が、多数者の希望に反して少数者の希望を引き受けることを、選挙区の集会では望まないであろうから、なおのこと、王国の全市民の議員が、全国民の意志に反して、一選挙区または一市町村の住民だけの希望を聞くことは望んではならない。(9)」

シエースの述べるこの論拠は、明らかに欺瞞を含んでいる。一方の選挙区の集会での多数者の意志、少数者の意志は、実際に表出される実体ある意志であって、多数者の意志に従うことは、単に多数決の原理に従うことを意味しているだけであるのに対し、他方の、全国民の意志と一選挙区（一市町村）の希望、意志は、後者こそ実体あるものといえても、前者は観念的、抽象的な意志であるにすぎない。(10)にもかかわらず、シエースは暗黙の前提として、観念的、抽象的な意志を共同善への指向性を持つものとし、後者を一地域の特殊利害の追求という恣意、偏向を伴うものとしているようにみえる。しかし、抽象的、観念的な意志の指向性は問えないものだし、また、一地域の意志が常に恣意的である保証、必然性はどこにあるのだろうか。われわれはここにシエースの巧みな論理のすり替えがあるように思う。確かに、革命前の王国では命令的委任は、各身分、各地域の特権、利権の中央への表明、主張であった。しかし、革命後の命令的委任は、伝統的な観念との連続性が皆無とはいえないものの、選挙区民の意志という拘束を議員に課すことによって、議会に人民の意志をより反映させようとする方策として、革命的な意味内容の転化を伴っていた。それゆえ選挙区の意志＝選挙区民多数の意志は、革命前の各身分、地域の特権の主張とは同視しえないのは明らかであり、それを恣意的で偏向を伴う意志であるとすることは、論理のすり替え、欺瞞であるといっても言い過ぎではないだろう。シエースは、伝統的な命令的委任を切り捨てることは、論理のすり替え、欺瞞であるといっても言い過ぎではないだろう。シエースは、伝統的な命令的委任を切り捨てることで、反特権の闘いを遂行して近代化に寄与したといえるかもしれないが、同時に革命後の命令的委任を切って捨てることによって、民衆排除のもくろみを成就させることにも力があったのである。われわれは、シエースのこの論理のすり替えは半ば意図的に行われたであろうと考えるのであって、ここにシエースの本質が透けて見えると思う。井上すゞ氏は、命令的委任論の伝統世界からの連続性を強調され、シエースの国民代表論＝命令委任禁止論が近代を切り開く側面を評価されているが、われわれは、井上氏は命令的委任論の革命的転成の側面を軽視あるいは看過されていると思う。(11)

結局、「全国民の意志」なる抽象物は、代表者個人の意志でしかないことを、シエースは正直にも次のように自ら語っている。

「したがって、議員が国民議会に属しているのは、そこで、すでに形成されている彼らの直接の委任者の希望を述べるためではなく、議会が各議員に提供しうるあらゆる知識によって啓発された自己の現在の意見に従って、自由に審議し、投票するためであるということは、異論の余地がない。(12)」（傍点は鳴子）

それゆえシエースは、彼がその立法能力を疑う多数の人々の意志の影響力、拘束力から離れて、彼が期待したブルジョア内部の教養、見識を兼ね備えた「自由な階層」から選ばれた議員個人の意志——「自己の現在の意志」——が自由に表明されることを求めていたのである。

以上見てきたように、シエースは積極的に代表制を肯定した。そう主張する彼の思想の根源には何があるのか。それはシエースの革命観、つまりシエースは革命によって何を実現させたいのかを問うことである。シエースの革命観とルソーのそれとを比較、対照させることによってシエースの思想の特徴をきわだたせることにしよう。シエースは、一七八八年末から八九年七月にかけてのいわゆる「法律革命」の時期にきわだった活躍を示した理論家である。彼は、聖職者であるにもかかわらず、パリの第三身分の代表として全国身分会議に選出され、武力を伴わずになされた、身分制議会（全国身分会議）から国民議会への転成を主導した中心人物の一人であった。六月一七日に、全国身分会議の、第三身分部会は、シエースの提案に従って自らを「国民議会（l'Assemblée nationale）」と名乗ったのである。国民議会は七月九日に「立憲国民議会（l'Assemblée constituante）」たることを宣言し、シエース自身も憲法委員となった。シエースにとって革命とは、第一義的に「憲法制定権力（le pouvoir constituant）」としての国民議会を創設し、反封建、反特権を成就する憲法を制定することであった。このように、生まれの差別を否定する反特権の闘いに対しては限りないエネルギーを注いだ彼だったが、能力の差別に基づく私的所有（ブルジョア的所有）については、それを当然のこととして容認する。[13] シエースは、このような所有権を生命、自由とともに自然権として認め、譲り渡せない権利として個人の側に留保する。ここに彼が若き神学生時代から親しんできたロック思想の影響が強く現れている。それゆえ、シエースにおいては、自然権たる所有権は、手つかずのまま個人に残され、主権の行使される限界が引かれるいわば「部分譲渡」が想定されている。したがってシエースにとっての革命は、封建的特権、身分制こそ否定するが、封建的所有と区別される私的所有（ブルジョア的所有）は手つかずのまま容認され、守られることになり、社会的、実質的不平等は存続することになる。

ところで他方、ルソーの革命観とはどのようなものだったのか。ルソーは、革命によって何を実現させたいのか。著者が第五章の正義論で捉えたルソーの歴史過程に従えば、新国家の設立は、革命を前提とする。革命は現実国家のシステムが人々の生存を危機に陥らせ、疎外がきわまった時に、生存様式を根底的に変えなければもはや生存不能な状態に陥ったことを自覚した少なからぬ人々によって遂行される。このような理解によれば、新国家の設立＝社会契約の締結は、革命に従った覚醒した全参加者の「全員一致」の合意でなければならないことになる。ルソーは次のようにいう。

「その性質上、全員一致の同意を必要とする法は、ただ一つしかない。それは、社会契約である。なぜなら、市民的結合は、あらゆるもののなかで、最も自発的な行為であるから。」（Ⅵ―二）（傍点は鳴子）

彼の社会契約への全員一致の同意――この契約に不同意の者は外国人とみなされ、契約に含まれない――は、覚醒した人間の意志の自発性を特徴とする。社会契約とは覚醒者全員の自発的結合のことである。疎外国家における人々の生存の危機、いわば臨界状態が存在するという客観的条件があることは当然なのだが、そうした客観的条件だけでは、ルソーにとって革命↓建国のプロセスの進展には十分ではない。革命、建国への道に進むためには客観的条件に加えて、そうした客観的状況を捉え、その突破、克服にしか生き残る術はないと悟った人々の専制国家打倒とそれに続く人々の自発的な意志に基づく自発的な結合がなければならない。人間の意志の領域が、片方に広く横たわっている。われわれは、マルクスの史的唯物論の必然論と対比させる時、ルソーの歴史観の特徴の一つの大きな表れをここにみるのである。

ところでルソーは所有権を自然権とはみなさない。生命、自由、財産そして人格そのものですら、個人に留保されるべきものではなく、社会契約締結時に、全成員が物心両面のあらゆるものを国家に一時的に譲渡する、いわば一時的「国有化」が、ルソーのいう全面譲渡である。人々の生存の危機、臨界状態の自覚とそれを前提にした革命行動を踏まえなければ、決してルソーのいう「全面譲渡」の意味は捉えられないだろう。ルソーの歴史過程がこのように捉えられていないがゆえに「全面譲渡」論の軽視や看過、あるいはアングロサクソン流の「部分譲渡」的解釈が跡を絶たないのであろう。だが、そうしなければ、もはや生存不能であるという突き詰められた人々の（覚醒以来持ち続けている）危機意識こそが、全面譲渡を可能にする。人々が「白紙化」して新国家の法を立てる。どのような条件でなら、人々は共に生きてゆくことができるのか。完全な社会的平等は難しいとすれば、実質的不平等をどの位の幅、範囲でなら、この国家は許容しうるのか、そうした条件をつくってゆくのである。「すべての人がいくらかのものを持ち、しかも誰もが持ちすぎない」（I―九）というレンジを新国家は全成員によって具体的に決定しなければならない。なぜ契約国家は何も持たぬ人をなくし、持ちすぎた人をなくさなければならないのかといえば、この国家こそ「各人に属するものを各人に返す」「人間の正義」を実現させる場であると考えられるからである。現実国家には、各人が本来、神から与えられている人格を始めとする物心両面の諸物を不当にも奪われている人々がいる。それらを本来の持ち主に返すことなくして「人間の正義」の実現はあり得ないからである。だから所有権の神聖性という言葉は、立法がなされた後、国家によって保証された所有が尊重されるということであって、最初から自然権としての所有権が手つかずのまま尊重されるという意味ではない。ルソーに従えば、立法によって人々は一時的国有状態を離れる。法の定めるところに従って私有が認められるからである。しかも今は、物質的な側面を先に述べたが、全面譲渡は精神的な諸物をも対象に持っているのだから、精神的な諸物、例えば宗教の革命的転化をも決してゆかなければならない。新国家の法はそれゆえ、新しい生存可能性を物心のどのような条件の下でなら見出せるのか、その時々の人々の判断によって決してゆく条件のリストなのである。

　さて、シエースは能力に基づく社会的、実質的不平等を許容する国家を肯定し、他方、ルソーは、財産を含むすべてのものを全面譲渡（一時的に凍結）して、市民間の実質的不平等を許容する幅をどこまでにするか、全員参加の意志によって決定する国家を構想した。それでは社会的不平等へのスタンスの違いに続いて、政治的な権利、参政権についてはどのようであろうか。シエースは能動的市民と受動的市民とを区別して、受動的市民から、あらゆる参政権を奪い、かつ、能動的市民多数にも単に議員を選ぶ選挙権を認めているにすぎず、実際の立法を担うのは「自由な階層」から選ばれた一握りの議員なのである。すなわち、代議制のなかでも、能動的市民という限られた人々が、議員という、さらに限られた人々を選ぶ制限選挙制が是とされたのである。それにもかかわらず、現代のわれわれからは奇異に映るが、シエースは、政治的権利の平等を主張する。[14] なぜこのような制限選挙制の構想が、政治的権利の平等であると主張されたのだろうか。特権者と非特権者との間に断絶がある身分制と異なって、人的所有と物的所有の関係は切断的でなく、勤勉や能力の錬磨等々により、いかなる人間にも物的所有への機会可能性は開かれていると彼には考えられ、したがって、すべての市民は物的所有者となることによって能動的市民になりうる機会が与えられているとみなされたからである。[15] しかし、シエースの政治的権利の「平等」論は、現代のわれわれの用語では、明らかに形式的平等すら認められない政治的権利の不平等論でしかない。繰り返すまでもなく、実質的に民衆から政治的権利は奪われているのであり、シエース的政治世界は民衆排除を特徴とする世界である。シエースの社会的分業論は政治の世界にも拡張され、彼はもはや高度の専門性を有する一握りの議員に立法を託した方が、よりよい選択であると確信しているのである。シエースのこのような「立法」には、確かな正当性根拠が見出せるだろうか。それに対してルソーは、立法の正当性根拠を根深いところに持っている。一つは建国時の、自発的な全員一致に、そしてもう一つは立法集会である人民集会への全員参加にである。

「この原始契約の場合を除けば、大多数の人の意見は、常に他のすべての人々を拘束する。」（IV—二）

特別多数を必要とする特殊な場合を除いて、人民集会の過半数の表決に人々が拘束されるのは、主権（立法権）の行使に際して人々が代表を持たず、全員が自らの意思を投票に託すからである。

「人民は代表者を持つやいなや、もはや自由ではなくなる。もはや人民は存在しなくなる。」(III—一五)

「主権は譲り渡されえない、これと同じ理由によって、主権は代表されえない。主権は本質上、一般意志のなかに存する。しかも、一般意志は決して代表されるものではない。一般意志はそれ自体であるか、それとも、別のものであるからであって、決してそこには中間はない。」(III—一五)

政治的権利が民衆から奪われることは起こりえない。多数者である民衆の保存こそが国家建設の目的に他ならないのだから。時々刻々、変わりうる自らの生存条件を、代表という名の他人に決めてもらってよいのだろうか。人々は集会して、自らの運命を決しなければならない。

ここから必然的に両者の共同意志形成過程は、質的に巨大な隔たりを持たざるをえない。まずシエースはその過程を次のように述べている。

「この試練のなかで(この討論のなかで)有益な意見と有害であろうところの意見とが分かれて、後者は落ち、前者は活動し、また、互いに拮抗し合うことを続けて、相互の努力によって修正され、悪い点が除かれ、これらの有益な意見が遂に調和して一つの意見に溶け合うのである。[16]」

それに対し、ルソーの一般意志の導出過程はどのように説明されているのか。

①「ある法が人民の集会に提出される時、人民に問われていることは、正確には、彼らが提案を可決するか、否決するかということではなくて、それが人民の意志、すなわち、一般意志に一致しているか否か、ということである。各人は投票によって、それについての自らの意見を述べる。だから投票の数を計算すれば、一般意志が表明されるわけである。」(IV—二)

②「人民が十分に情報を持って審議する時、もし市民がお互いに意志を少しも伝え合わないなら(徒党を組むな

どのことがなければ）、わずかの相違がたくさん集まって、常に一般意志が結果し、その決議は常によいものであるだろう。」（Ⅱ―三）

③「これらの個別意志から、相殺しあう過不足を除くと、相違の総和として、一般意志が残ることになる。」（Ⅱ―三）

両者のテクストを見比べてみて、シエースがルソーを意識しているのは、ほぼ確実であり、一見すると両者にある種の類似性を感じる向きも、あるいはあるかもしれない。しかし、両者の共同意志形成の場、つまり一方が代議制、他方が直接民主制（人民集会）を選んでいたという前提の決定的差異はもちろん、その過程そのものもきわめて異質である。シエースの意志形成過程の最大の特徴は、議員間（議会内）の討論の重視にあり、討論こそが一つの意志を導き出せるという「楽観」が存在する。表決（議決）は、シエースにとっては討論の成果の追認にすぎない。活発な討論によって意志形成が可能であるという「楽観」を彼が持てたのは議員選出時の民衆排除という「装置」があってこそである。均質性の確保された議員間の意見のぶつかり合いのなかで、淘汰され、あるいはすり合わせられて手にする共同意志とは、ルソーが、革命を経て建設される契約国家にではなく、富者の協約に基づいてつくられた現実の疎外国家のなかに見出した「強者の正義」の再生にすぎないのではないか。[17] それに対してルソーは「ジュネーブ草稿」（『社会契約論』第一草稿）において「最初の人為が自然に加えた悪を、完成された人為が償う」（傍点は鳴子）と悲観することなく人類史のプログラムを前進、不可逆的な悪の克服過程として高らかに宣言する。[18] 現実国家（最初の人為）が契約国家（完成された人為）によって乗り越えられることこそ、悪の是正＝人間の正義の追究なのであった。

他方、ルソーの一般意志形成論の特徴は、人民集会における討論への懐疑、消極的評価であり、それに比して投票

（表決）が重視される。もちろん、ルソーは人民集会を構想したのであって、それは討論抜きの人民投票と同義ではない。しかしなぜルソーが討論を懐疑したかといえば、それが雄弁家、扇動家の活動の温床となって、利益誘導や意見の操作の場、個別意志の自由な表明を蝕む団体意志の増殖の場となると考えたからである。「長い討論や、紛争や騒々しさ」（IV—二）は一般意志形成にとって悪しき兆候である。こうした危険を避けて、個々の市民が十分な情報の開示を受けた上で、独立して自由な意志を表明することをルソーは望んだのである。個々人の意見表明は、あくまで政府提出議案に対する投票という形で行われる。ルソーはそれぞれの市民に、問題の当事者であるとともに裁判官でもあることを求めた。通常、裁判官は利益関係者以外の第三者であるが、ルソーの契約国家の全成員は当事者であり、かつ人民集会での表決の結果、見出され、討議の過程ではまだ存在しない一般意志を表決に先立って推測する裁判官たることを同時に求められるのである。それは市民に単なる提案の可否を問うことではなく、その提案が、各人の先立って推測する「一般意志」と一致しているか否かを問うことである。問題は、「人間の正義」の抽出なのであるから。

二　ヴァルレの命令的委任論

ジャック・ルーやテオフィル・ルクレール等とともにアンラジェ（enragés＝過激派）の指導者に数えられるジャン・ヴァルレ（Jean Varlet, 1764-?）は一七九二年夏から一七九三年の夏まで、出身セクション（ロワ・ド・シシル↓ドロワ・ド・ロム）やエヴェシェ（旧司教館）を拠点とした、セクションから派遣された委員たちの集う中央委員会の活動を主導した経歴で、パリのサン・キュロット運動のみならず、フランス革命に存在感を示した活動家として知られている。ところでわれわれがここで問題とするのは、ヴァルレの運動そのものというより、一人の傑出したサン・キュロット活動家が持ちえた共同意志形成論についてである。それは、一七九二年九月末に発表された「国民公会における人民の受任者に対する特殊的命令的委任案」（いわゆる「命令的委任案」）と一七九三年五月発表の「社会状態における人間の権利の厳粛な宣言」（いわゆる「厳粛宣言」）というそれぞれ二十数ページのパンフレットに展開されている。(19) ヴァルレの構想した共同意志形成論は、代議制を前提とした命令的委任論であるが、その命令的委任論は、意志形成の彼固有のダイナミズムを特徴としている。ヴァルレのいう命令的委任は、単に各議員がセクション集会からの委任に拘束されるだけのものではない。彼の命令的委任の流れをわかりやすくするために、ここではキャッチボールにたとえることにしよう。彼の考えでは、意志というボールは一方向に一回だけ投げられるのではない。セクション集会からの議員への委任が一回目の意志の投球だとすれば（①セクション集会→議会）、今度は、議会から「法律案（décrets）」という意志のボールがセクション集会に返球される（②議会→セクション集会）。①、②をまとめると各セクション集会から委任を携えた議員が議会で一堂に会し、議会での討議の結果、法律案（デクレ）が作成され、今度はその法律案（デクレ）が議会から各セクション集会に示されるのである。さらに今度は、セクション集会においてその法律案が検討され、その賛否が決せられて、各セクション最後の意志のボールが議会に投げ返される（③セクション集会→議会）。議会で作成された法律案は、そのまま議会で表決に付されるのではなく、セクション集会に持ち込まれ、それぞれのセクション集会において、その賛否のいずれかが決せられなければならない。議員はこの賛否いずれかの意志を再度、セクション集会の訓令として議会に持ち帰る。そしてこうしたセクション集会―議会間の三度目のボール、つまり各セクション集会の賛否の票が数えられた結果、法律案はようやく法律になるのである。すなわち、議会はセクション集会の賛否の票を数えるだけであって、最終決定権はセクション集会にあることになる。ヴァルレの命令的委任案がペティヨンに代表される革命初期の命令的委任論に比べて前進、深化したことは明らかである。ヴァルレは代議制を必要悪として受け入れつつも、いかにして人民の直接的な意志を法律に反映させるかを、議会の外にあって、下から（セクションのレヴェルから）、独自の命令的委任論として構想したのである。九二年九月の「命令的委任案」と九三年五月の「厳粛宣言」の方向性は、こと命令的委任論に関する限り、一貫しているといえると思うが、セクション集会を「命令的委任案」では「第一次集会」と呼んでいるのに対して、「厳粛宣言」では「主権者集会（ASSEMBLÉES SOUVERAINES）」と呼んでいることからもわかるように、九三年段階においてヴァルレは、セクション集会が主権を持つことに確信を抱き、臆することなくそれを主張しているのである。まず、「命令的委任案」では次のようである。

「法律は、真面目であるよりは概して詭弁を弄する弁説家たちのつくり出す印象からの帰結であるべきではなく、第一次集会の通告する訓令の調査収集であるべきである。（中略）人民がすべてである国家においては、主権の第一の行為は選挙することであり、第二は、当選者に対する代理権と委任を示すことである。」[20]（傍点は鳴子）

「人民主権とは、第一次集会に会合した市民が持っている自然権、つまり仲介者なしに全公務員を選挙し、自らその利害を討議し、法律制定のために委任を受ける代議士に委任を定め、その代理権を逸脱し、もしくは委任者の利益を裏切る受任者を召還しかつ処罰する能力を自らに留保し、最後にデクレ――特定の状況から［採択を］余儀なくされるものを別として、すべてのデクレは第一次集会における主権者の承認に付された後でなければ法律としての効力を持ちえない――を審査する、自然権のことである。」[21]（傍点は鳴子）

それに対して「厳粛宣言」は次のようである。[22]（傍点は鳴子）

第二三条　主権者たる国民が社会状態を形成する時、その諸セクションは説明つきの委任状を携えた代議員を派遣する。この代理人たちは一緒に集合して、彼らの委任者たちの意向を詳しく述べ、委任者たちに法律の提案をする。もし委任者たちの多数がそれを受け入れるなら、この根本協約は、社会契約と呼ばれる一つの法典を形成する。

第二四条　法律は、一般意志の表明である。この意志は主権者集会（ASSEMBLÉES SOUVERAINES）に集合した市民がセクションごとに表明する部分的な希望を対比し、比較し、調査することによってのみ明らかにされうる。

ところでサン・キュロットの活動家たちは、法律を裁可する権利は人民にあるとする人民の裁可権の主張を繰り返した。彼らが援用したのは「人民が自ら承認したものでない法律は、すべて無効であり、断じて法律ではない」（III―一五）というルソーの言葉であった。ルソーのこの言葉は代議制を全否定する文脈のなかで発せられているのだが、革命期の援用者たちは、その前提を欠いた状態にあり、現にある議会の議決を事後的に人民が裁可する権利として原義と意味内容を変えて、それを主張したのである。こうした民衆の要求の強さは、九三年憲法に、人民による裁可権が組み込まれたことのなかにも示されているが（第五九条、第六〇条、第一一五条）、このようなサン・キュロット活動家あるいは民衆に一般的だった人民の裁可権の捉え方とヴァルレの命令的委任論とはどのような関係にあるのだろうか。ヴァルレのなかにも人民の裁可権という考え方はあるが、それが一般的な捉え方と異なっている点は、裁可権行使が議会の議決後にではなく、議決前に法律案の段階で、つまり共同意志形成過程のただなかに組み入れられていることにある。このような人民の裁可権の事後的でない行使は、法律案議決後の裁可権行使が現実に持ちうるかもしれないアナーキズムへの傾向（可能性）を伴わない。例えば議会から示された法律案に、あるセクション集会が否と答えたとしよう。にもかかわらずその法律案が可決されたとしよう。（可決は各セクション集会の法律案に対する賛が否を上回っていた結果である。）この場合、その法律はすでに人民の裁可を受け、人民の承認を受けた後なので、当然、当のセクション集会は、その法律を受け入れなければならないのである。ヴァルレの事前的人民の裁可権行使は、共同意志形成過程への人民の参加度を高め、共同意志の正当性を高めようとしたものである。このように一方で人民の主権者性の内実をできる限り押し上げ、他方、法律案の提案によって、議会に集合作用、統合作用を担わせ、一定程度の指導性を帯びさせている。われわれはこうしたセクション集会―議会間の意志のキャッチボールの過程を内容とするヴァルレの命令的委任論、共同意志形成論を動態的命令委任論、動態的共同意志形成論と呼ぶことにしたい。

しかしヴァルレの構想、体系のなかに「命令的委任案」にはなく「厳粛宣言」において登場する「蜂起権」の問題を問うことを次に行わなければならない。というのはヴァルレの共同意志形成論は、彼の動態的命令委任論の展開に終始しえなかったからである。ヴァルレの蜂起権の理論化を促したものは、九二年段階では、なお残されていた議会への期待が、セクション活動の自律性と議会の主導権をめぐる闘いのなかで、議会への不信、敵対へと変わってゆく、九三年五月三一日から六月二日にかけての蜂起を頂点とする状況変化であることは間違いない。蜂起権を規定した「厳粛宣言」第二三条にいう。

「圧制に対する抵抗とは、貴重な蜂起権のことである。この権利は、必要という法以外の法を認めるべきではない。（中略）創設された諸機関が社会契約の定める限界を越える時は、圧制が存在する。（後略）」(23)

当然のことながら九二年においても、議会が命令的委任を受け入れる状況は生まれていなかった。しかし八月一〇日の蜂起の成功で、パリのセクション活動は、勢いづいていた。そのなかで生まれた一つの理論的成果が、ヴァルレの「命令的委任案」だった。しかし九三年に至って、議会との主導権争いのなかで、ヴァルレらセクション活動家の先鋭的部分にとっては、議会がセクション活動の自律性を奪う、好ましからざる方向へ進んでいるという反発、敵意が醸成されつつあった。(24) ヴァルレにとっては「創設された諸機関」のうちの「第一の機関」であるはずの議会が「主権者集会」であるはずのセクション集会やセクションの活動を圧迫してくることは、議会による反人民的行為、圧制に他ならないと考えられるようになったのである。

ところでヴァルレの「厳粛宣言」第二三条のなかで、特にわれわれが注目すべきものは、彼が蜂起の要件としては「必要という法以外の法を認めるべきではない」と断じている点である。ヴァルレは、蜂起する権利を「必要」にのみ依拠させる。そこから、人民主権を掘り崩す圧制が存在すると、一人もしくは少数者が認識すれば、蜂起は正当な権利の行使として容認される理論的可能性を持つことになる。このようなヴァルレの蜂起権の考え方とルソーの蜂起（革命）に対する考え方とは、対照的である。また、われわれの注目する『社会契約論』冒頭の革命肯定論が問題となる。

「もし、私が力しか、またそこから出てくる結果しか、考えに入れないとすれば、私は次のようにいうだろう——ある人民が服従を強いられ、また服従している間は、それもよろしい。人民がクビキを振りほどくことができ、またそれを振りほどくことが早ければ早いほど、なおよろしい。」（I—一）

ルソーはここで人民の先鋭的な少数者のみの蜂起、人民の多数者の覚醒と力の結集を伴わずになされる蜂起（いうなれば部分的蜂起）の無益さを説き、人民の多数者によって惹き起こされる蜂起、いわば全体的蜂起＝革命でなければ人民にとって有益でないことを示唆しているように捉えられる。それでは、圧制は存在するが、なおその圧制の打倒を多数の人民が思い至らない間の、覚醒者、心ある人々はどうすればよいのか、相当数の人々が覚醒し、立ち上がる程、圧制（疎外）が極限に近づかないと人々は救われないのかという問題がそこには横たわっている。しかしルソーはここはある意味では現実的で冷静な革命論者であり、いたずらに少数者が蜂起に走らないことを促しているように思える。そもそもルソーの革命肯定の思想——それは全体的蜂起の思想と言い換えてもよいかもしれないが——は、革命権、抵抗権、蜂起権といった理論的構成を持たないのである。ルソーとは異なって蜂起権、抵抗権の思想は、人間には国家や共同体に対してであろうと、断じて譲り渡せない自然権があり、国家や政府を設立するにしても、自己保存の十全な保証にのみその目的があり、国家や政府の権限、機能にはおのずと制限があり、その機関が自己保存を阻害する存在に転じれば、抵抗権に訴えるのは当然であるという発想に基づいている。それは自然権思想、部分譲渡の思想に結びつくものである。しかるにルソーの体系は自然権的構成を持たず、全面譲渡の思想を特徴としていたことはすでに述べた。ルソーの歴史体系のなかで捉えれば、まず、革命前の疎外期の終盤には、国家は最強者の法だけが支配する過度に腐敗した自然状態に陥っているので、そこでは「暴動」によって専制君主がたびたび交替する。(25) そうした疎外の進行のなかで、遂に少数者ではなく多数者による全体的蜂起、つまり革命が人民の多数者によって惹き起こされる。これはあくまで人民の力によって、非合法化した専制権力を倒す、力によって力を倒す問題である。しかしルソーの理論体系では、ひとたび、革命によって契約国家が誕生すれば、一般意志の形成条件が満たされている国家の誕生、成熟期において、人民は一般意志形成に自ら参加しているので、国家への蜂起、抵抗が考えられる理論的余地はない。しかしまた、一般意志の形成条件が損なわれる契約国家の衰退期に入ると、国家は遂には再び腐敗した自然状態、非合法的な状態に陥るので、腐敗した権力、新たな圧制の打倒は、再度、力と力の問題となる。以上のように蜂起権ないし蜂起に関して、ヴァルレの立論とルソーのそれとを比較対照させると、ヴァルレの過激派の過激派たる所以があるように思われる。ヴァルレの蜂起権の規定の仕方に、すでに蜂起が部分的なものにとどまらず、成功する条件——つまり相当数の人々が状況、事態を認識、自覚し、力を結集しうるか——を考慮しない、あるいは軽視する特徴が表れている。

さて、ヴァルレの主権者集会は、代議制を前提にした上で、セクションを単位にした部分集会なのであって、直接的な立法集会として国家を単位とした全体集会である人民集会とは、もちろん決して同じものではない。このことは何度でも確認しておかなければならない。にもかかわらず、われわれにとってヴァルレのこの集会論が一種、魅力的なのはなぜだろうか。ルソーの人民集会と対比させてその意義と限界について考えてみよう。ルソーが全人民参加の人民集会で議案を提示するものとしているのは政府である。他方、ヴァルレが議案を提示するものとしたのは、受任者集団としての議会である。行政府と立法府とは峻別されなければならないが、ヴァルレにとっては議会を構成しているのは受任者集団であり、かつ、この受任者集団の意志（議案）は必ずセクション集会にその賛否を問われる。ところでルソーの人民集会においては、政府提出議案は直接、全市民の賛否を問われるので、個別意志の数は、――もし部分社会が形成されていなければ――市民数と相等しいことになる。他方、ヴァルレの場合は、それぞれのセクション集会で議会提示の法律案の賛否が問われるので、セクション集会で多数を占めた賛否いずれかの表決がセクション集会の意志（ある種の団体意志）となる。したがってセクション集会の数と同数の団体意志が議会に持ち帰られることになる。ところで、セクション集会は、ルソーが『社会契約論』で危険視した部分社会とは異質なものである。なぜなら部分社会とは、私的利益に糾合された徒党を指し、特殊利益に導かれ、恣意性を帯びた集団を指すが、セクションは特殊な利害に糾合された集団なのではなく、地域的に分割された国家の一小片だからである。それゆえルソーのいう部分社会の団体意志とセクション集会の団体意志とは位相を異にするが、全体集会としての人民集会における個別意志の数に比して、セクション集会ごとに、議会に持ち帰られる意志（団体意志）の数はセクションと同数となり、意志の数は大きく減少する。表出される意志の数が多ければ多いほど、形成される共同意志の正当性は高まる。それゆえ、ヴァルレの動態的命令委任論における意志形成の一般性の高さは、ルソーの人民集会におけるそれと比べると、低いのは明らかである。しかし、部分社会が存在しないのが最善であるとした当のルソーでさえ、そうした理想形態の存続することを信じ切ることはできなかった。ルソーは部分社会がないにこしたことはないが、もし部分社会があるなら、その数をできるだけ多くして、一つの部分社会の（団体意志の）影響力を下げるよう、次善の策を示唆することを忘れなかった。ルソーが単なる原則論者でなく、柔軟な構想力を持った政治哲学者であったことは、部分社会に対する姿勢からも明らかなのだが、問題はヴァルレへの評価である。ルソーの理論とヴァルレのそれとの位相の差異にはどこまでも留保が必要だが、たとえ市民の数よりはるかに少ないセクションの数に減ぜられた意志を持ち帰るのであっても、現実のなかで苦闘したヴァルレが、次善の策として、議会に民衆の意志を届け、しかもそれが全体の最終表決となる策を構想したことは、彼が「神聖なるルソー」と呼んだ、その人の精神、すなわち意志の一般性をできるだけ高めようとする精神に従ったといえるのではなかろうか。ヴァルレの構想は、住民投票を活性化させて地方レヴェルで、われわれの意志を直接反映させる政治を模索している現代のわれわれにとっても、意味深い示唆を与えてくれるように思われる。

三　ロベスピエールの論理

三では、ロベスピエールの主に言説が検討の対象とされ、ルソーの論理と比較、対照される。ルソーの一般意志論とロベスピエールの論理とは、本当に連続しているのだろうか。冷戦期にタルモンがルソーを左翼全体主義の源流に位置づけたことは知られている。あるいはまた、フランス革命の見直しというコンテクストのなかで、フランソワ・

フュレはオギュスタン・コシャンに注目しつつ、改めてルソーをジャコバンの源流に置いた。[26]が、われわれは世に流布する「ルソー＝ジャコバン＝全体主義」という定式に強い疑念を抱く。このような言説が一方に力を持ってきた根源には、一体何があるのだろうか。われわれはその根源に立ち戻って、ルソーとジャコバンとの間のイコールをはずし、全体主義の呪縛からルソーの思想を解放しようと思う。根源に立ち戻ることは、逆説的に聞こえるかもしれないが、古典的な読解に替えて、現代政治に活用しうる新しい共同理論を「発見」する新しい読解を提示するためにこそ、なされるのである。

(1)　ロベスピエールの論理

ロベスピエール(Maximilien-François-Marie-Isidore de Robespierre, 1758-94)の、一七九四年二月五日の「共和国の内政において国民公会を導くべき政治道徳の諸原理について」と題された演説は、モンターニュ派内部のセクトであるエベール派とダントン派という左右両派を、それぞれ偽の超革命派、穏和派と名づけ、公然と二つの国内の敵として批判、論難し、さらに自らの主導する、いわゆるジャコバン独裁を正当化する「徳と恐怖」の原理を持ち出したことで知られている。徳と恐怖の原理は次のように語られる。

「平時における人民政府の原動力が徳であるとすれば、革命時における人民政府の原動力は、徳と恐怖の双方である。徳なくしては恐怖は有害であり、恐怖なくしては徳は無力である。[27]」

この演説が行われたのが、九四年二月というまさにジャコバン独裁のまっただなかであり、かつ直接的に、独裁への敵対派を糾弾する意図が前面に出ているがために、ロベスピエールの擁護しているものが、ジャコバン独裁の原理だけであるように思われるかもしれない。しかし、同時にこの演説にはロベスピエールの代議制に対するものの見方、代議制擁護の原理も見出せる。ジャコバン独裁は革命が内外の敵――反革命勢力の活動と対外戦争――に直面して持った諸困難のゆえに、代議制のなかから生まれた政治体制であったのだが、後述するように、ロベスピエールは代議制と独裁との間の矛盾を深く認識していなかったように思える。それではロベスピエールは代議制についてどう語っているのか。彼は立法府を「人民によって任命された第一の機関」と呼ぶ。(28)「議会の一般意志の支配」という確固たる表現のなかに、代表機関が一般意志を発見するとする原則が肯定されていることをわれわれは確認する。(29)とすればそれは、堂々たる代議制擁護ではないか。もし、直接民主制の主張者をルソーイストと呼ぶなら、あるいは代議制を認めるとしても必要悪としてであり、少なくとも代議制よりも直接制の方をよりよいものとみなす直接民主制への志向を有する者を、より広い意味でルソーイストと呼ぶなら、このロベスピエールをどのようにしてルソーイストと呼びうるであろうか。代議制擁護の一点においてだけなら、ロベスピエールは、ルソーの弟子というより、むしろシエースの仲間といった方がよいのではないだろうか。

ロベスピエールが正当性を有するものと認め、守ろうとするもの、それは「民主的または共和的な政府」である。彼のいう「民主的または共和的な政府」とは何か。まず、ロベスピエールは、民主制ではない国家として次のような国家を挙げる。それは「人民が絶えず集会し、すべての公務を自分自身で規制する国家」ないし「人民の一〇万もの分派が、孤立した、性急な、矛盾した施策によって社会全体の運命を決するような国家」である。(30)まず、「人民が絶えず集会し、すべての公務を自分自身で規制する国家」とは、セクション集会の常設制の主張に込められた、サン・キュロットのセクション活動の自律性の確保された国家、より具体的には常に議会を監視し、地区の行政機能をも自らの下に置いた国家のことである。もっといえばセクション活動の自律性、さらには反議会的立場からセクションの国民公会への優越まで主張し、行動さえしたジャン・ヴァルレらアンラジェの目指した国家のことである。こうした国家（構想）をロベスピエールは真っ向から民主的ならざる国家であるとして否定するのである。九四年二月は、九三年に最盛期を迎えたアンラジェの活動が、九三年六月の蜂起時のヴァルレ構想の破綻、ダントン主導の九月（九日）の地区総会の常設制禁止（総会を週二回に制限）の決定を経て、決定的に力をそがれ、アンラジェへの弾圧も顕著になった後の段階に当たっていた。事実、獄中にあったジャック・ルーはすでにこの時、一度は自殺未遂に終わったものの、自殺（二月一〇日）の直前にあり、ジャン・ヴァルレは二月は拘禁の身ではなかったものの、九三年九月から一一月にかけて四度目の投獄を経験済みで、活動力を落としており、ルクレールも九三年九月に一度目の拘禁を受け、『人民の友』の発行は終わりを告げていた。さて、ロベスピエールの否定する国家構想を通して代議制擁護論の性格が鮮明に浮かび上がってくる。ヴァルレですら、代議制を前提とするという意味では代議制論者に加えうるが、そのヴァルレは、代議制をやむをえぬものとして受け入れ、その上で人民主権の内実を確保するためにセクション集会の位置を議会に対して高める努力をしたのであった。それに対してロベスピエールは、代議制をやむをえぬものであると考えるどころか、その反対に、人民の代表者の意志こそ、一般意志をつくるものであって、代表者集団としての議会を尊重せず、議会と対抗しようとする動きは、革命に背くものであると考えたのである。

ところでロベスピエールは民主的ならざる国家を「人民の一〇万もの分派が、孤立した、性急な、矛盾した施策によって社会全体の運命を決するような国家」ともいっていたのであった。九四年二月のこの時、自らに敵対する分派、その「孤立した、性急な、矛盾した施策」が国家を混乱に陥れようとする分派と、彼の目に映ったものは何だったろうか。九三年の六月蜂起時に民衆の力を借りて、すでにジロンド派を追放し、かつまた民衆蜂起の力は活用しても、民衆の自律化を妨げるためにアンラジェは弾圧し、さらにモンターニュ派内部の権力闘争で、左右両派（エベール派、ダントン派）を追い詰めつつあった。したがってこの時、ロベスピエールの前の、主要な敵とはモンターニュ派内部のエベール、ダントン両派であった。「人民の一〇万もの分派」とは、彼の誇張した表現であろうが、両派の策動を中心とする、パリと地方との錯綜するあらゆる反対勢力が、ロベスピエールの革命政府（ジャコバン独裁）にとって、反革命の好ましからざる勢力と映ったのであろう。彼は上記のような民主的ならざる国家状態は人民を専制主義に連れ戻すと警告する。そしてロベスピエールは、こうした民主的ならざる国家と区別される民主制国家を次のように規定する。

「民主制は、主権者たる人民が、自らの作品である法によって導かれて、自身がよくなしうるすべてのことを自らが行い、自身がなしえないすべてのことを代表を通じて行う国家である」[31]と。

彼のいう民主制国家は行政のみならず立法も代表を通して行う代議制国家であることがここから明らかである。「主権者たる人民が、自らの作品である法によって導かれて」とあるが、ここでいう「自らの作品である法」とは文字通り、人民自らがつくり上げた法なのではなく、内実は人民の代表者がつくり上げた法である。それにもかかわらず、それが人民自らの作品である法と表現されているのである。そこには、法は、文字通り、人民自身がつくり上げるより、その代表者が人民に成り代わってつくり上げる方が優れた法たりうるというエリーティズムが伏在していると考えられる。

ところで、改めてこのようなロベスピエールの民主制、そしてそれと同義とされる共和制概念は、彼が師と仰いだルソーの民主制、共和制両概念と、全く異なるものであることを確認しておかなければならない。両者の差異を決定づけている点は、共和制の意味内容にある。ロベスピエールにとって共和制とは民主制と同義であることから、代議制国家を指すことになるが、ルソーのいう共和制とは代議制を全否定した、人民集会によって立法する直接民主制国家を指す。一般意志＝法が、直接、人民の参集する人民集会で形成される国家だけが、共和制と呼ばれうる。しかもこの直接民主制国家（共和制）であることを前提として、そのなかの政府形態のバリエーションが民主制、貴族制、君主制なのであった。民主制、貴族制、君主制は、共和制を上位概念とする下位概念である。その政府形態の区分は、単に政府構成員の数の多寡にあるにすぎなかった。というわけでルソーの共和制は高度の理念性、正当性を有する概念であり、例えば共和制下の貴族制とは、行政を担当する者こそ少数であるが、立法集会としての全市民の人民集会が保証され、この立法集会に政府は毎回審査される、従属機関であるにすぎない。ロベスピエールはこのようにルソーとは全く異なる民主制、共和制概念を持った。ルソーの概念が原理性が高くユニークなものであったのに対し、革命家ロベスピエールの概念は現実的で通用力のある概念であったことは認められよう。しかし、こうした両者の差異を白日の下にさらしてみると、ロベスピエールがルソーの弟子を自認していただけに、ロベスピエールのこのような言説が、両者の概念が混同され、ルソーの共和制概念や民主制、貴族制、君主制概念が誤解される一因をつくったことは否定できないように思われる。

さて次に、ジャコバン独裁固有の原理の検討に移ろう。ロベスピエールの思考のなかでは、代議制の原理とジャコバン独裁の原理との矛盾は深く認識されておらず、平時ならざる革命時においては、徳のみではなく、徳とともに恐怖をも原理とすることは「祖国の最も緊急の必要に適用される民主制の一般原理の帰結」（傍点は鳴子）と認識されていた。[32]そしてまた「恐怖は専制政府の原動力である」という声を自ら引き、それに反駁する形で、「革命政府は、圧政に対する自由の専制主義である」と恐怖の原理を正当化してみせるのである。[33]「徳と恐怖」はジャコバン独裁体制を貫く表裏一体の原理であるが、それぞれの原理を象徴、体現するものこそ、九四年六月八日の最高存在の祭典とそのわずか二日後の六月一〇日に可決されたプレリアル法とであった。

一方の徳について。ロベスピエールのいう徳とは「祖国愛を喚起し、習俗を純化し、魂を高め、人間の心の情念を公共の利益の方へ導く」ものである。[34]ロベスピエールは祖国の祭壇に身命を賭すことを誓う市民の育成を、一方では公教育の任務と考え、他方では老人から幼子まで年齢や性を問わず祖国愛を沸き起こす源泉として、人民の宗教である最高存在の崇拝を位置づけ、その祭典を広範な民衆の支持の下に挙行したのである。

もう一方の恐怖について。公安委員会のクートン立案のプレリアル二二日法は、六月一〇日に国民公会で可決された。この法によって、ロベスピエール(派)が自らの反対者、敵対者であると判断する人々は、革命裁判所で訊問もなく証人もなしに、「単なる心証で」裁かれ、ただちに処刑される事態に至った。プレリアル法は、ジャコバン独裁体制の行き着く先であったが、歴史のねじを少しだけ前に巻き戻して、ジャコバン独裁体制の誕生前の時点を振り返ってみよう。その時、民衆の、「強い政府待望論」があったことは一面の事実である。ジロンド派が力を持った立法議会の時代、そして国民公会初期においても、当局は反革命派に対して断固たる姿勢を採ることができず、反革命派の勢力を一掃することができなかった。それゆえ民衆の側に、ジャコバン独裁体制の誕生を許すいくばくかの要因があったことは否定しえないのである。強力な指導力を持った強力な政府——公安委員会はこうした要請に応える形で出現したのであり、ロベスピエール(派)だけにその責を帰するのは、一面の事実を見落とすことになりかねない。しかもこの公安委員会は一二人すべてのメンバーが一カ月ごとに改選される仕組みを持っていたことも事実である(35)。とはいえロベスピエールの「恐怖」の原理がわれわれにとっておぞましく感じられることにちがいはない。そのおぞましさは、革命派と反革命派との線引きがロベスピエール(派)の独断、独善によってなされることから生じる。恐怖は内発的な感情ではなく、外部の原因によって呼び起こされる、凍りつくようなおぞましい感情である。人間の判断には絶対的なものはない。決定権者の数を限りなく狭めてゆくことは、たとえそれがいかに優れた個人であろうとも、少なくとも政治上の判断である限り、独善の弊を免れない。ところでロベスピエールの唱えたのは「徳と恐怖」だが、ルソーは徳と恐怖をセットにして語ったことなどない。ホッブズならぬルソーにとって恐怖のごとき外発的な感情が、彼の原理になるはずはないのである。それではなぜルソー＝ジャコバンという定式が世に流布してしまったのか。ロベスピエールが自らをルソーの弟子と公言したからなのか。それもないわけではなかろうが、より理論的レヴェルでの、ルソー受容にも問題があったと考えるべきである。各個人が「自由であるように強制される」（I―七）という余りにも有名な言葉が、不幸なことに「徳と恐怖」と類似した、あるいはほとんど同一の原理と捉えられてきた歴史があるのである。われわれは「徳と恐怖」と「自由と強制」との非相似性を強調しなければならない。問題なのは「徳」と「自由」ではなく、もちろん「恐怖」と「強制」との差異である。先に述べたように「恐怖」は外からやって来る。外在的で、恣意的な他者の独断によって死の危険にさらされる者の感情である。それに対してルソーの「強制」は内発性、自発性の領域に属する概念である。それは自ら一般意志の形成に参加する時には、当事者であるだけでなく裁判官たれとする内面への倫理的要請であり、それはまた自身がその形成に参加した一般意志＝法が定まったなら、その法には従えという倫理的＝政治的要請なのである。法形成時に裁判官たれといわれることは、国政の方向性（人間の正義の規準）を決する責任を分有せよと求められることである。それはそんなに窮屈なことだろうか。そしてまた自身も参加して決定した法に拘束されることはそんなに息苦しいことであろうか。ソクラテスは街中に死刑囚や追放者が跋扈するアナーキーで混乱した、眼前にあるアテナイの状態を批判的に語った(36)。法に従わなくてよいのなら、国家にどのような秩序がありうるであろうか。歴史の皮肉というべきか、悲劇というべきか、反革命派を処刑するためのプレリアル法は――疑心暗鬼がモンタ―ニュ派内部に、反ロベスピエール派の結集を促し――彼らに逆用されて、ロベスピエール自身の命をも奪う結果となった。人間を独断によって革命派と反革命派に分けて、前者には徳を求め、後者には恐怖を与える独裁制の論理と、全員が自由と自発性の領域にあって、自ら正義を生み、守ることを求められる徹底した共和制の論理との裂け目はどれほど深いものであることだろう。ロベスピエールが、誰によって、いつ、どのようにして処刑されるに至ったかは、さまざまな偶然の重なった上でのことだったかもしれない。しかし、自らのつくった法で自らが命を落とすという彼の悲劇は、排除の論理を推し進めた者の運命であったという意味では、必然的なものであったのだろうか。

(2) ルソーとロベスピエールの論理

ルソーの一般意志論とロベスピエールの論理の対比、対照をする上で、わが国においてロベスピエール研究に多大な貢献をされている社会経済学者の遅塚忠躬氏の解釈をまず検討することにしたい[37]。遅塚氏はルソーの理論とロベスピエールのそれとの論理的な差異を一方で指摘されるとともに、他方でルソーとロベスピエールとの連続性をも指摘される。われわれは遅塚氏が両者の論理の差異、不連続性を指摘されている部分を①とし、両論の連続性を指摘されている部分を②とし、これら二点に分けて氏の解釈を検討する。①②の検討を通じて遅塚氏の理解とわれわれの理解とが異なっていることを明らかにする。われわれが遅塚氏の解釈に対して異議を申し述べるのは、ひとえに氏のルソー解釈に対する、われわれの反論のゆえである。そしてこのような作業を通じてわれわれは、しばしば同一線上に理解されるロベスピエールの「徳と恐怖」の原理とルソーの「自由と強制」の原理との巨大な差異を明らかにし、世に流布する一方の言説、非常に根深い解釈の一つの系譜である「ルソー=ジャコバン=全体主義」のなかの、イコールをはずし、ルソー=全体主義という誤解に満ちた呪縛からルソーを解放したいと思う。まず遅塚氏の解釈をわれわれなりに再構成してみよう。

①遅塚氏は、ルソーの一般意志を通説的な理解の線に沿って解する。ヘーゲルに個々の個別意志のなかの「単なる共通的なもの」と批判された、あの伝統的な解釈の系譜上に、である。すなわち、表出された個別意志を集めた全体

意志のなかで、意志の共通部分である共通利害こそが一般意志であるというものである。一般意志とは「もろもろの個別的利害のなかの共通部分を抜き出したもの」ということになる（ルソーの一般意志＝共通利害（intérêt commun））。[38]ところでロベスピエールの前には（ルソーが否定したはずの）議会があり、ロベスピエールは建前としては議会が一般意志を発見する「議会の一般意志の支配」を主張した。ところが共通の利害を発見すべき議会は、それを発見しえない困難に直面していた。遅塚氏はその理由を、①革命の担い手間の深刻な利害対立と、②代表制の欠陥、機能不全（九二年まで、民衆は全く代表されず、九二年以降も民衆の利害を考慮しようとする党派はあっても、その党派（モンターニュ派）は彼らの代表たりえず）の二点にまとめている。ロベスピエールは建前と現実の乖離に苦悩する。その苦悩のなかで彼は、議会の通常の審議を通して共通利害を発見するのではなく、自派の見解だけを正当化し、敵対派のそれを排除してゆく論理を徐々に見出してゆく。人民の代表によって人民の意志を見出すのではなく（代議制）、そこからさらに、自派のみが人民に成り代わって、人民の意志を表出することを是とする、独善論、独断論への道を歩み始めたのである。自派が表出するのが「一般的利害（intérêt général）」であるのに対し、敵対派が主張するのは「個別的利害」であるという論理によって。ところで「一般的利害」の概念が見出されるのは、ジャコバン独裁期よりかなり以前の、ル・シャプリエと対抗関係にあった九一年であったが、[39]ジャコバン独裁期のまっただなかの、まさに前出の九四年二月五日の演説では「公共の利害（intérêt public）」という概念を用いて「公共の利害」の他の個別的利害への優越を説くに至る。「公共の利害」は「一般的利害」よりさらに排他性を強めた概念であった。このように①の遅塚氏の解釈では、ルソーとロベスピエールの論理が分化してゆく、あるいは乖離してゆくプロセスが捉えられているといってよいと思う。

しかし、次の②では、遅塚氏はルソーの論理のなかにロベスピエールの論理を生む素地が見出せるとし、むしろルソー↓ロベスピエールの流れを検出している。それは氏がルソーには多数決原理への懐疑が見出される、もっといえば、少数意見のなかに一般意志が示されることがありうると理解する点にかかわっている。これは遅塚氏にのみ見出される理解なのではなく、古くからのルソー解釈の主要な争点の一つにかかわるものである。例えばそれは、グレトゥイゼンが問題提起した種類の問題であり[40]、わが国では政治思想史の福田歓一氏がルソーの一般意志論をわかりにくくしている元凶とされている部分でもある[41]。遅塚氏はこの古くて新しい問題に関して、次のテクストを論拠に、ルソーには多数決原理への深い懐疑があり、ルソーは多数意見のなかではなく少数意見のなかに一般意志が見出される可能性を認めたと主張する。そのテクストとは以下のものである。

「意志を一般意志たらしめるものは、投票の数であるよりも、むしろ、投票を結びつける共通の利害である。」(II—四)

「一般意志は、常に正しく、常に公共の利益を目指す。しかし、人民の決議が常に同じように正しいということにはならない。[なぜなら]、人は、常に自分の幸福を望むのであるが、自分の幸福が何であるのかを常に見分けることができるとは限らない[からである]。人民は、けっして腐敗させられることはないが、しばしば欺かれることがある。そして欺かれているときにだけ、人民は、悪いものを望んでいるように見えるのである。」(II—三)

ここで予告すれば、われわれはルソーに多数決原理への懐疑が存在するという理解も、したがって少数意見のなかに一般意志が見出されうるとの理解も採らないのである。われわれは後に、福田氏の理解と併せて、これに反論することにしよう。

本論に戻ると、遅塚氏はルソーが少数意見のなかに一般意志が見出される可能性を認めたとの理解から、ルソーの論理のなかに、敵対派の意志を排除して、自派の意志のなかに「一般的利害」さらには「公共の利害」を見出すロベスピエールの論理を準備する素地、共通の地盤を「発見」するのである。以上のように、遅塚氏は①で、いったんは両論の差異を指摘し、ルソー→ロベスピエールという単純な連続性を否定したものの、②でルソー→ロベスピエールという連続性を改めて「発見」し直したことになる。このような遅塚氏の理解を受け入れる限り、件の「ルソー＝ジャコバン＝全体主義」を結局は否定し切ることができないように思われる。それではここから、（上述の①②になるべく対応をつけながら）われわれ自身のルソー理解を明らかにし、同時に遅塚氏や福田氏の理解に反駁してゆくことにしよう。まずわれわれは福田氏や遅塚氏を始めとする通説的見解を有する論者と異なって、ルソーの一般意志を決して個別意志のなかの共通部分である共通利害であるとは考えない。福田氏がいわれるように「この一般意志という観念は大変わかりにくい」のは確かに事実であるが、われわれはルソーの一般意志を謎や神秘のままにしておくわけにはいかない。(42) 仮に、ルソーの一般意志が共通利害であるとしたら、そうした利害は革命期だけでなく平時においても（例外的な事例を除いて）ほとんどの場合、見出すことが不可能である。というのは人々の間に共通する利害は、革命の担い手の間で、そして革命期の議会の党派の内外に、調整困難な利害対立があるから見出せないのではない。平時においてさえ、ほとんどの問題で利害の対立、分裂は存在するのではないか。例えば現代のわれわれの直面する問題を例として考えてみることにしよう。安全保障、原発、環境、臓器移植、人工妊娠中絶……いずれの問題であってもよいのだが、ここでは死刑廃止問題を例としよう。仮に政府提出議案が、死刑制度を存続するというものだとすると、当然、死刑存続賛成派と死刑存続反対派＝死刑廃止派が存在し、両派のなかでもさまざまなニュアンスの意見があることだろう。こうした死刑存続賛成派と反対派の間には、意志の共通性が見出せるだろうか。意志の共通性が発見できないのは、革命期のような危機の時代であるからではなく、いつ、いかなる時でも、そうなのではなかろうか。もし、ルソーの一般意志が共通利害であるという見解を捨てないなら、ルソーは現実に役立たない空疎な理論をわれわれに残したことになってしまう。もしそれに空疎ではない意味を見出そうとすれば、結局、人民集会での個別意志の表出から一般意志をつくり出すという導出論から逃れて、立法者をカリスマ性を持った機械仕掛けの神のような存在に祀り上げて、ヘーゲルが一般意志を理解したような理想の法、至高の法たる「普遍意志」の発見者とするしか道がないことになりかねない。しかし、われわれは、このような袋小路に迷い込まずに、一般意志が共通意志ならぬ共同意志であることを、これから論じてゆくことにする。これはすでにわれわれが第六章の「一般意志論の解明」で見出した解釈である。われわれの解釈とは、ルソーの鍵となる次の二つの規定を分析することを通して見出されたものである。二つの規定とは以下の通りであった。

①「……これらの個別意志（個別意志の総和＝全体意志—鳴子）から、相殺し合う過不足を除くと、相違の総和として、一般意志が残ることになる。」（II—三）

②「ある法が人民の集会に提出される時、人民に問われていることは、正確には、彼らが提案を可決するか、否決するかということではなくて、それが人民の意志、すなわち、一般意志に一致しているか否かということである。各人は投票によって、それについての自らの意見を述べる。だから投票の数を計算すれば、一般意志が表明されるわけである。」（IV—二）

この二つの規定を念頭に置きながら、先に挙げた例（死刑制度廃止問題）を使って再び考えてみることにしよう。仮に死刑廃止について、漠然とあなたはどう思うかと問われたとしたら、千差万別の答えが出され、その個々の意見を一つの方向にまとめることは至難の業であろう。だがこの問題について、「死刑制度を存続する」という叩き台（政府提出議案）が示され、それについてどう思うかと問われたなら、賛否、さらに賛否のなかでも、叩き台との意志の一致や隔たりの度合いが各自に意識されるだろう。このようにして政府提出議案（叩き台）に対する各自の個別意志の隔たりを示す意志分布を、われわれは想定することができる。②の規定に従えば、各人に問われていることは、各人がまだ形成されていない（見出されていない）一般意志はこうではないかと思う意志と議案とが一致しているか否かの判断である。死刑存続という政府議案に対する賛成者のなかでも、その最も強硬な者は、例えば、社会秩序を守るためには、厳罰主義を採ることが最も有効であり、現行の刑罰基準をより厳しい方向へ変更して死刑者の数をもっと増やすべきであるという意見を持つかもしれない。あるいは逆に政府議案への反対者のなかでも、最も強硬な意見の持ち主は、例えば人が人を死に追いやる権利はないという信念から、たとえ何十人、人をあやめた凶悪犯であろうとも死刑に処せられてはならない、死刑制度はこの地上から廃絶されなければならないと考えるかもしれない。このような場合、典型的には、

左端の死刑存続の強硬な反対者──（死刑廃止に共感と理解は持ちながらも、現状では死刑存続もやむなしと考えるような）政府議案への消極的賛成者──政府の死刑存続案の一致者──政府議案よりやや強硬な死刑存続の推進者──右端の最も強硬な死刑存続の推進者

という意志分布が存在すると考えられる。これらの個々の意志が個別意志であり、こうした意志分布の全体が全体意志である。そして、このような状況にある時、投票（自らの意見をそれによって述べるもの）が行われる。そこで実際におもてに現れるのは、賛否の票であり、そのうち特に重要なのは反対票である。なぜなら、賛成票中に含まれる政府議案から隔たった強硬な推進者の意志（の大きさ）は反対票によって、推し測るしかないからである。賛成票から反対票を引いて、その差を算出することは、それゆえ、①の規定にいう、「相殺し合う過不足を除」いて一般意志を抽出することを意味する。われわれはすでに第六章で一般意志の導出式を次のように定式化した。

賛成票－反対票＝一般意志

そしてこの差の数値の大きさは、一般意志の共同性の大きさの指標となる。政府提出議案が人々の意志からずれて出された時（意志分布の中央から大きくずれていた時）、——例えば同じ死刑存続案でも、厳罰主義に傾いた強硬な存続案だったとしたら——反対票が賛成票を上回って、議案が否決され一般意志がつくられないか、たとえ賛成票がかろうじて反対票を上回って可決され、一般意志が見出せても、その共同性は小さいことになる。以上から、われわれのいう共同意志の「共同」は、すべての人の意志の共通性を指すどころか、反対票に示された意志の差異に基づいて抽出された意志の合意点を意味するものである。

それでは今度は先の②の問題、つまりルソーに多数決原理への懐疑があるかどうか、少数意見のなかに一般意志を見出しうるか否かという問題に移ろう。すでにわれわれの立場の予告は少ししておいたが、ルソーは多数決原理を前提としており、また、いかなる少数者も全人民に成り代わって一般意志を見出しえないというのが、われわれの見解である。ルソーの一般意志は、すでに論じた共同性抽出のプロセスからもわかるように、単なる多数決原理に還元されえないものではあるが、ルソーは決して多数決原理を否定することなく、それを前提としていた。彼は躊躇することなく、次のように断言する。

「この原始契約（社会契約—鳴子）の場合を除けば、大多数の人の意見は、常に他のすべての人々を拘束する。これは（原始）契約そのものの帰結である。」（IV—二）

「……一般意志のあらゆる特長が、依然として、過半数のなかに存していることを、前提としている。それが過半数のなかに存しなくなれば、いずれの側についても、もはや自由はないのである。」（IV—二）

ルソーがこのように明言しているにもかかわらず、それではなぜ多数決原理への懐疑が存在すると主張されるのであろうか。それは、一般意志の形成の前提条件の有無の問題を考察すること、あるいは別にいえば、ルソーの契約国家の歴史過程（さらにはより大きな人類史全体の歴史体系）を考察することによって解かれる疑問である。それでは改めて一般意志の形成の前提条件とは何だったか。それは「人民が十分に情報を持って審議する」ことと「市民がお互いに意志を少しも伝え合わない」ことの二点（II－三）であった。もしこの二つの条件が整っていて、全員参加の人民集会で一般意志がつくられる場合には、ルソーはこの意志＝法の正しさを疑わない。それでは「一般意志は、常に正しく、常に公けの利益を目指す」が「人民の決議が、常に同一の正しさを持つ、ということにはならない」（II－三）とはどういうことだろうか。われわれはルソーの信じて疑わない一般意志の正しさとは、その意志が神ならぬ人間のつくったものであるがゆえに、絶対性を持たず、相対的な正しさを意味していると解する。しかしもし、この二つの前提条件が失われていたら、たとえ形式的に全員参加の「人民集会」で「一般意志」なるものがつくられたとしても、それはもはや一般意志ならざる他の意志（巨大団体意志）でしかない。したがってこの局面では、意志の正しさは問題外のことになり、表面的な多数決の原理の有無を論ずることにもほとんど意味がない。ところでわれわれはここで何を語ろうとしているのだろうか。それはルソーの展望した契約国家の歴史過程、さらには人類史の歴史過程である。それはすでに第五章で追究された。いったん建国された国家も、必ず老い、そして死ぬ。ルソーはよく知られているように、国家の歴史過程を誕生－幼年期－青年期－老年期－死滅という有機体的な説明、生命体のアナロジーで語る。しかしルソーの歴史観はこうした生命体のアナロジーのスケールをはるかに超え、ヘーゲルやマルクスの歴史観に匹敵するどころか、ある意味では、それらをも超えたような壮大な体系を持っているのである。それはユートピアなき永久民主主義革命論ともいうべきものである。なぜあらゆる国家は衰退し、死滅する運命にあるのだろうか。ルソーは人類には最初、自由と自己完成能力が与えられたと述べ、これら二つをいわば人類の初期条件とした。ルソーはこれら二つ（自由と自己完成能力）を歴史の動因とする独自の歴史観を持つのだが、このうち自由を動因とした歴史観を展開したのが、後のヘーゲルであり、自己完成能力の引き出す諸能力のうちの一つである生産力を中心とした歴史観を展開したのが、ヘーゲルの観念的歴史観を批判したマルクスの唯物史観であった。さてルソーは、人類史を、想像力の活動を待って活性化する、さまざまな潜在能力を引き出す特異な能力である自己完成能力が、自由に活動する結果、生み出される軌跡とみた。が、この自由と自己完成能力の体系は、自己完成能力が感情の領域（道徳領域）とリンクして運動するがゆえに、無制限の自由に陥らず、極端な悪から自らを解放する、いわば自動メカニズムを伴った独自の体系でもあった。それは「善」の弁証法とでもいうべきものである。「最初の人為（現実国家─鳴子）が自然に加えた悪を、完成された人為（契約国家─鳴子）が償う」のである。[43] 人類史を貫くこの運動は、契約国家の歴史もその例外としない。その運動は、想像力の絶えざる働きとそれに伴う生産力を含む諸能力の開花、発展を促し、必然的に人々の間に新たに自尊心（利己心）を生み、増殖させる。ルソーは生産力という言葉を使わずに、その代わりに「事物の力（la force des choses）」という語を使うが、「事物の力は、常に平等を破壊する傾向がある」（II─一一）と断言する。不平等の拡大と偏在しつつある富を守ろうとして、部分社会とその団体意志とが形成されてゆき、団体意志は、個々人の自由で独立した個別意志にしだいに取って代わってゆく。この過程は自己完成能力が人間に備わっている以上、不可避的な流れである。とすると、一般意志形成の前提条件がしだいに失われてゆくことは契約国家に不可避的であり、遂にはその国家が死に至るのも、必然的ということになる。そうだとすれば、『不平等論』の読者が特にそう語るように、ルソーの歴史観はペシミスティックなものであると考えてよいのだろうか。否。国家が不可避的な自尊心の増殖プロセスをたどった後に、人々は再び、良心という感情の再生のメカニズムを開始し、極端な悪（疎外）から自らを解放する革命に向かうであろう。ルソーの明晰な頭脳は現実世界の矛盾を深く認識し、その余りにもセンシティヴな感受性は大きな苦悩を味わった。しかしそれにもかかわらず、否、それだからこそ、ルソーは決して人間に絶望し切ってしまわず、人間は悪を避けえないけれども、必ずそれを克服すると考える、彼独自の人間性善説を貫いたのであった。

ところで福田氏は次のように発問されていた。

「一般意志の一般性をどこまで機構の問題として解決できるか、どこまでがそれ以上の神秘な何物かであるか」[44]と。

それに対して氏は、ルソーは機構の問題としてそれを解決し切れなかったとして、以下のように結論づけておられる。

「今日、手垢に汚れた理論の体系の硬直性に対して、ルソーの未完結でどこか一貫性を欠いた体系が、逆に瑞々しいある魅力を甦らせていることは深い意味をもっている」[45]と。

ルソーの深い歴史観、壮大な歴史体系が捉えられない時、ルソーの体系は福田氏のいわれるごとく首尾一貫しないほころびの体系と見えてしまうのかもしれない。

さて、遅塚氏が多数決原理をルソーが懐疑している論拠として挙げていたテクストを思い起こそう。

「一般意志は、常に正しく、常に公共の利益を目指す。しかし、人民の決議が常に同じように正しいということにはならない。［なぜなら］、人は、常に自分の幸福を望むのであるが、自分の幸福が何であるのかを常に見分けることができるとは限らない［からである］。人民は、けっして腐敗させられることはないが、しばしば欺かれることがある。そして欺かれているときにだけ、人民は、悪いものを望んでいるように見えるのである。」（II—三）

ルソーの一般意志の形成の前提条件の有無、あるいは契約国家の歴史過程のどの段階に当たっているかで、事柄を分けなければならない。一般意志の形成条件が満たされている国家の前半期は、一般意志は常に相対的な正しさを帯びて生み出される。ルソーは部分社会が国家内に存在しないことを最善としながらも、部分社会の発生を阻むことを不可能視して、次善の策として、その数を多くする条件で、部分社会の存在をある程度まで許容した（II―三）。それゆえ、自らの幸福を誤認して、欺かれる者のあること、したがって個別意志の自由と独立とが脅かされ、団体意志が一部混入してしまうことも、織り込み済みであった。そしてまた人々が腐敗させられることがないとは、人々は欺かれても、腐敗し切ってしまうことはないこと、矛盾、疎外が行き着くところまで行けば、人々は遂に覚醒し、革命を起こして新たな国家建設へ向かうことを暗に示している。以上から、一般意志の形成条件が満たされている時、ルソーはあくまでも多数決の原理に忠実だったし、形成条件が失われた時、おもてに現れた偽りの「一般意志」に対して、少数者の意見に真の一般意志が存するなどと彼は考えなかった。国家の疎外期において、一般意志は沈黙してしまい、決して現れないのである（IV―一）。

遅塚氏が多数決原理への懐疑の論拠として挙げたもう一つのテクストは「意志を一般意志たらしめるものは、投票の数であるよりも、むしろ、投票を結びつける共通の利害である」（II―四）であった。遅塚氏は、投票の数が軽視されている言葉として、これをピックアップされたように思う。が、われわれは、それを多数決の原理は決して否定されず、前提されているものの、多数決の原理に還元されない、個別意志を表明する際に人々に求められていることは何か、という政治哲学的な問いに答えている段落の一部と考える。というのはこの段落は、個別意志の表明者の裁判官性と当事者性との同時存在を示しているからである。人々は単なる賛否の投票者でなく、人々が一般意志であると自ら思えるものを規準として議案を判断する裁判官たれといわれる。それはなぜか。それはつくられる法が「人間の正義」の規準だからである。人間の正義とは何か。それは「各人に属するものを各人に返す」ことであった。本来各人に属するものであったのに、奪われているものを返すことであった。奪われているもののなかには物質的なものばかりでなく、精神的なものも、当然、含まれるのである。財産、人格、生命、あらゆる力。[46] それゆえ裁判官という言葉は、たまたまの比喩で使われたのではなく、ルソーの正義論の核心がここに現れているとしなければならない。誰が一体、人間の正義を見出すのか。神のような特別の存在者か、卓越した能力を持った人間か。そのいずれでもない。他の誰でもない人民一人ひとりしか正義の発見者はいない。ルソーはロベスピエールのエリーティズムと対立する。共和国の正義の発見の責任を一人ひとりが分有するのである。宇宙を統べる神の正義に比べ、人間の正義は時代によっても国家によっても変わりうる、相対的な正義でしかないが、よりよい正義の発見のために、人々は自らの責を全うしなければならない。ここからいかなる少数者も（ロベスピエールも）全人民に成り代わって人間の正義を見出すことはできないという結論が導き出せ、われわれの理解によれば、ルソーのなかにロベスピエールの論理の萌芽を見ることができないことが明らかとなるのである。

結びにかえて

われわれの議論は直接的には、確かにフランス革命期を対象としたのだが、それはあらゆる人を排除しない共同意志形成論、直接民主主義の論理の追究に他ならないのである。だが、ルソーの合意形成論の限界を指摘する声が発せられるであろう。例えば、ルソーの構想した共同体においては、排除されざる「あらゆる人」のなかに、女性は入っていないのだと。然り。なるほどルソーが直接、構想した共同体に視野を限ると、理論の矛盾や限界を問題とせざるをえないだろう。しかし、ルソーの理論体系を現代に応用、活用させようとするなら、小国の同質的な男性市民による厳格な共和制モデルという、通説的、古典的な読解に替えて、現代に生かしうる新しい読解を提起しなければならない。一つの政治共同体の抱えた矛盾、限界は、革命を経た新たな共同体によって克服される。とはいえ新しい共同体も新たな矛盾、限界を抱えるのだが。このような遠大なルソーの歴史体系にまで視野を広げると、矛盾や限界は克服されうる。結局、彼の歴史体系はユートピアなき永久民主主義革命論と呼ばれるにふさわしいものである。問題は性に限らない。われわれは地球大に移動し、性や民族や宗教を異にする多種多様な人々が集う新しい共同体の理論、柔軟な共同理論モデルをそこに「発見」できると思う。ソ連、東欧の体制崩壊後、混迷を深める現代政治は、多元論、多元・共存論に押され続けている。(47) 長らく歪められ、誤解されてきたルソーの共同理論に新しい光を当てることによって、現代政治にダイレクトに響く、魅力的な共同理論を提示する、これは準備作業でもあるのである。

＊『社会契約論』からの引用は、注を付さず本文中に編・章のみを、例えば（II―二）などと表記した。

（1） 本章では、八九年の夏の闘いを議会内に限り、ディストリクトの問題を考察の対象としていない。パリ・ディストリクトにおけるルソーの影響については、モーリス・ジャンティ「ルソーと一七八九―一七九〇年におけるパリ・ディストリクトの経験」を参照されたい。『フランス革命とは何か』（中央大学社会科学研究所　研究報告第一二号、一九九三年）所収。

（2） 浦田一郎『シエースの憲法思想』勁草書房、一九八七年、一七四―一八〇ページ。とはいえ、いくつかの人権宣言私案のなかには、代表制と直接制との対立の構図は現れつつあった。シエースは、自らの人権宣言案である「憲法前文。人および市民の権利宣言の承認および理論的解説」（＝七月草案）および「社会における人の権利の宣言」・「憲法草案」（＝八月草案）において、直接民主制の可能性を否定した。それに対して八月には、トゥーレやデュポールの人権宣言案では、直接民主制の論理的可能性が承認されていた。浦田同書、一八〇―一九二ページ、浦田「シエースの国民主権論」四四〇―四四二ページ。（『フランス革命とは何か』所収。）

（3） *Archives parlementaires*, 1ère série, t. 8, p. 582.

（4） *Ibid.*

（5） *Ibid.*

(6) 第五章三(2)参照。あるいは『社会思想史研究』（社会思想史学会年報）第二一号、北樹出版、一九九七年、一〇三―一〇七ページ参照。
(7) 浦田前掲書、一三一―一七四ページ、浦田前掲論文、四三五―四四〇ページ。
(8) *Archives parlementaires*, 1ère série, t. 8, p. 594.
(9) *Ibid.*, pp. 594-595.
(10) 浦田前掲書、一九八―一九九ページ。
(11) 井上すゞ『ジャコバン独裁の政治構造』御茶の水書房、一九七二年、一一五―一二七ページ。
(12) *Archives parlementaires*, 1ère série, t. 8, p. 595.
(13) シエースは所有を人的所有と物的所有とに分け、前者を人格と労働力の所有、後者を物的手段の所有とする。
(14) 浦田前掲論文、四四二ページ。
(15) シエースには、公的組織に貢献する（納税する）市民、つまり能動的市民だけが、社会的大企業の真の株主であるとする「納税者株主論」がある。この論理に従えば、いかなる人も物的所有者となって納税すれば、株主（能動的市民）になりうるわけである。
(16) Sieyès, *Vues sur les moyens d'exécution dont les représentants de la France pourront disposer en 1789*, p. 91.
(17) *D. I.*, III p. 187.（一二二ページ。）
(18) C. S., III p. 288.（『全集』（V）二八〇ページ。）
(19) ヴァルレの命令的委任論については、杉原泰雄『人民主権の史的展開』岩波書店、一九七八年、第一篇第一章および辻村みよ子『フランス革命の憲法原理』第三章第四節参照。
(20) 杉原同書、四八ページ。あるいはまた、河野健二編『資料 フランス革命』岩波書店、一九八九年、三四七ページ。
(21) 杉原同書、五〇ページ。あるいはまた、河野同書、三五〇ページ。
(22) J. Varlet, *Déclaration solennelle des droits de l'homme dans l'état social*, 1793, pp. 20-21.
(23) *Ibid.*, pp. 19-20.
(24) 岡本明「三月蜂起とアンラージェ」（『史林』第五六巻第三号、一九七三年。）
(25) こうした「暴動」のことをルソーは「短い頻繁な革命」と呼び替えてもいるが、もちろんこの「革命」は人民の力によって専制権力を倒す本物の革命のことではない。*D. L.*, III, p. 191.（一二七ページ。）

(26) J・L・タルモン『フランス革命と左翼全体主義の源流』市川泰治郎訳、拓殖大学海外事情研究所、一九六四年。フランソワ・フュレ『フランス革命を考える』大津真作訳、岩波書店、一九八九年、なかでも第二部IIIを参照されたい。

(27) *Archives parlementaires*, 1ère série, t. 84, p. 333.

(28) *Ibid.*, p. 332.

(29) *Ibid.*, p. 337.

(30) *Ibid.*, p. 331.

(31) *Ibid.*

(32) *Ibid.*, p. 333.

(33) *Ibid.*

(34) *Ibid.*, p. 332.

(35) ただし現実には若干のメンバーの交替を除いて、同一人の再選が繰り返された。

(36) プラトン『国家』(下)、藤沢令夫訳、岩波文庫、二〇三―二〇七ページ。

(37) 遅塚忠躬「ルソー、ロベスピエール、テロルとフランス革命」(札幌日仏協会編『フランス革命の光と闇』勁草書房、一九九七年、所収。)

(38) 同書、一三七ページ。

(39) 同書、一三三―一三五ページ。

(40) ベルンハルト・グレトゥイゼン『ジャン＝ジャック・ルソー』小池健男訳、法政大学出版局、一九七八年、第三章。

(41) 福田歓一『政治学史』東京大学出版会、一九八五年、四三〇ページ。福田氏のルソー理解については同書の他、『近代政治原理成立史序説』岩波書店、一九七一年（特に第一部第四章ならびに第二部第三章）を参照されたい。

(42) 福田『政治学史』四三〇―四三一ページ。

(43) 注(18)参照。

(44) 福田『政治学史』四三〇―四三一ページ。

(45) 同書、四三七ページ。

(46)　*E.*, IV, p.840.（(下) 二三二ページ。）

(47)　樋口陽一『自由と国家―いま「憲法」のもつ意味―』岩波新書、一九八九年、同『憲法と国家―同時代を問う―』岩波新書、一九九九年。樋口氏はルソー＝ジャコバン型国家とトクヴィル＝アメリカ型国家という類型論を展開する。前者が統合型（レピュブリカン）、後者が多元・共存型（デモクラット）に対応していることは、いうまでもなかろう。

あとがき

本書はまえがきで述べたように、一九九〇年から約一〇年にわたって発表してきた八本の論文からなっている。本書の見解は結果として、年を追うごとに従来のルソー研究の通説的見解から隔たってゆき、独自のものになっていった。その間、私はさまざまな方々のご厚情に恵まれてきた。

わずか一年、名古屋大学法学部に研究生として在籍しただけのご縁で、田口富久治先生は、本書に収められたすべての拙稿を丹念にお読みくださり、毎回、貴重なご教示と暖かい励ましを与えてくださった。田口先生は政治と政治学の発展のため、日本国中の多くの政治学者、学徒に長年、精力的に批判や助言を続けていらっしゃるが、先生からご教示をいただいた者にとって、それはどれだけの励みになってきたことだろうか。博士前期課程の修了から後期課程への復帰まで、三年のブランクがあるなど、必ずしも順調とはいかなかった大学院生時代をなんとか続けることができたのも、そして、これらの論文によって政治学の学位を得、本書の出版を実現することができたのも、ひとえに田口先生のおかげである。

次に母校・中央大学、とりわけ客員研究員として参加した中央大学社会科学研究所は、私に多大な刺戟を与え、ルソー研究を前進させてくれた母港のような存在である。指導教授であった故高橋誠先生、そして、お一人おひとりお名前を挙げることはしないが、「体制擁護と変革の思想」チームのメンバーには、感謝の気持ちで一杯である。一つ一つ拙稿を完成するにあたって、研究会で発表し、批判と助言をいただくことを繰り返した。激しく意見をたたかわせ、また、さまざまなことを学んだことは、ほかでは得がたい経験となり、社会思想史学会や日本政治学会といった学会で、研究報告をする勇気を私に与えてくれたと思う。

確固たる学問的信念から、激しい批判と厳しい愛情をお示しになる水田洋、珠枝両先生、論文掲載の機会をくださった石塚正英先生、たびたび哲学的批評をいただいた柴田隆行先生を始めとして、学会で出会った数多くの方々との交流も私の大きな糧となっている。土方直史先生、そして山中隆次先生は研究会や学会でこうした私を見守り続けてくださった。

さらに、社研のチームの幹事でもいらした池庄司敬信先生には、社研でお世話になったことはもちろん、学位論文の主査をしていただき、言葉には尽くせぬ学恩を賜った。法学部を退職される間際の、ご多忙の時期にあたっていたにもかかわらず、労多き学位論文の審査を心よくお引き受けくださったばかりか、先生から審査の場で、貴重なご教示をいただいた。副査の星野智先生は中央大学出版部との橋渡しまでしてくださった。両先生がいらっしゃらなければ、本書の刊行は覚束なかったと思う。中央大学出版部の矢崎英明氏は、昨今の出版を取り巻く厳しい環境にもかかわらず、本書の出版を決断してくださった。氏の英断に改めて感謝したいと思う。

二〇〇一年三月二五日

初出一覧

第一章　ルソーにおける家族と市民
　　　　——『エミール』の実験空間をめぐって——
　　　　中央大学大学院研究年報（法学研究科）第一九号、一九九〇年三月

第二章　ルソーの労働概念
　　　　中央大学大学院研究年報（法学研究科）第二一号、一九九二年三月

第三章　ルソーの人格概念
　　　　——労働概念を手がかりとして——
　　　　『法学新報』第一〇〇巻第三・四号（中央大学法学会）、一九九四年四月

第四章　ルソーの宗教論の構造
　　　　——自然宗教・福音書の宗教・市民宗教間にみられる発展とその革命性——
　　　　中央大学社会科学研究所編『革命思想の系譜学—宗教・政治・モラリティ』（研究叢書第四号）中央大学出版部、一九九六年七月

第五章　ルソーの正義論
　　　　——人類と国家の円環史的展開の視点から——
　　　　石塚正英編『クレオル文化』（「社会思想史の窓」第一一八号）社会評論社、一九九七年五月

第六章　ルソーの一般意志論の解明
　　　　——ヘーゲルの普遍意志とマルクスの固有の力との関連において——
　　　　中央大学社会科学研究所年報第二号、一九九八年六月

第七章　ルソーの宗教論とフランス革命の諸過程　　　書き下ろし

第八章　ルソーの人民集会論とフランス革命
　　　　（前半部分のみ、以下に所収）
　　　　『法学新報』第一〇七巻第三・四号（中央大学法学会）、二〇〇〇年九月

著者略歴

鳴子《なるこ》　博子《ひろこ》

1957年東京都に生まれる

中央大学大学院法学研究科博士課程修了

現在、中央大学法学部兼任講師

専攻　西洋政治思想史、政治哲学（政治学博士）

主要著書・論文

著書　『革命思想の系譜学』（共著、中央大学出版部、1996年）

　　　『クレオル文化』（共著、社会評論社、1997年）

論文　「ルソーの一般意志論の解明——ヘーゲルの普遍意志とマルクスの固有の力との関連において——」（中央大学社会科学研究所、年報第２号、1998年）など。

ルソーにおける正義と歴史

2001年４月20日　初版第１刷印刷

2001年４月25日　初版第１刷発行

著　者　鳴　子　博　子

発行者　辰　川　弘　敬

発行所　中　央　大　学　出　版　部

東京都八王子市東中野742番地１

郵便番号　192－0393

電話0426(74)2351 FAX.0426-74-2354

印刷・電算印刷／製本・渋谷文泉閣

ISBN4－8057－1123－X